기독교
죄악사

상

사건 위주로 기술한,
성직자들이 저지른
2000년 죄악의 발자취

기독교 죄악자 상

"아버지여 저희를 사하여 주옵소서.
자기의 하는 것을 알지 못함이니이다."

조찬선 지음

평단

조찬선 목사님은 우리 교계의 어른이시고, 이화여자대학교의 교목으로 계실 때에는 형제처럼 지냈고 시골로 전도 여행도 여러 번 함께 다녔습니다. 조 목사님은 누구보다도 예수를 사랑하고 교회를 사랑하는 복음의 전도자이십니다.

목사님은 한국 교회뿐 아니라 세계의 모든 교회에 바로잡아야 할 문제가 많다는 사실을 깨닫고 그 원인을 파헤치는 가운데 지나간 2천년 동안 교회를 이끌어 온 지도자들에게 허다한 죄가 있음을 밝혀냈습니다. 돌을 던지려는 심정이 아니라 돌을 맞으려는 각오로 하나님의 '늙은 종'은 이 책을 엮었습니다. 누구나 읽어서 큰 깨달음을 얻으리라 믿습니다.

서울에서 김동길

이 특이한 책에서 조찬선 목사님은 역사적인 기록을 제시하면서 예수의 위대한 가르침에 따라 기독교를 개혁하자고 주장하신다.

평생을 영혼 구원과 사역에 헌신해 오신 80이 넘은 노(老) 성직자가 기독교인들뿐만 아니라 인류 전체가 한번 읽어 보고 타산지석(他山之石)으로 삼아야 할 역작을 엮어 내셨다.

많은 중대한 문제를 제기한 이 책의 일부의 내용에 반대하고 이견(異見)을 제시하는 사람들도 적지 않을 것이다. 그러나 예수의 가르침으로 돌아가자는 저자의 주장에 반대하는 사람들은 얼마 없을 것같다.

그런 의미에서 나는 21세기에 접어들어 출간되는 이 책을 높이 평가하고 추천하고 싶다.

한국 기독언론사 연합회 회장 /　　　　서울에서 김경래

왜 인류가 지난 8,000년 동안이나 종교 문제 때문에 피를 흘려야만 했는가? 만일 인류 역사상 가장 발달된 선진 문화와 문명을 자랑하는 현대의 인류가 그러한 문제를 해결할 수 없다면 미래의 8,000년도 비슷하지 않겠는가 하고 생각한다면 다수의 인류가 경악을 금할 수 없을 것같다.

지금까지 이러한 책이 나오지 못한 근본적인 이유부터 추적해서 기독교가 하나님과 신앙이라는 이름으로 저질러 온 죄악을 입증하고 미래를 위한 종교 개혁안까지 제시한 이 한 권의 책은 온 인류가 다 읽어야 할 가치가 있다. 인류가 다같이 평화롭게 살 수 있는 길에 크게 공헌할 책이라고 믿어진다.

어떠한 일이 있어도 기독교가 인류의 말세를 자초하는 종교가 되어서는 안 된다는 것은 하나님의 뜻이기 때문이다.

예수를 믿는 기독교도여!

하나님의 뜻을 거역하면서 사는 것이 참된 종교생활이란 말인가?

'성전(聖戰)'을 불법화하고 모든 문제의 해결책을 평화스런 협의와 합의를 통하여 창출하자는 필자의 고견에 누가 반대할 수 있겠는가?

우리 다같이 주님의 이름으로 찬사를 보내자.

기독교인들이여!

예수께서 보여 주신 그 용기, 관용, 자비, 사랑 그리고 희생정신을 계승하는 일이 바로 예수님의 부활이며 참다운 복음이 아닌가? 우리 모두 합심하여 평화로운 인류의 미래를 위하여 노력하자.

명예 신학박사 /   서울에서 이백훈

　본서는 숨겨져 있는 기독교의 죄악상을 폭로하여 기독교를 궁지에 몰아 넣으려는 의도로 엮어지지 않았다. 오히려 과거에 기독교가 저지른 죄악을 속죄하고 다시는 그러한 과오를 범하지 않도록 경종을 울리며, 또 기독교가 혁명적인 개혁을 통하여 진정한 예수의 올바른 가르침으로 되돌아가 인류에게 참다운 구원·희망·사랑·평등·평화 등을 보장하고, 타종교와 공존공영할 수 있는 새로운 종교로 혁신하게 하려는 것이 그 근본 목적이다. 즉, 이 책은 기독교의 근본인 사랑의 교훈을 정면으로 무시하고 위반한 성직자들의 감추어져 왔던 죄악상을 파헤치고, 미래 인류 사회를 위한 대대적인 종교의 개혁을 담고 있다.

　역사(歷史)는 승자(勝者)의 입장에서 관찰되고 평가될 뿐만 아니라 승자의 논리대로 기록되기 때문에 패자(敗者) 편에서 보는 역사는 말살되거나 가려지기 마련이다. 다시 말하면 지금까지 대개의 세계사와 기독교사는 '강자의 정의'라는 논리에 입각하여 강자의 사고방식에 따라 기록되어 온 것이 사실이다. 이런 '역사의 기만', 혹은 '위선의 역사'를 '진실의 역사'로 탈바꿈시킴으로써 가려져 있던 기독교의 역사와 숨겨져 있던 예수의 참뜻을 확인하고 인류 구원의 길을 모색하고자 한다.

좀더 구체적으로 말하면 지금까지의 거의 모든 세계사·기독교사 등은 승자인 서구인들이 그들의 입장에서, 그들의 사고방식과 가치관에 따라 선택하고 평가한 것을 기록한 것들이다. 그러므로 우리는 지금까지 승자의 눈을 통하여 본 역사를 읽었고, 그들이 가져다 준 기독교를 그대로 답습하였을 뿐만 아니라 그들이 번역하고 편집한 성경을 절대적인 것으로 받아들였다.

우리는 이제 우리의 입장에 서서 우리의 눈으로 세계사를 보고, 우리의 눈으로 기독교를 점검하며, 우리의 눈으로 인류 구원의 길을 모색하여야 할 전환기에 도달하였다.

본 저자는 편견 없는 역사관에 입각하여 세계사의 흐름 속에서 진실을 찾아내려고 한다. 과거를 정확하게 조명하여 종교의 정체를 파악하고 그 정확한 토대 위에서 현재를 향상시키고 미래를 전망하고 예측하면서 모든 종교와 인류가 나아갈 올바른 방향을 설정하려고 한다.

이러한 작업이 중세라면 종교재판에 회부되어 화형(火刑)에 처해질 만한 일일는지도 모른다. 그러나 세월은 흘러 진실을 밝힐 수 있는 때가 왔다. 또 진실이 숨을 쉴 때는 와야 한다. 그러므로 우리는 지금 시야를 넓히고 인류 전체의 역사를 객관화하며 진실을 파헤쳐서 인류의 눈을 뜨게 하고 의도적으로 역사를 왜곡시킨 사람들의 목적과 마음을 조명하면서 역사적인 진실을 패자 편에서 밝혀 보고자 한다.

그렇다고 의식적으로 서구인들의 업적을 적대시하려는 의도는 조금도 없으며 또 그럴 필요도 없다. 다만 우리는 우리가 본 것을 인류에게 전하고 우리의 갈 길을 가려는 것뿐이다. 세례요한은 젊은 나이에 정의를 외치다가 희생되었다. 본 저자는 이 나이가 되어서야 겨우 정의를 외쳐 본다. 인류의 정의는 살아 움직여야 하기 때문이다.

16세기 초에 천주교가 면죄부를 판매할 만큼 타락하였을 때 신부 마틴 루터(Martin Luther : 1483~1546)는 생명의 위협을 무릅쓰고 개혁에 나섰다. 그후 개신교 역시 오늘까지 약 400년간 성장하는 과정에서 과거의 천주교 못지않게 타락한 사실을 눈여겨보아야 하는데, 그 타락의 일부를 독자들은 본서에서 재확인하게 될 것이다. 교회 안에 정의는 살아 있는가? 교회 안에서 예수의 정신이 살아 있는 것을 본 일이 있는가? 기독교가 오랫동안 자기의 이익과 권익을 위해 살인·강도·강간 등의 비인권적 침략을 서슴지 않는 집단으로 전락한 사실이 있었다는 것을 알고 있는가?

독자들이 이 책에서 기독교의 정체를 발견하고 인류와 기독교와 또 모든 종교의 나아갈 방향을 발견하게 되기 바란다. 만일 기독교가 이런 상태에서 개혁되지 않으면 멀지 않은 장래에 박물관적 존재가 될 것이라는 미래학자들의 예측을 귀담아들으면서 본 저자는 제2, 제3의 루터의 출현을 재촉하는 뜻으로 이 책을 펴기로 결심하였다. 인류의 밝은 미래을 위해서 기독교의 개혁은 필수 조건이며 아울러 참다운 예수의 부활이 있어야 하기 때문이다.

본 저자는 성직에서 은퇴하고 80고개를 넘으면서 다음 나라로 가기 전에 꼭 하나 할 일은 이 일이라고 확신하고 순교의 정신으로 유서를 써놓고 이 작업에 착수하려 하였으나, 이 일은 과거 2,000년 동안 누구도 손대지 못한 벅차고 또 중요한 일이었기에 감히 실천의 용기를 내지 못하던 차에 Doctor B.H.L을 만나 용기를 얻어 이 저서를 드디어 세상에 내놓게 되었다. 이 책이 나오기까지 물심양면으로 후원해 주신 여러분들께도 심심한 감사를 표한다.

미국에서, 다시 부활을 기다리며
조찬선

하권

제6장 : 유럽의 천주교인들이 중남미를 침략한 후에 나타난 죄악상

중요한 연대표

연 대	역 사
47억년 전	태양 출현
45억년 전	지구 탄생
30억년 전	바다에서 미생물 발생(지구에서의 생명의 기원)
5억년 전	물고기 발생
4억년 전	곤충 서식
2억년 전	공룡 서식, 6,500만년 전에 멸종
1억 5,000만년 전	조류 서식
5,000만년 전	말[馬] 서식
4,800만년 전	고래 서식
4,000만년 전	원숭이 서식
440만년 전	인간과 유사한 동물 서식
BC 350만년 전	두 발로 기립하여 사는 인간이 아프리카에서 출생
BC 170만년 전	위의 인간이 아프리카 출발
BC 7만년	인간이 불을 발견하고 도구를 사용함.
BC 40,000～15,000	동양인들이 얼음을 타고 베링해협을 지나 알라스카를 경유하여 북·중·남미 대륙으로 이주함.
BC 10,000～4,000	메소포타미아에 도시 형성. 바퀴·도자기 제조기술과 발달된 방법으로 농사 시작

BC 5,000	이란에서 포도주 생산
BC 5,000	북·중·남미에서 옥수수, 콩, 감자, 토마토 재배
BC 4,500~3,000	수메르족이 메소포타미아에 문자를 가진 도시국가 건설
BC 4236	천지창조(애굽인들이 선정한), 창세기의 창조보다 475년 빠르다. (주1 참조)
BC 4,004	창세기의 천지창조, 10월 23일 오전 9:00 천주교 학자들의 계산 (주 2 참조)
BC 4,000	중국에서 쌀농사 시작(태국은 BC 3,500년)
BC 3,761	창세기의 천지창조(The Traditional Date of Creation) 한국에서 '단기'를 사용하였던 것처럼 유대인들은 지금도 이 연도를 사용하고 있다. (주 3 참조)
BC 3,372	중미의 마야 문명이 달력 제작
BC 2,772	애굽에서 1년을 365일로 계산함.
BC 2,700	피라미드, 스핑크스 건설(애굽)
BC 2,348	노아 홍수
BC 약 2,000	아브라함이 갈대아 우르에서 출발, 유대교 시작
BC 약 1,900	소돔, 고모라 성 멸망
BC 1,750	함무라비 법전 반포(1901년 프랑스인 Susa가 발견)
BC 1,250	이스라엘 민족의 출애굽(모세가 인도)
BC 1,225	여호수아 가나안 땅 정복. 신명기 8:2에는 이스라엘 민족이 출애굽하여 40년간 광야에 있었다고 하였으나 역사의 기록에는 25년간으로 되어 있다.
BC 1,020~1,009	사울 왕 제1대 재위. 사도행전 13:21에서 사울왕은 40

	년간 왕위에 있었다고 하였으나 역사의 기록에는 11년으로 되어 있다.
BC 559	석가모니 탄생
BC 4	예수 탄생(BC 3, 4, 5, 6, 7년설도 있음)
AD 26	빌라도 유다지방의 총독 취임
AD 33	바울의 회심(다메섹 도상)
AD 313	콘스탄틴 로마 황제가 기독교 공인
AD 570	마호메트 탄생
AD 622	회교(Islam교) 창업
AD 637	회교도 예루살렘 점령
AD 1054	동서교회 분리(7월 16일)
AD 1096~1291	십자군 출동
AD 1232~1834	종교재판소 설치
AD 1380~1382; 1382~1388	존 위클리프 영어로 성경 번역 (Vulgate 라틴어 성경에서)
AD 1492	콜럼버스 중남미 도착
AD 1517	루터의 종교개혁(10월 31일)
AD 1524~1526, 1530	윌리암 틴들 영어로 성경 번역(희랍어 성경에서)
AD 1620	청교도 아메리카 상륙
AD 1620~1648	30년 전쟁(천주교 대 개신교)

주 1. The World Almanac and Book of Facts(1994~1995); (1996~1997); American Almanac(1996~1997); Castleden, R., The

Concise Encyclopedia of World History(1996); Hughes, J., Gen. ed., The Larousse Desk Reference(1995); 류형기 편, 단권성서주석(The One Volume Commentary on the Bible, 1976), Soongmoon Sa, pp. 913-916 참조.

주 2. 아일랜드의 아마그 교구의 대주교이며 역사가였던 제임스 어셔(James Ussher, Archbishop of Armagh)가 연도(年度)를 추산하였으며, 케임브리지 대학교의 카샬린대학 학장이었으며 후일 부총장을 역임한 존 라이트풋(John Lightfoot, Master and later Vice-Chancellor of Catharine Hall, University of Cambridge)이 시일(時日)을 추산하였다고 기록되어 있다.

독실한 천주교인들이었으며 당대의 유능한 신학자로 존경받던 그들이 서기 1650년에 사용한 자료나 기준은 확실하지 않으나 그들의 계산에 의하면 기원 전 4,004년 10월 23일 아침 9시에 천지가 창조되었다고 한다.

Trager, J., The People's Chronology(revised and updated edition, 1992), p. 3; Grum, B., based upon Werner Stein's Kulturfahrplan, The Timetables of History(The new third revised edition, 1991), p. 294; Tannahill, R., Sex in History(revised and updated edition, 1992), pp. 14 & 459 참조.

그러나 수십억 년 되는 바위나 수억 년 되는 미생물의 화석은 물론 수백만 년 되는 인간의 화석을 본 현대의 과학자들은 그러한 천지창조설을 믿지 않는다.

주 3. Webster's New Twentieth Century Dictionary, Unabridged Second Edition-Deluxe Color(1979), p. 984; 유대인 캘린더; Hughes, J., The Larousse Desk Reference, p. 208.

참고도서

Information Please, Almanac, 1997, 50th edition, Johnson, O., ed., Houghton Mifflin Co., Boston & New York, pp. 95~103.

Atlas & Year Book, 1996, 46th edition, Houghton Mifflin Co., Boston & New York.

The Book of Life, pp. 24-25, Gould, & J: General Editor, W. W. Norton Co., New York, London, 1993.

The Cambridge Factfinder Crystal, D. Editor, Cambridge University Press, 1993.

The Oxford Companion to the English Language, MaArthur, T., General Editor, Oxford University Press, 1992, pp. 116~125; 1059~1060; 1135.

제1장

교회의 존재는 사회에 도움이 되는가?

I. 성직자들의 장사하는 집으로 전락하는 교회

비둘기 파는 사람에게 이르시되 이것을 여기서 가져가라
내 아버지의 집으로 장사하는 집을 만들지 말라 하시니 (요 2:16)

성전에 들어가사 장사하는 자들을 내어 쫓으시며
저희에게 이르시되 기록된 바 내 집은 기도하는 집이 되리라
하였거늘 너희는 강도의 굴혈을 만들었도다 하시니라 (눅 19:45~46)

내가 너희를 부끄럽게 하려고 이것을 쓰는 것이 아니라 오직
너희를 내 사랑하는 자녀같이 권하려 하는 것이라 (고전 4:14)

고후 11:7~12 ; 자급(自給) 전도, 흠 없는 전도

백범 김구(白帆 金九) 선생은 "경찰서 열 개를 세우는 것보다는
교회 하나를 세우는 것이 사회에 더 유익하다."고 하였다. 백범의
말대로 교회는 과연 그런 평가를 받을 수 있을 정도로 지역 사회에
필요하고 유익한 존재인가? 혹은 그와는 정반대로 지역 사회에 해
독을 끼치는 곳으로 전락하고 있지는 않는가?

한국에 있는 48,000개의 교회와 1,400개의 성당, 그리고 전세계
방방곡곡에 산재하여 있는 약 220만 개의 성당과 교회는 약 20억
가까운 신도를 거느리고 있다.[1]

이렇게 많은 교회와, 인적·물적 조건을 갖춘 강력한 기독교라는

---

1) Barrett, D. B., *World Christian Encyclopedia*, Oxford University
Press, 1982, pp. 792~793 참조; *The Christian Press*, 1997 - 8 - 9.

집단이 인류 사회에 얼마나 크고 깊은 영향을 주고 있는가? 무수한 교회가 있기 때문에 살기 어려운 세상이 구원의 낙원으로 변화되어 가고 있는가? 혹은 병든 세상이 치유되고 있는가? 그리고 교회에서 울려 퍼지는 종소리는 과연 망할 세상을 망하지 않을 세상으로 변화시키고 있는가? 동시에 분열 대립된 인류 사회를 서로 사랑하고 도우는 화목한 사회로 통일되게 하고 있는가? 아니면 그와는 반대로 독선과 차별을 제도화하고, 분열과 대립 분쟁을 장려하며 격화시키고 있지는 않은가 등의 문제를 제기하지 않을 수 없다.

「사도행전」이 전하는 바에 의하면, 초대교회는 사랑과 평화와 행복과 믿음이 충만하여 희생·봉사의 정신으로 넘쳤다고 한다. 따라서 그런 교회가 서는 지역 사회의 주민들은 교회의 밝은 사랑의 빛으로 마음과 신앙에 변화를 받고, 사랑·화평·행복·희생·봉사의 정신으로 기쁨이 넘치는 사회를 이룩할 수 있었다.

사랑으로 충만했던 초대 교회가 약 2,000년 동안 성장해 오는 과정에서 원래의 모습을 잃고 변모되었으며, 예식과 교리 면에서도 변질되었다.

천주교에서 루터의 종교개혁을 Reformation(개혁)이라고 하지 않고 Deformation(기형, 변형)이라고 비꼬는 것처럼, 오늘의 교회는 기형적 불구의 교회로 치닫고 있는 듯한 증세가 지구촌 곳곳에서 나타나고 있다.

1996년 7월 6일자 「크리스챤 라이프」지 제129호에는 서울의 어떤 한 빌딩에 교회 간판이 15개나 걸려 있다는 기사가 실려 있었다. 그 15개의 교회는 아마도 거의 모두가 '복음 전파', '구령사업', '선교·교육·봉사' 등의 슬로건을 내걸고 있을는지도 모른다.[2]

오가는 시민들의 눈에 15개의 교회 간판이 과연 어떻게 보여질 것인가? 시민들의 눈살을 찌푸리게 하지는 않을까? 그 교회 편에 서서 아무리 선의로 생각하려 해도 이해할 수가 없다. 한국 교회가 아무리 전락·탈선하였다고 할지라도 이렇게까지 될 수 있을까?

그것은 교파 전시장도 전도 경기장도 아니요, 다만 교회의 타락한 모습만을 보여주는 산 증거가 아닌가? 남대문 시장의 구멍가게처럼 모여 있는 교회 시장, 혹은 포장마차 XX라고 말하면 실례가 되는 표현일까?

이는 교회가 장터로 변하고 있는 현상이다. 좀더 현실적으로 표현한다면, 교회의 상업화 혹은 성직자가 교회를 밥벌이하기 위한 장터로 만들고 있다고 주장하는 말이 설득력 있게 들린다.

세 교회가 함께 세 들어 있는 한 빌딩의 지하다방에서 어떤 노신사는 눈 하나 깜짝 않고 정중하게 이렇게 이야기했다고 한다.

"요즘 목사질해서 밥벌이하려면 한 백 명만 끌어오면 되지요.
만일 목사 생활비가 좀 부족해 봐요? 거, 말라기서를 펴들고 한
바탕 야단하면 모두 벌벌 떨며 십일존가, 뭔가를 바칠 것 아니

---

2) 로스 엔젤레스 지역 일대에는 2,500명의 한인 성직자들이 1,000여 개의 한인교회에서 사역하고 있으며 또 그 밖에 1,000여 명의 성직자들이 교회를 세우려고 기회를 보고 있다는 소문이다. 또 이 지역에는 약 50개 이상의 한국인을 위한 신학교도 있다고 한다.

오? 목사란 성경만 들고 다니면 밥벌이하긴 편리한 직업이
오……"

이것이 일반인들이 지금의 교회를 바라보는 솔직한 시각이라고
한다면 지나칠까? 「미꾸라지 한 마리가 온 웅덩이를 흐려 놓는다.」
는 속담처럼 대부분의 목사님은 성직을 천직으로 삼고 선교에 힘쓰
고 있다고 보아야 한다. 그러나 일반인들의 시각은 기독교인의 생
각처럼 곱지만은 않다.

어떤 교회 주일예배에 처음 보는 초신자 가족이 들어왔다. 안내
원들이 친절을 베풀고 있을 때 옆 교회의 청년 수 명이 달려와서 그
새 가족을 끌고 가 버렸다. 남달리 정통을 부르짖는 목사의 특명을
받은 청년들이 사전에 남의 교회 근처에서 진을 치고 있다가 그 교
회에 찾아온 고객을 자기 교회로 데려간 것이다. 실화이다.

교회가 이쯤 되었으면 포장마차의 상도덕은 영국 신사이다. 이를
하나의 예로 가볍게 지나쳐서는 안 된다. 의외로 이러한 일들이 심
심찮게 발생하고 있다는 점에 주목해야 한다.[3]

한국 교회 100주년 종합조사연구보고서(1982년)에 의하면, 한국
교회의 지출예산(전체 예산) 구성은 다음과 같다.

---

3) 어떤 성직자는 "심방은 자청하는 가정에만 간다."고 광고했다. 그 말은 곧 생일
잔치 등 축하연이 열리는 가정만 골라서 심방 가겠다는 것으로 대부분의 신도는
알아 들었다. 그런데 어느 날 한 가정이 그 성직자로부터 심방 통고를 받았다. 심
방 받을 만한 특별한 이유가 없던 그들은 당황했다. 그리고 그날 성직자 부부
의 심방은 공식적인 것으로 끝났다. 아무리 생각해도 알 수 없었다. 그러나 그 이
유는 다음날 나타났다. 성직자 부부는 고장난 차 두 대를 몰고 왔던 것이다. 이 가
정이 운영하는 차 수리 공장으로……

(1) 교회 건물 관리비 24.2%

(2) 성직자 생활비 38.5%

(3) 교육 사업비 16.8%

(4) 상회비 5%

(5) 선교 사업비 15.5%[4]

이 조사 결과는 성직자의 생활비가 총 예산의 약 40%를 차지한다는 사실을 증명하고 있다. 이를 통해 보면, 교회가 성직자들의 구멍가게라는 비난의 소리도 웃어 넘길 일만은 아니다. 또 성직자의 생활수준에 대하여 신도들에게 물은 설문에서 30%가 '사치스러운 편' 이라고 답하였다[5]고 한다. 이는 성직자가 신도들이 바친 헌금으로 사치스러운 삶을 즐기며 신도들의 불만을 사고 있다는 증거다.

예수님이나 사도들이 편안한 삶을 누린 적이 있었는가?

이러한 현상은 미국 교회에서도 마찬가지이다. 1997년 5월 20일에 발행된 「크리스천 투데이」(Christian Today)지에 의하면 1994년 1,122곳의 교회를 조사한 결과 성직자의 생활비가 교회 총예산 중에서 41%로 나타났다. 신도들이 정성 들여 바친 헌금의 약 40%가 성직자의 사치스런 생활비로 충당된다는 통계는 무엇을 의미하고

---

4) 전요섭, 「통계와 숫자로 보는 예화 자료집 (Ⅰ)」(1989, p. 250)에 의하면 성직자 생활비가 75%를 차지하는 교회도 있다. 성도들이 기도하며 하나님 앞에 바친 헌금의 75%는 성직자의 사치스런 생활비에 지출된다고 불평하는 교인도 있다. 또 성직자 중에는 타 교회의 부흥 강사로 초청받아 가면서 본 교회로부터 출장비까지 받아 이중 수입을 올리는 철면피도 있다고 한다. 목사에게 인색하면 축복받지 못한다는 교육을 받은 그 교회의 회계는 쓴맛을 다시며 수표를 발행하지 않을 수 없었다고 한다.

5) 전요섭, Ibid. Ⅱ, 1989, p. 239.

있는가? 이 엄연한 현실 앞에서 교회는 성직자들의 구멍가게라는 말이 잘못되었다고 할 수 있을까?

이는 하나님의 이름으로 성직자의 권위와 지위를 확보해 놓고, 그 것을 이용하여 교회와 성직을 비윤리적이며 비신앙적인 것으로 전락시키고, 또 몰상식하고 무리한 방법을 통하여 개인의 생활수단으로 이용하는 증거이다.

15개의 간판을 내건 교회들은 어떤 교파의 배경을 가졌으며 또 그 교단 본부에서는 어떤 정책으로 그 자리에 교회를 설립하였는지 묻고 싶다. 양식 있는 교단이라면, 또 양식 있는 성직자라면 행동의 변화가 있어야 할 것이다.

'복음 전파, 하나님 나라 건설' 등의 공동 목표를 지향하는 그들 15개 교회는 서로 협력·협의하여 사랑과 기쁨으로 양보하고 희생 봉사의 정신을 발휘하며 공동목표를 향하여 전진하여야 함이 마땅하다. 그런데 현실은 어떠한가?

독자들은 이에 대해서 어떻게 생각하는가?

II. 교회는 죄인을 만드는 곳인가?

한국 교회는 부흥회, 산상기도, 성경공부, 교회 건축 등 교회 행사에는 온갖 정성을 다하면서도 교회의 근본이 되는 중요한 문제는 소홀히 하고, 지엽적인 사소한 문제를 중요시하는 잘못된 방향의 교육을 하고 있는 듯한 면들이 있다.

십일조를 바치고, 술·담배를 하지 않고, 정기적으로 교회에 출석하여 맡은 직분에 충실하면 모범적인 교인으로 구원받은 백성으로 자타가 공인하고, 그것이 기독교인의 생활의 전부라고 오인하고 있는 듯싶다.

그런데 교회는 이처럼 모범적인 신도가 어떤 이유로 십일조 헌금을 한 번쯤 바치지 못하였거나 혹은 옛 친구를 만나 맥주라도 한 잔 하면 무슨 비난이나 벌을 받을까 전전긍긍하고 불안을 느끼고 죄의식을 가짐으로써 저자세가 되게 하는 교육에 주력해 온 것 같다. 교회에서 신앙 생활을 통해 기쁨과 희망을 얻기보다는 도리어 불안과 죄책감을 느끼면서 살게 되는 것 같다.

많은 교회에서 일어날 수 있는 공통된 실화가 이를 증명하고 있다. X집사는 옛 친구를 만나 맥주파티를 하다가 같은 교회 Y장로에게 우연히 발각되었다. 그 장로는 교회에서 암암리에 X집사를 가짜 집사라고 비난하였고, 발 없는 말은 천리를 갔다.

그리하여 그 집사는 맥주 한 잔으로 평생 가짜 신자로 몰려 장로 진급의 길도 막히고 또 위선자로 낙인 찍혀서 가는 곳마다 암암리에 죄인 취급을 받게 되었다. 그런데 더 놀라운 사실은 그 장로는 하루도 술 없이는 살지 못하는 고래였다고 한다. 그는 평생을 숨어서 술을 마시는 것에 대해서 죄의식을 가지고 있었지만, 장로라는 신분 때문에 위선과 기만을 계속해야만 했다.

문제는 맥주와 술이 아니다. 위선과 기만이 교회라는 구조 속에서 자리잡고 있다는 사실이다. 집사·장로 그리고 목사도 교회라는 틀 안에서 적응하기 위해서는 위선과 기만을 계속하지 않을 수 없다. 다시 말하면 교회라는 조직체에 속하기 위해서는 위선과 기만으로 성인 군자를 가장하면서도 속으로는 평생을 죄의식 속에서 살아야만 한다는 것이다.

장로가 집사의 비리를 폭로하였을 때, 그는 양심의 가책을 느꼈을까 아니면 교회라는 구조 안에 적응하기 위해서 양심까지 저버릴 수밖에 없었는지도 모른다. 만일 그 집사와 장로가 교회 밖에서 살았다면 그들의 음주는 위선으로 가장할 필요가 없는 자연스러운 행동이었다. 교회 안에 살기 위해서 신도들은 스스로를 위선의 죄인으로 만들어야만 했던 것 같다.

참고로 마틴 루터의 결혼 청첩장을 소개한다.

"내 결혼식에 오소. 천사들은 폭소하고 마귀들은 울리라. 제일 가는 맥주나 한 통 가지고 오소."[6]

어떤 성직자는 신도 가정에 심방을 가서 차 한 잔을 마실 때도 5분씩이나 긴 기도를 드렸다. 식사 때만 기도하는 줄로 알았던 신도들은 차 마실 때도 기도한다는 사실을 알고 속으로 감탄하며 그 성직자 앞에서는 차 마실 때도 긴 기도를 드렸다. 그러나 그 성직자가 없을 때는 기도하지 않고 마셨다. 그 성직자도 자기 집에서 차를 마실 때는 기도하지 않았다고 한다.

이와 같이 교회라는 구조 안에 살기 위해서는 모두가 위선과 기만으로 가장하는 죄인이 되어야만 한다. 이는 비단 성직자뿐만 아니라 장로·권사·집사도 신도들 앞에서 위선을 행하는데, 그것은 바

---

6) Walker, W., *A History of the Christian Church*, 3rd ed., 류형기 역, 1979, p. 383.

로 자신을 모범적인 신도로 혹은 일종의 성자로 가장하려는 기만과 위선의 죄이다.

교회는 주홍빛 같은 죄를 흰눈처럼 씻어 주는 곳이 못 되고, 도리어 신도들을 평생 동안 죄인으로 만드는 곳으로 변질되어 가고 있지 않은가?

이와 같이 교회는 의도적이든 혹은 비의도적이든 신도들이 기쁨과 화평과 희망 속에서 살아가게 하기보다는 도리어 죄의식을 심어 주고 죄인으로서 불안하게 살게 하는 데 주력하여 온 것 같다. 그 증거의 하나로 새벽 기도회에 참석한 신도들이 목이 터지도록 죄를 회개하며 통곡하는 모습을 들 수 있다. 인간의 면죄를 위해서는 그런 기도가 필요하다고 누군가가 강요했기 때문이다. 그것은 통성 기도 시간에 더욱 뚜렷하게 나타난다.

기도할 때는 대체로 '죽을 수밖에 없는 이 죄인' 이나 혹은 '부족한 종, 이 죄인' 등으로 시작한다. 즉 신도들은 죽을 수밖에 없는 죄인, 그리고 노예로 스스로를 격하시키고 있다.

「최후의 심판; 선택받은 자들의 희망과 버림받은 자들의 공포」
신도들의 통곡 기도는 자신의 영혼이 구원받는 것을 보장받기 위한 몸부림으로 더욱 크고 처절해질 수밖에 없다. 과연 하나님은 이러한 행위를 기뻐하실까?

주님은 우리를 살리셨건만 그 삶에 대한 믿음과 기쁨이나 감사는 어디로 가버리고 '죽을 죄인'이라고 고백하고 통곡하는 것은 무엇을 뜻하는가? 교회가 신도들에게 죄인으로 살아가도록 죄의식을 심어주었다는 증거이다. 신도들은 교회에 와서 흰눈처럼 죄 사함을 받은 것이 아니라 도리어 죽을 수밖에 없는 그악스런 죄인이 되어 버렸다. 주님은 우리를 그처럼 그악스런 죄인으로 취급하였는가? 형기가 다 끝난 죄수가 집으로 돌아가지 않고 계속 철창에 갇혀 있는 형국이다.

죄의식을 강조하여 인간을 어둡고 우울하게 만드는 것은 종교의 사명이 아니다. 또 인간의 죄를 역설하여 사회와 인류의 말세나 종말을 예언하여 현세도피를 꾀하는 것도 잘못이다.

종교는, 고민 속에서도 기뻐하고, 억울한 처지에서도 인생을 감사로 살아가며, 절망 속에서도 희망과 보람을 찾아 현실을 극복하는 힘을 주어 사회를 밝고 바르게 인도하는 역할을 해야 한다.

그런데 기독교인들에게서 밝은 표정보다는 어두운 면을 더 많이 보고 있으며, 죄의식에 사로잡혀 죽을 수밖에 없는 죄인이요 노예로 자처하여 새벽마다 통회의 눈물만을 숭상하는 것이 과연 올바른 신앙의 자세일까?

또 '부족한 종, 이 죄인'은 신도 자신이 스스로를 하나님의 종, 즉 노예로 격하시킨 것이다.

이는 사랑과 자비의 우리 하나님을 그리고 우리 예수님을 '노예 소유주'로 만드는 것이다. 전 세계 약 20억의 기독교인들이 모두 종·노예가 된다면 하나님은 20억의 노예를 소유한 천상천하의 불의한 신이 되지 않겠는가?

하나님께 대한 커다란 모독이 아닐 수 없다.

예수는 우리를 '종'이라고 하지 않고 '친구'(요 15:15)라고 하였다. 그 말씀에 순종하여 주님을 친구로 믿고 기쁨에 넘쳐 미소 짓는 기도를 드린다면, 그 기도를 받으시는 주님은 얼마나 기뻐하실까? 죽을 수밖에 없는 죄인이 아니라 사랑과 보혈로 구원받은 백성으로서 주님을 존경하고 믿을 수 있는 친구로 모시고 삶을 즐기는 성도의 모습을 주님은 더 좋아하시지 않을까?

그런데 그 기쁨의 도리를 버리고 매일 새벽마다 또 통성기도 때마다 가슴을 치고 '죽을 수밖에 없는 이 죄인을' 부르짖으며 통곡하는 것이 과연 주님의 뜻에 합당한가? 이 기쁨의 도리를 통곡의 도리로 왜곡시킨 책임은 누구에게 있는가? 교회인가, 성직자인가?

부흥회가 열리면 그때는 교회가 애매한 신도들을 모두 죄인으로 만드는 '즉석 죄인 대량 생산공장'으로 변한다. 부흥강사는 성경을 펴들고 하나님의 이름으로 신도들을 죄인으로 만들기 위하여 어깨에 힘을 주고 목에 핏줄을 세운다. 그때 사용되는 주무기는 물론 하나님의 이름과 뜻이라고 은근히 공갈 협박으로 위협한다.

이 공갈 협박에 넘어간 순진한 신도들은 스스로를 천하에 없는 대죄인으로 자처하지 않을 수 없다. 그래서 통성기도 시간이 되면 신도들은 가슴을 치고 통곡할 수밖에 없게 된다. 이때 죄의식이 없는 신도도 군중심리에 끌려 통곡의 소리는 더 높을 수도 있다. 여기서 신도들은 그들의 죄의식이 깊어지면 깊어질수록 그만치 은혜가 넘치는 것으로 착각하고 있는 것 같다. 이런 교회에서는 은혜로 죄 사함을 받는 것이 아니라 도리어 은혜로 죄의식이 깊어진다. 다시 말하면 은혜는 죄에서의 해방을 뜻하지 않고 반대로 죄의식을 심어주는 것으로 착각하게 만든다. 결과적으로 교회는 죄를 사하는 곳이 아니라 죄인을 만드는 곳으로 변모했다. 이것이 교회의 정당한 모습일까?

III. '통성기도' 시간은 위선과 기만의 연습시간인가?

통성기도 시간만 되면 모든 신도들은 큰소리로 "주여!"를 세 번쯤 외치고 나서 교회가 떠나갈 듯한 통곡의 기도를 올린다. 가슴을 치는 자, 마룻바닥을 구르는 자, 앉았다 일어섰다 하는 자, 두 팔을 들고 하늘을 향하여 부르짖는 자, 모두 각양각색이다. 이때 교회는 온통 비통함이 넘치는 아수라장으로 변하고 만다.

그런데 집사쯤 되고 보면 체면상으로라도 일반 교인들보다는 좀 더 두드러진 고음을 내지 않을 수 없다. 집사가 그렇게 톤을 올리게 되면 옆자리에 있던 권사는 체면상 집사보다는 일단 더 높은 고음을 발하며 몸까지 부들부들 떠는 쇼를 보일 만도 하다. 또 그들에게

성도들에게 있어 간구와 찬양은 생명이 다할 때까지 하나님과 교제를 나누는 가장 직접적인 방법이다.

통곡하지 말고 기쁨으로 찬양하라!

비하면 장로는 말할 것도 없다. 최고조로 음을 올리고 마루가 꺼지도록 쿵쿵 소리도 내고, 그 동안 습득한 모든 쇼를 연출할 수밖에 없다. 안 나오는 눈물도 뿌려야 하고 콧물·눈물로 뒤범벅 된 얼굴을 보여 주어야 신도들에게 모범이 되는 것처럼 생각하고 있는지도 모른다.

이런 연습을 거듭하는 동안에 그런 위선과 기만이 몸에 배여 생활화되고 부지중에 성격으로 굳어지는 것 같다. 이러한 성격 변화를 '거듭난 것'으로 착각하는 신도도 있을 것이다. 이처럼 통성기도를 드리는 현장은 기만과 위선과 고음 발성법의 연습장으로 변하고 있으며, 또한 그러한 성격 형성을 장려하고 있다는 소리도 점증하고 있는 것 같다.[7]

통성기도 후에 강사는 때를 놓칠세라 계획했던 헌금을 강요하는 때도 있는데, 신도들은 마치 교도관 앞에 선 죄인의 심정으로 강사가 불러대는 액수에 응할 수밖에 없게 된다. 그것은 구원과 은혜에 대한 감사헌금이 아니라 죄에 대한 벌금이다. 그리고 그들은 의무감과 죄의식을 품은 채 집으로 돌아간다. 이것이 한국 교회의 현주소라는 의견도 있다. 그렇다면 이런 것이 과연 교회가 주도해야 할 옳은 일이며, 올바른 방법일까? 그것이 교회가 부흥하는 길인가? 교회는 교인들을 이렇게까지 죄인으로 만들어야 하는가? 또 그 이

---

7) 이런 소리 뒤에는 증거도 있다고 지적하는 식자도 있다. 즉 교회 안에서 무슨 분쟁이 생겼을 때, 그 와중에서 가장 극렬한 분자들은 거의 틀림없이 새벽 제단에서 매일 가슴을 치고 통곡하는 신도들이라고 지적하고 있다. 그것은 새벽 제단이 참 제단과는 거리가 있다는 증명이 되지 않는가 의심하게 만든다(제단이라는 단어는 유대교에서 사용하던 구약의 용어이다.).

유는 무엇인가?

인간은 세상을 살아가는 동안에 죄를 질 수도 있고, 또 지은 죄를 회개하고 통회의 눈물을 흘릴 수도 있다. 단 그런 일은 특별한 경우를 제외하면 그리 많지는 않다. 그럼에도 불구하고 매일 새벽마다 통곡하며 회개하는 것이 진실일 수가 있을까?

예수는 위선과 형식주의에 사로잡혀 길거리에서 기도하던 바리새인들을 얼마나 호되게 책망하셨는가?

기도할 때는 골방에 들어가서 문을 닫고 은밀한 중에 계신 하나님께 기도하라고 가르치셨다. 즉 내면적 성찰을 통한 자기 정화의 상태에서 겸허한 마음으로 하나님과 대화할 수 있어야 한다. 기도는 혼자만의 도취나 독백이 아니라 하나님과 대화하는 성스러운 만남이다. 통성기도 그 어디에 하나님과의 대화가 있는가? 통성기도는 기도의 참뜻과 원리에서 벗어난 과장되고 일그러진 형태의 제스처이다. 통성기도는 길거리가 아니라 시장통에서 하는 장사와도 같다. 자기 상을 이미 받은 기도이다. 즉 하나마나한 쓸데없는 기도란 뜻이다. 이처럼 한국교회는 변질되고 변형된 기도 형태를 만들어 놓고 천박한 군중 심리까지 동원시켜 가면서 위선과 기만의 연습장을 만들어 놓았다. 그러한 졸렬한 기도에 하나님께서 응답하시리라고 믿고 있는가?

그렇다면 그런 것이 참된 신앙의 길이 될 수 있을까? 잘못된 한국 교회의 교육의 결과가 아닐까? 한국 교회는 과감하게 자기를 개혁하고 타성에 젖은 습관에서 해방되어야 한다. 지금까지 한국 교회가 급성장한 원인 가운데 하나인 이 새벽기도회가 지금도 과연 한국 교회와 한국 사회에 도움을 주고 있는가 자문해 보아야 한다.

예를 들면 어떤 집의 자녀들이 매일 새벽마다 일어나 부모님 앞에 무릎을 꿇고 가슴을 치고 통곡하며 불효자식이라며 용서를 구하였다고 하자. 그러면 부모의 마음이 과연 기쁠 것인가? 아마도 그 첫날은 참아줄 수 있을 것이다. 그러나 며칠 후에는 회초리를 들고 쫓아버릴 것이다. 이와 같이 365일의 새벽기도는 부모의 마음을 도리어 괴롭히는 결과가 되지는 않을까?

조물주께서 인간을 창조하실 때, 모든 인간이 행복하고 평화스럽게 살고 번성하라고 지으시지 않으셨는가?

그런데 그 조물주를 신봉한다는 기독교는, 조물주의 의도와는 정반대로 인류를 죄인으로 묶어 버리고 죄의식 속에서 매일 가슴을 치고 통곡하는 집단으로 만들어 놓고 말았다. 웃음과 기쁨이 충만해야 할 교회가 눈물과 통곡의 도가니가 되었다. 통곡 대신 기쁨이 넘쳐 흐르는, 미소를 지으며 사는 모습을 조물주는 더 기뻐하실 것이 아닌가?[8] 통곡의 기도 소리가 아니라 기쁨이 넘치는 기도 소리가 끊이지 않는 교회, 기만과 위선이 없는 교회에서 참다운 신앙과 사랑과 구원 등을 찾을 수 있지 않을까?

---

8) 저자가 외국의 어떤 신학교 학생 시절의 일이다. 전교생이 함께 모여 드리는 채플시간 중에 어떤 학생이 무슨 일이었는지 킥킥 웃기 시작했다. 젊은 학생들인지라 그 웃음은 순식간에 전염되어 전교생들과 교수님들까지, 그리고 대표 기도하던 교수까지도 기도를 중단하고 모두 공개적으로 허리가 끊어지게 웃어 버렸다. 이때 학장님이 나와 미소지으며 말씀하셨다. "우리가 기도 중에 감격하여 울 때가 있는 것처럼 또 기쁨에 넘쳐 웃을 때도 있을 수 있다. 하나님께서는 기쁨의 웃는 기도를 드리는 것도 기뻐하실지도 모른다."고 하여 전교생이 또 한번 크게 웃고 예배는 기쁨 충만으로 끝이 났다.

IV. 원죄(原罪)는 있는가?

이 책에서는 신학적인 입장에서의 「원죄론」의 발전 과정을 모두 다 다루려 하지 않는다. 그럴 필요도 없고 또 지면도 없다. 무엇보다 이 책의 저술 목적에 어긋난다. 다만 이 책이 목적하는 방향에 관련된 범위 내에서만 원죄를 다음과 같이 간략하게 조명한다.

죄인이 아니라고 자신의 죄를 부정하는 자가 혹 있을까 하여 기독교는 원죄까지 동원하였다. 아담, 하와가 태고에 따먹은 과일로 인한 죄를 종자설(種子說) 혹은 대표설(代表說) 등의 궤변으로 20세기에 살고 있는 우리에게까지 원죄라는 명목으로 그 죄를 뒤집어씌우고 있다. 원죄란, 인류의 시조 아담과 하와가 하나님의 명령을 거역하고 선악과를 따먹음으로써 형벌을 받게 되었는데, 그후의 모든 인류도 아담의 후손인 까닭에 태어나면서부터 자기의 죄가 아닌 아담의 죄 때문에 하나님의 형벌을 면할 수 없게 되었다는 것이다. 그

인류의 타락
여자가 그 나무를 본즉
먹음직도 하고 보암직도 하고
지혜롭게 할 만큼 탐스럽기도 한
나무인지라 여자가 그 실과를
따먹고 자기와 함께 한
남편에게도 주매 그도 먹은지라

것은 아담이 육체로 범한 죄였기 때문에 아담의 혈육을 이어받은 모든 자손들도 원죄의 형벌을 피할 길이 없다는 것이다.

이 원죄설은 「고린도전서」 15장 22절에 "아담 안에 모든 사람이 죽은 것같이……"라는 구절이 있어서 성경의 뒷받침도 받고 있다.

이 죄는 아무리 새벽마다 하나님 앞에 나아가 가슴을 치고 통곡하고 회개하여도 없어지지 않는 죄라고 한다. 또 신부 앞에 나아가 열 번, 백 번 고해성사를 하여도 사함받을 수 없는 죄라고 한다. 주홍 같이 붉은 죄도 고백하고 회개하면 흰눈처럼 씻어준다고 했는데 이 죄만은 거기에서 제외된다는 것이다.

그러면 원죄는 도대체 어떤 죄인가?

기독교는 이러한 종류의 죄까지 만들어 놓고 2,000년 동안이나 인류를 죄와 원죄로 꼼짝달싹 못하게 이중·삼중으로 결박해 왔다.

단테의 「신곡」에 나오는 지옥의 모습
다가오지 않은 미래의 영생이 생생한 현실의 발목을 잡아도 되는가?
인간은 혼자 있는 것이 두려워서 사회를 만들었고, 죽음이 두려워서 종교를 만들었다.

아니 인류 창조 이후 지금까지 인류를 결박해 온 것이다.

기독교는 결국 그런 죄명으로 이 지구촌을 온통 종교적·정신적·심리적인 형무소로 만들 속셈이었는가? 그리고 성직자들은 형무소에서 과장, 소장, 세뇌 공작자의 자리를 차지한 채 신도들을 위협하고 있지 않는가? 기독교의 복음이 땅 끝까지 전파되는 날은 전 인류가 죄인이 되는 날이며, 결국 그날은 지구촌의 형무소화가 완성되는 날이 되지 않겠는가? 이때 만일 복음에 물들지 않은 비기독교인들이 있다면, 그들은 지구촌의 형무소화를 방지하는 인류의 공로자가 되지 않겠는가?

이런 원죄까지 만들어서 인류를 종신토록 죄로 구속하는 것은 기독교가 인류에게 범하고 있는 죄악 가운데 하나이다. 이런 기독교가 인류를 죄에서 구원한다고 외치는 것은 웃기는 이야기인가, 울리는 이야기인가?

아우구스티누스가 주장했다고 영원한 원죄가 생기는가? 칼뱅이 주장했다고 원죄가 성립되는가? 위대한 신학자가 주장하면, 무슨 죄든지 생길 수도 있고 없어질 수도 있다는 말인가? 인위적인 결정이 원죄뿐만 아니라 인류의 구원을 좌우할 수 있다는 말인가?

인간 영혼의 기원을 설명하는 데에 있어서는 다음과 같은 세 가지 설이 있다.

1) 영혼 선재설(先在說)

인간의 육체가 생기기 전에 벌써 영혼이 하나님의 창조함을 받아 천상에 존재하고 있다가 지상에서 인간이 탄생될 때마다 그 육체 안으로 하나씩 들어간다는 설인데, 이것은 주로 교부 오리겐

(Origen : 185~254)의 주장이다.[9]

2) 영혼 창조설(創造說)

인간이 세상에 태어날 때 그때그때마다 하나님께서 영혼을 하나씩 창조하여 육체 속으로 넣어주신다는 설이다. 이것은 주로 펠라기우스(Pelagius)의 주장이다.[10]

3) 영혼 유전설(遺傳說)

인간의 영혼은 부모의 영혼에서 나온다는 설, 원죄를 제일 먼저 주장한 터툴리안(Tertullian)과 후에 아우구스티누스(Augustinus) 등이 유전설에 입각한 원죄를 주장해 기독교의 교리로 만들었다.[11]

아우구스티누스(Augustinus, 354~430)
고대 신 플라톤주의 철학과 크리스트교를
결합하여 중세 사상계에
결정적 영향을 준 인물
저서; 「고백론」, 「삼위일체론」

---

9) 李章植, 「基督敎思想史」, 1963, p. 209.
10) Ibid., pp. 209~210 참조.
11) Ibid.

이 유전설에 의하면, 인간의 영혼은 그의 부모의 영혼에서 나온다고 하였으니 영혼은 부모의 성행위에 의하여 발생된다는 뜻이 된다. 부모의 성행위나 인간의 협력 없이는 아이가 태어날 수 없기 때문이다.[12] 그렇게 되면 영혼의 창조는 하나님과 인간과의 합작품, 즉 공동 제작품이 된다는 결론이다.

천주교에서 교리로 인정하고 있는 것처럼 생명이 잉태되는 순간을 '정자와 난자가 만나는 바로 그 순간'으로 본다면 유산(流産)으로 사산(死産)되는 태아의 영혼은 어떻게 되는가? 그 태아는 세상 죄는 없으나 원죄 때문에 멸망의 백성이 될 수밖에 없다. 세례를 받을 기회가 없었기 때문이다(천주교에서는 원죄는 세례를 통해서 사함을 받는다고 가르치고 있다.).

그러면 태아의 영혼은 누구에게 책임이 있겠는가? 분명 태아 본인의 책임은 없다. 태아의 영혼은 자의와는 조금도 관계없이 완전 타의에 의하여 멸망을 받게 되는 것이다. 이것이 공정한 하나님의 심판인가?

원죄는 이 같은 모순을 가지고 있는 유전설에 입각하여 만들어진 교리이다. 이런 이론적 근거에 입각하여, 위에서 보는 바와 같이 이 세 학설 중에서 교부들의 해석 여하에 따라 각각 서로 다른 입장을 취하고 있다. 아우구스티누스는 유전설에 입각하여 원죄를 인정하고 있지만, 반면 창조설을 주장한 펠라기우스는 원죄는 있을 수 없다고 부정하였다.

---

12) 유전공학의 발달로 인하여 정자나 난자은행도 설립된 지 이미 오래됐으며 소위 시험관 아기들도 탄생하였고, 앞으로 인간복제도 가능해지겠지만 이런 것은 모두 인위적인 방법들이다.

그러므로 누가, 어떤 것을 주장하든지 간에 그것들은 모두 개인의 학설이며 인위적인 결정에 불과하다. 학설에 따라 또 교부들의 신학적인 입장에 따라 있을 수도 있고, 없을 수도 있는 교리이다. 그런 유동적이며 불확실한 교리를 절대화하여 전 인류를 영원토록 죄인으로 만드는 것은 얼마나 무지하고 잔인한 죄악인가? 자비로우신 하나님을 악신으로 전락시키는 '사탄의 종'의 행위가 아닐까?

원죄를 취급하는 것이 본서의 본래의 취지는 아니지만 이것이 기독교 죄악 중의 하나이기 때문에 간단하게라도 아래의 주에서 언급한다.[13]

---

13) 첫째, 제2계명에 의하면 아비의 죄는 아들 3, 4대까지만 이른다고 하였다. 아무리 크고 무거운 죄라도 아들 3, 4대까지만 이르고 그 후에는 그 아비의 죄의 영향을 받지 않는다고 분명히 제2계명에 기록되어 있다. 이러한 계명이 있음에도 불구하고 아담의 죄를 원죄라는 명목으로 지금 우리가 살고 있는 수천 대 후손에까지 유전되고 있다는 궤변이 성립될 수 있을까? 아우구스티누스의 학설이 계명보다 더 우월하고 강력한가? 칼뱅의 주장이 계명을 무효화시킬 수 있다는 말인가?

둘째, 원죄가 있다고 가정하자. 그러면 그 원죄는 십자가의 보혈로 2,000년 전에 벌써 무효화되지 않았는가? 보혈로 씻기지 못하는 죄가 있겠는가? 2,000년 전에 없어진 죄가 지금 우리에게까지 내려오고 있다는 주장은 보혈을 모독하고 무효화시키려는 죄가 아닌가? 천주교에서 원죄는 세례를 받을 때 사함 받는다고 한다. 그러면 세례는 보혈보다 더 강력한 것인가? 세례가 원죄를 사함 받는 상징은 될 수 있어도 사할 수는 없다. 오직 보혈만이 사할 수 있다.

셋째, 또 원죄가 있다고 가정하자. 그러나 그 원죄는 노아 때 홍수로 인하여 없어지고 말았다. 창세기 6장에 의하면 하나님께서 인간의 죄악이 크고 악함을 보시고 사람 지으신 것을 한탄하셨다. 그리고 노아의 식구 8명의 의인들만 남겨놓고 전 인류를 홍수로 멸망시키고 그 후에 노아의 자손들을 통해서 인간 재창조를 단행하셨다. 인간 재창조 과정에서 원죄가 적용되는 인간을 또 창조하셨겠는가? 노아 홍수 전에 혹 원죄가 있었다고 가정하더라도 홍수 이후에는 원죄가 말소되

V. 십일조와 공갈협박

모세(Moses)
기원전 13세기경의 고대 이스라엘의 예언자 · 지도자
애굽에서 노예로 살던 동족 이스라엘 민족을 이끌고
탈출하여 40년간 황야를 방랑한 끝에 약속의 땅
가나안으로 인도함.
시내 산에서 하나님께 율법을 받아 이스라엘 민족에게
전함으로써 여호와 이스라엘 민족 간의 계약을
중개함.
저서; 「모세 오경」

십일조 제도는 모세의 율법으로 제정되어 유대교에서 지금까지
수천년 동안 지켜 내려오는 전통적인 제도 가운데 하나이다. 「레위
기」 27장 30～33절에 의하면 십일조는 하나님의 몫이므로 그 하나
님의 백성되는 자들은 그들 소산의 십분의 일을 여호와 하나님께

어 버린 것이 아닌가?

넷째, 원죄를 처음으로 주장한 자는 터툴리안이다. 그리고 후에 아우구스티누
스도 여기에 가세하였다. 그러므로 그들보다 전에 살았던 사람들은 원죄가 무엇
인지 알지도, 느끼지도 못하고 살다가 죽었다. 아브라함 · 모세 · 엘리야 · 엘리
사도 물론 그랬다. 그들이 원죄를 알지는 못했으나 그들에게도 물론 적용되었을
것이다. 그러면 그들은 보혈의 공로를 입지 못하고 죽었으니 모두 멸망의 백성이
되었을 것이 아닌가?

만일 원죄가 존재한다면 조물주는 태초에 인간 창조 때부터 원죄로 멸망받을
수밖에 없는 인간을 창조한 것이다. 사랑의 우리 하나님께서 그러한 인류를 설계
하시고 창조하셨을까? 십자가 보혈이 있기 이전에 살았던 모든 인류가 원죄 때문
에 멸망하였다면 그 책임은 누구에게 있는 것인가? 누가 져야 할 것인가? 창조주
께서 그러한 모순의 세계를 창조하셨다는 말인가?

드리는 것이 마땅한 일이었다. 그렇지만 여호와께 드리는 그 십일조를 여호와를 대신하여 직접 받아서 쓰는 자들은 레위족들이었다 (민 18: 21~24).

레위족이 받는 그 십일조는 구약시대, 즉 신정일체(神政一體) 시대에 성전에서 봉사하던 제사장들과 또 생계를 위하여 직업을 가질 수 없었던 레위족들의 생계를 위하여 사용되었다. 또 왕도 그 십일조를 받았다(창 14:18~20, 히 7:2~4).

그 십일조를 받고 살던 제사장들과 레위족들은 성전 봉사는 물론 그 밖에 국민교육을 책임지고 또 국가의 행정 사무를 담당하며 사법·재판 등과 의료 사업까지 담당하는 국가 공무원의 역할을 하였는데, 그런 의미에서 왕도 십일조를 받은 것이다(신 17:8~13).

그러므로 십일조는 현대적인 의미에서 보면 국민이 국가에 납부하는 세금의 일종이었다. 이스라엘 민족은 이와 같은 이유와 목적으로 모두 십일조를 바쳐야만 했다.

그렇다면 현대 사회에 살고 있는 기독교인들이 국민으로서 국가에 세금을 납부하고 그 위에 또 신도로서 교회에 십일조를 바쳐야 하는가 하는 문제가 생긴다. 만일 그래야 한다면 기독교인은 이중 세금을 납부하는 처지가 되는 셈이다. 기독교인이 교회 생활을 하면서 하나님의 은혜에 감사하여 본인이 자진하여 십일조를 바치든 십이조를 바치든, 혹은 백일조를 바치든 그런 것은 오직 본인의 자유이고 또 본인의 신앙과 재정 사정에 맡겨야 한다.

두말할 것도 없이 신앙과 교회 등 공공사업을 위하여 헌금하는 일은 매우 좋은 일이며, 또 장려할 만하다. 실제로 교회라는 기관은 재정 없이는 운영·유지할 수 없다. 선교·봉사·교육, 건물 유지, 성직자의 생계비 등을 위해서 재정은 필수적이다. 그렇다고 하여 만일 어떤 성직자가 십일조를 신앙생활의 필수조건으로 주장한다면 이는 일종의 공갈이며 강요이다.

예수께서 자기 몸을 십자가의 제물로 바침으로써 인류의 구원이 가능해졌으며, 모세의 옛 율법이 폐지되었고 새로운 언약이 성립되었다는 것을 교회는 잘 알고 있다. 이를 증명하는 구절을 찬찬히 살펴보자.

"전에 있던 계명은 무력하고 무익했기 때문에 폐기되었습니다. 율법은 아무것도 완전하게 하지 못했습니다. 그래서 하나님께서는 더 좋은 희망을 우리에게 주셨습니다. 우리는 그 희망을 통하여 하나님께 가까이 나아가는 것입니다."
(히 7:18~19)

"율법을 행함으로 살려는 사람은 다 저주 아래 있습니다. 성

예수의 십자가 고행
- 인류의 구원
- 모세의 옛 율법 폐지
- 새로운 언약의 성립

경 말씀에 '율법책에 기록된 모든 것을 끊임없이 지켜 행하지 않는 사람은 다 저주 아래 있다'고 씌어 있기 때문입니다. 그러므로 율법으로는 하나님 앞에서 의롭다 함을 얻을 사람이 하나도 없다는 것이 분명합니다. 그것은 의인은 믿음으로 살리라고 했기 때문입니다."(갈 3:10~11)

위의 두 성경 구절에서 '율법은 폐지되었다'고 하였으니 유대교인들이 아닌 우리 기독교인들은 지금 모세의 옛 언약, 즉 율법 아래 있지 않고 예수의 새로운 복음의 언약 아래 있게 되었다. 다시 말하면 우리는 예수의 보혈로 구원받고 모세의 율법 600여 개의 금지령에서 해방된 것이다. 그러므로 신약성경에는 십일조를 내야 한다는 규정이 없다.

그러므로 기독교인은 모세 율법에 규정되어 있는 것들을 다 엄수할 필요가 없다. 예를 들면 '할례'를 받지 않아도 되고, 율법에서 금지한 돼지고기를 먹을 수도 있고, 은행에 예금하여 이자를 받을 수도 있고, 안식일 대신에 주일을 지킬 수도 있게 되었다. 또 모세 율법에 규정되어 있는 십일조도 우리와는 상관이 없게 되었다. 다시 말하면 기독교인은 복음으로 인하여 율법에서 해방되었다. 신약에 십일조가 없는 것은 그런 까닭이다.

만일 기독교인이 아직도 율법 아래 있다고 하면 기독교인은 십일조는 물론 할례도 받아야 하고, 돼지고기는 먹을 수 없고, 안식일을 지켜야 하며, 은행 이자도 받아선 안 되고, 형님이 자손 없이 타계하였을 때는 형수 방에도 들어가야만 하고, 또 아브라함·모세·야곱·다윗·솔로몬처럼 수많은 처첩을 거느려도 된다는 것이다.

목욕하는 밧세바
다윗은 우리아의 아내 밧세바를 범하여
여호와의 진노를 샀으나 회개하여
용서받음. 다윗과 밧세바의 사이에 태어난
아들이 '지혜의 왕' 으로 불리는
솔로몬이다.

뿐만 아니라 기독교인은 매년 적어도 세 번은 예루살렘 성전으로 가서 제물을 바치고 레위인과 제사장을 통해 제사를 드려야 한다. 또 지금처럼 교회에서 예배드릴 수 없고 안식일에 회당을 찾아가야 한다. 그러나 기독교는 예수님께서 십자가에 달리신 이후로 유대교의 모세 율법에서 벗어나 새로운 종교로 탈바꿈되어 위의 율법을 엄수할 필요가 없게 되었다. 그리스도의 보혈로 율법이 폐지되었기 때문이다.

그런데 기독교는 율법의 조항들은 다 무시하고 지키지 않으면서 모세 율법 중에서도 왜 하필이면 십일조 하나만을 끄집어내어 그것만은 필수라고 강조하며 엄수하라고 하는가? 그것은 복음으로 구원받은 자가 폐지된 율법을 추종하는 것이며, 보혈을 무효화 혹은 약화시키는 처사가 아닌가?

십일조를 강요하는 것을 볼 때, 우리는 이 종교가 유대교인가 기독교인가를 의심하게 된다. 유대교와 기독교를 혼합하거나 혼동하고 있는 상태이다. 모세와 예수를 한 자리에 모셔놓고 예배드리고 있는 셈이다. 율법도 따라가고 복음도 따라가려는가? 복음으로 폐지된 율법을 복음으로 되살리는 모순을 정당화 하려는가?

그런데 그 폐지된 율법 중에서도 하필 십일조만을 주장하는 것은 아무리 선의로 해석해도 잿밥인 듯하다. 절간의 스님만 잿밥에 마음 가는 법은 없다. 기독교 성직자의 마음속에도 있을 수 있다. 십일조는 복음을 들고 율법을 향해 뒷걸음치는 잘못을 저지르고 있는 실례가 아닌가? 예수님을 모시고 모세의 뒤를 따라가는 형국이다. 이것이 오늘 한국 교회의 잘못된 현상 가운데 하나가 아닌가?[14]

그런데 한국 교회에서는 성직자가 하나님의 이름으로 성경을 펴들고 십일조를 강요하며 공갈 협박까지 해댄다. 십일조를 안 바치면 하나님의 것을 도적질하는 것이라고까지 목에 힘주어 협박한다. 이 협박에 넘어간 순진한 신도들은 벌을 받을까 두려워서 십일조를 바치게 된다. 또 창고가 넘치도록 수백 배의 보수를 기대하면서 바치는 신도도 있을 것이다.

자! 그러면 그런 헌금이 하나님의 은혜에 감사하여 자진하여 기쁨으로 바치는 헌금인가? 혹은 공갈 협박 때문에 마지못해 억지로 바치는 벌금인가? 혹은 그 벌금이 수백 배의 축복으로 변하기를 기대하고 바치는 뇌물인가, 복권인가? 혹은 부자가 되기 위하여 일종의 투자로 헌금을 바치고 하나님과 흥정하는 상거래인가? 만일 헌금을 축복받기 위한 수단으로 하나님과의 상거래로 가르치며 선전하는 성직자가 있다면 그들은 교회와 자기들의 재정을 위하여 신도

---

14) 천주교, 루터교, 성공회 등 대 교파에서는 십일조를 의무화하지 않고 있다. 저자도 목회할 때 이것을 깨닫지 못하고 십일조 제도를 인정하였던 것을 부끄럽게 생각하고 회개하고 있다.

들을 타락시키는 사탄의 앞잡이이다. 또 어떤 교회에서 요구하고 있는 수십 개의 헌금 종류를 보면 그 성직자의 천박한 인격이 보이는 것 같다.

교회 주보에 헌금자의 명단까지 발표하는 교회도 있다. 또 어떤 교회에서는 성직자가 헌금자의 명단을 하나하나 호명하면 기립하여 성직자로부터 폭포수 같은 축복의 기도를 받기도 한다. 이는 헌금 액수를 올리려는 고차원적인 수단이다. 이때 여기에서 제외된 신도들은 말없는 간접 협박을 받고 죄책감과 수치감 때문에 저자세가 되어 집으로 돌아간다.

일주일 동안 세상에서 시달리던 영혼들이 마음의 평화와 희망과 위로를 찾으려고 교회에 왔으나 그런 것은 고사하고 도리어 죄인의 심정을 가지고 돌아가게 된다. 결국 '죄인 제조기관'이 된 교회에서 참다운 신앙은 물론 희망이나 위로도 찾을 수 없는 그들은 진정 어디로 가서 위안과 희망을 찾아야 할 것인가? 결국 교회 밖에서 찾아야 한다는 말이다. 돈 없으면 예수도 믿을 수 없다는 말은 허구만은 아니다. 이것이 과연 신앙의 전당인 교회의 참 모습일까?

그러한 교회를 떠나지 않는 한 수치와 심리적 불안을 극복하기 위하여 다음 주일에는 자기 이름도 올라가게 하려고 무리한 헌금을 하게 된다. 그러면 그 헌금은 하나님께 바치는 헌금인가? 자신의 명예 회복을 위한 체면 유지금인가? 혹은 마음의 위로를 받기 위한 위안금인가? 또는 성직자의 협박에 굴해 마지못해 바치는 과태료인가?

그런 헌금은 하나님과는 무관하다. 그러면 그는 결국 하나님 앞에 헌금 없는 신도가 되어버린다. 그는 하나님을 섬기러 교회에 나간 것이 아니라, 결국 자신의 체면을 위하여 동네 사랑방에 놀러나 간 처지가 되는 셈이다. 이와 같이 많은 교회는 의도적으로 십일조와 헌금자의 명단을 발표하여 신도 아닌 신도를 양성하는 악순환을 되풀이하고 있다.

특히 악덕 성직자 중에는 신도들을 한 사람씩 자기 사무실에 불러 놓고 직접 십일조를 강요하는 자도 있다. 십일조도 부족한 듯 '온전한 십일조'라는 말까지 등장시켜 착취에 여념이 없다. 그때도 하나님의 이름을 팔아가며 기도하고 간접 협박을 시도한다. 이러한 행동은 보이지 않는 칼을 들고 하나님의 이름으로 강도 짓을 하는 것과 차이가 없다. 하나님의 이름을 빙자하여 얼굴에 철판을 깔고 하는 행위이다.

이 보이지 않는 칼 앞에 순진한 신도들은 식은땀을 흘려가며 내키지 않는 십일조를 결정해야만 한다. 이런 방법으로라도 십일조를 내는 교인수가 많아지면 그 성직자는 유능한 자로 명성을 날리게 되며 자랑거리가 된다. 또 그 교회는 재정적으로 성장할 수도 있게 된다.

이런 십일조로 운영되는 교회를 모세 교회라고 불러야 할까, 아니면 율법 교회라고 해야 할까? 아직도 율법이 살아 있는 교회는 십자가의 교회는 아니다. 복음과 율법도 구별 못하는 그런 성직자가 예수의 복음을 올바로 전할 수 있을까? 그의 눈에는 십자가는 보이지 않고 오직 십일조 봉투만 보일 테니 말이다. 그런 교회 신도들은 얼마나 가련한가?

만일 어떤 사람이 사람들을 모아 놓고 그들에게 십일조를 거두어서 자기의 생계를 유지했다면 그는 틀림없이 사기꾼으로 법망에 걸릴 것이다.

그러나 교회라는 조직체 안에서는 신의 이름을 팔아 십일조를 거두어서 자기의 생계를 유지하는 것이 정당화되고 있다. 이와 같이 이 두 사람은 꼭같은 일을 했음에도 불구하고 전자는 사기꾼이 되었고 후자는 선한 목자가 되었다. 그러면 양자의 차이는 무엇인가? 전자는 신의 이름을 팔지 않았고, 후자는 신의 이름을 팔았다는 차이뿐이다. 즉 하나님의 이름을 팔기만 하면 무슨 일을 저질러도 정당화된다는 결론이 된다.

기독교는 이 점을 이용하여 얼마나 무서운 죄악을 범하였는가? 하나님의 이름을 팔아 애매한 사람들을 죄인으로 만들어 놓고 그들의 재산을 강탈하고 강간·살인을 하고도 하나님의 영광이라고 찬양하지 않았는가? 십일조는 하나님의 이름을 팔아 모금하는 잘못된 방법이라고 지적하는 학자가 점차 많아지고 있는 추세이다.

이런 방법으로 거둬들인 헌금의 액수는 다음 통계에 잘 나타나 있다. 한국에서 기독교 개신교가 각종 방법으로 거둬들인 헌금의 총액은 한국 모든 종교에서 거둔 헌금의 73%를 차지하고 있다.

「경제기획원 조사통계국」에서 조사한 것을 1988년 2월 11일자 「동아일보」가 보도한 바에 의하면, 한국 종교 단체 수 30,079처(교회, 성당, 사찰 등)에서 거둬들인 헌금 총액은 3,403억 원이다. 그 중 개신교는 21,039개 교회에서 거둬들인 헌금 총액이 2,493억 원(전체 헌금의 73%)이고, 불교는 6,611개 사찰의 헌금 총액이 429억 원이고, 천주교는 1,393개 성당의 헌금 총액이 278억 원이다.[15]

---

15) 전요섭 I, op. cit., pp. 209~210 참조.

이와 같이 개신교의 헌금 수집 방법이 한 차원 고단수라는 것을 알 수 있다. 그러나 그런 헌금 강요 결과 교회 안에 분쟁이 많다고 불평하는 신도는 73.3%나 된다고 한다.[16]

헌금은 마음에서 스스로 우러나와 하나님께 나의 것을 바치는 신앙행위로 감사의 표현이라야 한다. 또 그것은 나와 하나님 사이에 이루어지는 하나의 비밀 사항이다. 이것을 공개적으로 주보에까지 이름을 발표하는 것은 헌금 액수를 올리려는 교회의 천박한 모금 방법이며, 간접적인 강요 행위이고, 헌금의 정신을 흐리게 하는 사기극이라고 비꼬는 소리가 높아만 가고 있다.

「마태복음」 6장 3절은 '구제할 때에 오른손이 하는 것을 왼손이 모르게 은밀하게 하라' 고 가르치고 있다. 사람이 사람에게 행하는 구제 사업도 그만큼 은밀히 하라고 하였거늘 하물며 인간이 하나님께 바치는 헌금을 무슨 의도로 인쇄하여 세상에 공개까지 하고 있는가? 사기극을 연출하면서 성극을 연출하는 것으로 착각하고 있지는 않은가? 이는 그 성직자와 교회가 타락했다는 증거이다.

하나님께 바치는 헌금은 진실하여야 한다. 진실로 시작하여 진실로 끝나야 한다. 헌금에서 진실이 없어지면 그 헌금은 강탈 아니면 체면 유지금이나 사기금으로 변질될 우려가 있다. 헌금이 협박이나 명예와 유관하면 그 헌금은 하나님과는 무관해진다. 진심에서 우러나와서 바친 것이 아니기 때문이다.

신앙 때문에 교회에 나오는 신도들에게 죄의식과 불안감뿐 아니라 헌금으로 압박감과 수치감, 그리고 소외감까지 주는 공갈 협박

---

16) ibid. Ⅱ, p. 219.

적인 십일조 강요는 금지되어야 한다.

교회는 마음의 평온과 정신적인 안정 속에서 희망을 찾을 수 있는 곳이라야 한다. 그리고 그 헌금 액수도 각자의 능력과 마음에 따라 각자가 편안한 마음으로 결정할 수 있어야 한다. 특히 성직자가 하나님의 이름을 이용하여 일정한 액수를 강요할 문제는 아니다.

교회를 운영하려면 예산이 필요한 것은 당연한 일이며, 또 헌금이 그 중요한 재원(財源)이 된다는 것은 누구나 다 알고 있는 사실이다. 그러나 재원 확보 때문에 신도들에게 고민과 압박감을 주는 일을 하나님의 이름으로 계속해서는 안 된다. 그것은 곧 예수의 가르침에 위반되는 것이기 때문이다.

특히 교회 내에서의 지위와 대우가 신앙이나 인격과는 관계없이 헌금 액수와 직접 관련되어서는 안 된다. 하나님의 은총과 사랑이 돈으로 환산될 수 있다는 인상을 준다면 그 교회는 이미 타락한 교회이다.

성직자들은 교인들이 그 교회에서 삶에 대한 새로운 희망과 용기를 찾고 깊어 가는 신앙심을 느낄 수 있게 하여야 하며, 자유롭고 즐거운 마음으로 교회를 오고 갈 수 있게 하여야 한다. 그러한 교인들이 모이는 교회에는 누구나 느낄 수 있는 사랑이 넘쳐 흐르게 되고 화합과 관용이 교인들을 더 한층 단결시키며 화목하게 만들 수 있다. 그리고 신도들의 마음속에 한없는 기쁨과 삶에 대한 용기를 주며 성직자와의 관계도 더욱 돈독해진다. 그것이 곧 하나님께서 주시는 은총이라는 것을 느끼게 될 때, 그 교회는 살아 있는 하나님의 집이 될 것이다.

그런데 교회가 마치 헌금의 액수에 따라 교회 내외에서뿐만 아니라 성직자와 하나님과의 관계까지 결정되는 것 같은 분위기를 조성하여 신도들이 주위의 눈치를 살피지 않을 수 없게 된다면 그런 교회는 본래의 사명을 다하지 못하게 될 것이다.

또한 교회가 신도들을 의무적으로 교회에 나오게 하여도 안 된다. 공갈 협박적인 방법이 아니라, 스스로 우러나는 마음으로 신도들의 발길이 자연히 교회로 향하게 되고 헌금도 자진해서 내고 싶은 신앙심이 앞서도록 인도하여야 하며 서로의 인정과 사랑을 다같이 나누면서 인생의 낙을 신앙 생활에서 찾을 수 있게 인도하여야 할 것이다.

예수는 돈이나 재물로 복음을 전파하려고 하지 않았다. 관용과 구원으로, 그리고 자기를 죽이려는 죄인을 용서할 수 있는 관대한 사랑과 희생정신으로 자비와 복음을 가르치면서 십자가에 달렸다. 십자가에 달려 피를 흘리면서 질식하는 고통을 상상하고 느낄 수 없는 사람은 예수의 가르침을 이해하기 어려울 것이다. 예수는 아

예수는 관용과 구원, 사랑과 희생으로 복음을 가르치셨다. 오늘날의 교회도 이를 실천하고 있는가?

무 대가나 조건 없는 사랑과 희생을 가르쳤다.

그러한 교회가 되었을 때 예수의 마음과 정신이 살아 있으며, 신도들의 넘쳐흐르는 사랑과 아낌없는 희생 정신을 모두가 느낄 수 있을 것이다. 서로 반갑게 주고받는 미소만 보아도 교회에 나온 보람을 느끼게 하는 기적을 보는 것이며, 그 기적이 많은 사람들을 화목케 한 그 교회로 다시 오게 이끄는 강한 인력(引力)이 되는 것이다. 그러한 교회가 인류의 미래에 희망을 주고 마귀가 춤을 추는 어두운 세상에서도 밝은 등불이 될 수 있을 것이다. 기적은 그런 곳에서 나타날 것이다.

VI. 교회는 신도들을 보이지 않는 쇠사슬로 묶어 구속하는 곳인가?

많은 성직자들은 교회를 사유화하고 자기의 권위를 유지하며 교회를 운영하는 수단으로 신도들에게 주로 다음과 같은 네 가지를 강요한다.

십일조, 순종, 충성, 전도이다. 이런 것들이 모두 하나님의 이름으로 성경을 펴들고 복음 전파란 미명하에 강요된다.

성직자 편에서 볼 때, 어떤 신도가 십일조를 바치고 교회생활에 말없이 순종하며 맡은 직분에 충성하며 새 교인을 많이 인도해 온다면 세상에 그렇게 좋은 신도는 없을 것이다. 특히 유능한 유명인사를 인도해 왔을 때 그는 교회의 보배와 같은 존재가 된다. 그러므로 성직자는 그런 교인을 양성하기 위하여 성경을 펴 들고 신도들에게 위의 네 가지 원리를 풀어 강요하게 된다.

그 가운데 지각 없는 성직자는 순종이란 미명하에 맹종을 강요하여 정의와 불의를 구별할 수 없는 맹신도, 즉 일종의 정신적 노예를 만들어내는 데 주력한다. 그러한 교회에서 믿음이나 순종은 볼 수 있을지 모르나 진정한 정의는 찾아보기 어렵게 된다. 독자 여러분은 교회에서 정의를 본 일이 있는가? 정의가 없는 집단! 그것은 육체적 폭력은 없으나 그 폭력을 이용하는 불량배들의 집단과 크게 다를 바가 없다. 외형은 성인군자 같으나 그 속은 기만과 위선으로 가득 찬 썩은 무덤일 수도 있기 때문이다. 교회는 믿음은 있으나 정의가 없는 집단이 되어서는 안 된다.

교회의 속박은 태 중에 있는 아이 때부터 시작된다. 태아를 위하여 태모는 마리아 찬가를 읽어야 하고, 출생 순간부터 교회에 예속되어 백일잔치, 돌잔치, 초·중·고·대학의 입학식과 졸업식, 그리고 취직과 직장 생활에까지 교회 교육이란 명목하에서 그때그때 보이지 않는 쇠사슬로 좁혀진다. 약혼식·결혼식·결혼 생활은 물론 늙어서 회갑·고희잔치·은혼식·금혼식은 물론 죽은 후에 장례식까지 모두 교회 영향권 내에 들어가면서 그 쇠사슬은 더욱 좁혀진다.[17]

천주교의 쇠사슬은 더욱 강력하다. 교회가 부부 생활의 침실까지 지배한다. 산아 제한, 피임약 및 피임기구 사용 금지 등 이불 속까지 철저히 관할한다. 결혼, 이혼 금지, 혼인 무효도 교회가 관장한다. 사실은 지배나 통솔이 아니고 구속·감시이다. 즉 인간의 탄생 전부터 시작하여 사후 저 세상까지 지배하려고 한다.

---

17) 어떤 종교나 교파에서는 자기 파가 주례하는 장례식만이 죽은 신도를 천국으로 인도한다고 주장한다.

뿐만 아니라 평생 사는 동안에 매월 고해성사를 의무화해야 한다. 즉 이것은 생활 보고이다. 교회가 이렇게까지 사람의 일생을 구속하여야 하는가? 그러한 권한은 어디서 왔는가? 그렇게 구속당하는 것이 참다운 신앙 생활인가? 그런 것이 교회 생활인가? 이것은 교회가 성도라는 미명하에서 신도들을 보이지 않는 쇠사슬로 꽁꽁 묶어 놓고 통제하는 정신적인 노예제도라고 주장하는 견해도 있다. 농장 노예와 다른 점은 농장 노예는 보이는 쇠사슬과 보이는 강제로 통솔되지만, 교회 노예는 보이지 않는 쇠사슬과 보이지 않는 강제로 통솔되고 있다는 점이다.

교회가 하나님의 이름으로 이렇게까지 인간의 자유를 구속하고 종속시켜도 되는가? 이것이 과연 하나님의 뜻이고 교회의 정당한 직무이고 방법이며 사명인가? 교회 생활이란 이러한 정신적·신앙적 구속생활을 의미하는 것인가?

옛날 흑인 노예를 사역하여 농장을 경영하던 지주들은 노예들의 의식주를 보장하고 도망가지 못하게 24시간 감시망을 제도화하고,

중세의 종교 재판이 육체적인 고통에 초점을 맞추어 행해졌다면, 오늘날의 교회는 정신적인 고통을 가하고 있다.
하나님께서는 자신의 피조물이 죄인이 되어 고통 받기를 원치 않으신다.

또 불순종한 노예는 호된 고문으로 다스렸다. 그런데 교회는 신도들이 십일조 헌금을 들고 자기 발로 걸어오고 감시할 필요도 없이 자진하여 순종하고 직책에 충성을 다하고 있으니 교회의 이득은 커질 수밖에 없다.

이때 교회가 투자한 자본이란 성경을 들고 '축복', '구원', '사죄', '사랑' 등의 몇 가지 미끼를 던진 것뿐이다. 그러므로 교회는 소액의 투자로 대 수익을 올리는 기관이 된 것이다. 이렇게 할 수 있었던 최대의 무기는 성경을 들고 하나님의 이름을 파는 것이었다. 이런 방법으로 거대해진 재벌 교회는 얼마나 많은가? 또 그런 교회를 부러워하는 성직자는 얼마나 많은가?

그러면 이것이 과연 교회의 참 모습이며 또 올바른 방법인가? 그런 교회가 성전인가? 교회는 이런 방법 외에 다른 방법을 모색할 수는 없을까? 이것이 예수께서 계획하시고 원하셨던 방법이었는가 재삼 묻지 않을 수 없다. 만일 제3자가 이 제도를 냉철하게 비판하

어떠한 교회가 성전인가?
수도사는 성경도 없이 설교하고 있고,
교황과 수녀는 면죄부를 팔고 있다.
진노하신 하나님께서 이런 거짓 교회를
불로 심판하고 계신다.

여 '교회는 신앙이라는 미명하에 제도화된 정신적인 노예 양성소'라고 비꼰다면 지나친 표현일까?

예수는 인류에게 자유를 주시려고 오신 분이다. 그런데 교회는 그의 뜻을 거역하고 있지는 않은가? 교회는 눈에 보이지 않는 쇠사슬로 신도들의 마음과 정신세계는 물론 신앙생활과 사생활까지 꽁꽁 묶어서 구속하고 통솔하여 오지는 않았는가?

인간이 태어나기 전부터 죽은 후에 관에 들어가 장례식이 끝나는 순간까지, 또 그후에도 교회와 성직자의 지도를 받아야만 하는가? 그것이 예수의 방법이었는가? 그것이 교회의 진실한 사명인가?

현대인에게 신앙의 자유는 주어져 있다. 형식적으로는 그런 자유가 보장되어 있지만, 사실상 한번 어떤 종교적·정신적인 노예가 되면 죽는 날까지 그 노예 관계에서 벗어나기 어려운 것이 종교적인 예속 관계이다.

우리는 먼저 그 보이지 않는 쇠사슬을 차단하고 종교적인 기만과 위선을 추방해야 한다. 그리고 모든 신도들은 진실과 정의가 지배하는 참다운 인류사회 건설과 신앙의 자유를 보장할 수 있는 종교 생활을 누려야 한다.

VII. 신앙은 생활화되었는가?

한국 교회가 가지고 있는 신앙의 목표는 대개 두 가지로 요약할 수 있다. 즉 첫째는 자기 개인의 영적 구원, 둘째는 현세에서의 물질적 축복이다. 즉 개인의 구원과 개인의 축복이라고 요약할 수 있다. 그러므로 그 목표를 달성하기 위한 새벽기도회, 부흥회, 금식기도, 성경공부 등에는 재물과 정성을 다하고 있는 형편이다. 또 그렇게 하는 것이 신앙생활의 전부라고 믿고 있는 듯하다.

그러므로 기독교인의 수가 아무리 증가하고 많아져도 사회 정화나 발전에는 도움이 되지 않는다는 평판에 귀기울여야 할 것 같다. 뿐만 아니라 기독교인으로 행세하는 사람들 중에는 혹 부정 부패를 통해서라도 자기의 축복된 삶과 향상을 이루어, 그 목적을 달성하기만 하면 그것을 하나님의 축복으로 믿고 감사하는 경지에까지 도달하였다고 지적하는 식자도 있다.

그 예로 과거에 기독교인들이 중심이 되어 만들었던 정당이나 정권, 그리고 기독교인으로서의 국가 통치에 관여하였던 사람들이 한국 정치사에서 가장 부패하였다는 평을 받고 있다는 사실을 들 수 있다. 이 정도의 증거가 나타나면 한국 기독교는 과연 올바른 방향으로 나아가고 있는가 하는 것을 겸허한 마음으로 받아들이고 심사숙고하여야 할 것이다. 교회는 기독교 본래의 사명을 망각하고 이기주의로 흘러가서 사회에는 하등의 도움을 주지 못하는 이기적 집단이 되지는 않았는가? 또 그것은 한국 기독교 신도들과 성직자들이 신앙을 생활화하는 일에는 거의 관심이 없거나, 혹은 거기에 인색하였다는 것을 뜻하지는 않는가? 그렇다면 교회는 기만과 위선을 가르치는 곳이 된다는 뜻인가?

유치원·초등학교 때부터 외제 문방구를 쓰는 아이가 으스대고, 외국어를 잘하는 아이가 인기를 끌어 반장으로 선출되는 풍토!

국산 옷을 입고는 동창회도 갈 수 없다는 여고 졸업생들의 동향!

집안에 외제가구를 갖추어 놓아야 체면이 선다는 국민들의 이러한 의식구조와 풍토를 야기시킨 책임은 누구에게 있는가? 국민의 도덕성이 저하되고 사회 범죄가 급증하고 사회 전반에 부정부패가 만연하고 정의가 죽어가고 있다면 그 책임은 누구에게 있는가?

기독교인들이나 교회는 그런 것과는 아무런 상관도 없는가? 그저 기독교인들은 성경공부에 열중하고 십일조를 바치고 부흥회나 새벽제단 등에 충성만 다하면 되는 것일까? 그러면 한국 교회는 올바른 방향으로 나아가고 있는 것일까?

기독교인은 교회 안에만 있지 말고 교회 울타리를 박차고 밖으로 나와야 된다는 뜻이 아닌가? 교회 안에서 습득한 진리나 교훈을 교회 밖에서 실천에 옮길 수 있어야 한다. 이 원리는 모든 종교에도 해당되는 것은 물론이다.

우리가 살고 있는 이 사회의 불의와 부조리를 시정하며 세계 도처에서 발생하고 있는 비참사, 즉 전쟁·굶주림·질병·인종 차별, 강국에 예속되어 있는 약소국의 처지, 인류의 종말을 재촉하는 잘못된 사상과 환경오염, 정의 사회의 실현 등에 대하여 교회는 지대한 관심과 책임을 가져야 한다.

그리고 교회는 그 문제의 해결을 위하여 사회인으로서, 또 세계시민으로서 책임 있는 동반자가 되어야 한다. 또 교회는 지역 사회에

이제 기독교인은 울 밖의 양떼에
관심을 기울여야 한다.
울 안의 양보다 울 밖의 길 잃은 양을
찾아서 돌보아야 한다.

서 책임 있는 역할을 감당해야 한다. 장애자·고아·노인·재소자·극빈자 등 소외된 국민과 국민의 도덕적 타락, 예의범절의 파괴, 사회범죄 등에 대한 책임과 민족문화의 방향, 국민의 의식 개혁 등에 대해서 교회는 지금까지 등한시하지 않았는가? 사회악을 시정하기 위한 부단한 노력은 교회의 필수적인 사명 가운데 하나이다.

1996년도에 한국을 방문하였던 「하버드대학」 교수 하비 콕스는 8월 24일 기자회견에서 다음과 같이 말했다.

> "교회는 그가 몸담고 있는 그 사회, 그 문화 발전에 기여할 수 있는 질적 향상에 힘써야 한다. 하나님은 교회 안이 아니라 우리의 실제적인 삶의 현장에 함께 하시며, 교회의 역할은 소외받은 사람들에게 예수의 사랑을 전하는 것이다." [18]

즉 한국 교회는 사회참여가 부족하다는 질책이다. 이것이 그가 한국 교회를 보고 느낀 소감이었다.

주님께서 안식일에 나사렛 회당에서 가르치시려고 읽으신 성경 말씀 가운데 하나가 「누가복음」 4장 18절이다.

> "주의 성령이 내게 임하셨으니 가난한 자에게 복음을 전하고 포로된 자에게 자유를, 눈먼 자를 다시 보게 하며 눌린 자를 자유케 하려 하심이라."

이 말씀을 음미하면 우리는 사회에 대한 주님의 관심을 엿볼 수

---

18) 「한국일보」, 1996년 8월 26일 발행

있다. 예수는 그러한 사명을 가지고 세상에 와서 사명을 다하다가 십자가에 달리셨다. 그러므로 기독교인이라면 누구나 다 예수의 길을 따라가야 할 것이 아닌가?

교회는 자기의 구원과 축복만으로 만족하는 곳이 아니다. 만일 교회가 그런 것만으로 사명을 다한 줄 알고 만족한다면 그런 교회는 그 사회에서 쓸모 없는 교회, 끼리 끼리들만이 모이는, 빛이 없는 이기적인 집단으로 전락하고 말 것이다. 사회 참여로 소금과 빛의 역할을 할 때 비로소 참 교회의 모습이 드러날 것이다.

인구의 25%가 기독교인이면서 기독교가 그 민족사회에 등불이 되고 강력한 선도자의 역할을 하지 못한다면 그 교회는 사명을 다하고 있는 것일까? 인구의 25%가 기독교인이면서 그 사회의 범죄율이 증가하고 도덕이 퇴폐되었다면 그 책임을 누구에게 물어야 할 것인가? 그것은 교회의 무능과 무책임과 또 교회의 잘못된 방향을 보여주는 증거가 아닐까? 그 동안 교회는 이기적인 집단으로 변한 것은 아닌가? 교회가 사회와 담을 쌓고 있다면 그런 교회는 지역사

한국의 기독교는 침묵을 선호?
군사 독재 정권의 무력적인
진압으로 사상자가 속출했는데도
침묵으로 일관했다.
과연 기독교는 한국 사회에서
'빛과 소금'의 역할을
다하고 있는가?

회의 화목이 아니라 도리어 분열·분파 작용으로 해로운 집단이 되지는 않을까? 즉 사회악의 거점이 될 수 있는 가능성을 배제할 수 없다는 것이다.

1995년도 인구조사에 의하면, 한국 인구의 50. 7%가 종교인으로 나타났는데, 그 종교의 절대 수는 기독교·불교·천주교가 차지하고 있다. 그들이 가지고 있는 교회·사찰·성당의 수는 한국의 모든 학교 총수의 3배나 된다고 한다.

사랑과 자비, 희생과 봉사를 주장하는 위의 세 종교인이 민족 인구의 반 이상을 차지하고 있으면서도 민족의 도덕성이 점점 더 타락하고 더 심한 부정부패가 민족의 진로를 방해한다면, 그 책임을 어디에 물어야 할 것인가? 그 책임이 세 종교에는 없는가?

성당의 우렁찬 종 소리와 미사도, 교회에서 새벽마다 울부짖는 통곡의 기도도, 절간의 목탁 소리도 민족을 구하기에는 역부족이라는 증거인가? 혹은 한국의 종교들은 각 개인의 축복과 구원만을 추구하는 이기집단인가? 그렇다면 그런 종교는 우리 사회에 있으나마

그리고 아무 말도 하지 않았다!
5·16 군사 정변을 주도한 독재 정권
하에서 한국의 종교인들은 각자의
성역으로 꽁꽁 숨어 숨죽이며 사태를
관망했다.
강 건너 불 보듯이…….

나 한 존재이다. 그런 종교는 도리어 없는 것이 나을지도 모른다. 왜냐하면 그 세 종교가 인구의 반이 넘는 신도들에게 천문학적인 숫자의 헌금을 거둬들이면서도, 결과적으로 국민과 사회에 아무런 도움을 주지 못하기 때문이다. 뿐만 아니라 도리어 가난한 신도들의 주머니를 터는 해충이 되고 있기 때문이다. 그런 종교의 존재 가치를 저울질해 보는 것은 잘못된 것일까? 그러므로 한국에서도 종교 무용론자들의 의기는 충천할 것이 분명하다.

신앙의 생활화를 구체적으로 이해하기 위하여 여기에 몇 가지 예화를 소개한다.

1) 미국 동남부 지방 사람들은 개척 시대에 대개 보수적인 신앙으로 교회 생활에 열중하는 사람들로 알려져 있었다. 그런 열성 있는 거듭난 교인들이 교회 밖으로 나가서는 자기들의 이권을 위하여 극심한 인종 차별을 하고, 흑인 노예들을 혹독하게 학대하고 죽이고 잔인하게 취급했다.

교회 안에서는 거듭나고 성령 충만하다는 장로·집사들이 교회 밖에 나가서는 살인 악마로 돌변하는 것이었다. 두 얼굴을 가진 기독교인들이었다. 이것은 신앙이 교회 안에서만 살아 있고 밖에서는 생활화되지 못했다는 이야기이다.

2) 금주 웅변대회에 연사로 출전한 독실한 교회 청년이 일등상을 받았다. 그리고 그는 친구들을 거느리고 술집으로 가서 밤 깊도록 축하파티를 가졌다고 한다. 신앙의 생활화를 어디서 찾아볼 수 있는가? 웅변대회에서 토한 열변은 모두 거짓말이라는 것이 드러난

이야기이다.

3) 저자는 수년 전에 우즈베키스탄에 거주하는 어떤 교포에게 공적으로 전해야 할 중대한 메시지를 가지고 있었다. 그 교포는 유명 인사였지만 전화가 없었다. 그러므로 저자는 그 도시에 한국인 선교사가 있음을 알고, 그 선교사를 파송한 교회에 가서 선교담당 목사의 협조를 얻어 그곳 선교사와 국제전화로 겨우 통화를 할 수 있게 되었다. 저자는 선교사에게 간곡하게 용무를 부탁했다. 그러나 그는 "우리는 믿지 않는 사람들과는 상종하지 않습니다."라는 한마디 말로 전화를 끊어 버렸다.

'믿지 않는 사람들과는 상종하지 않는다'면 그 선교사는 그 지역 사회와는 담을 쌓고, 선교 활동은 하지 않는다는 뜻이다. 그런 교회는 이기 집단으로서 사회 분열의 요인이 되어 사회악의 거점이 될 뿐이다. 사회봉사를 하지 않는 그런 교회는 차라리 없는 것이 낫다.

4) 1980년대의 통계에 의하면 그 당시 한국 인구의 25%가 기독교인이었다고 하는데 서울 서대문 형무소에 수용된 죄수 중의 25%가 기독교인이라고 하였다. 그렇다면 기독교인과 비기독교인의 차이가 있는가? 신앙이 생활화되지 못했다는 증거이다. 그러면 교회는 무엇을 하는 곳인가? 십일조를 바치고 새벽기도회에 나가 가슴을 치고 통곡만 하는 곳인가? 그런 교회는 있으나마나 한 것이다.

5) 역시 같은 때의 이야기이다. 서울에서 열렸던 한 국제기독교대회에서 1,650개의 동시통역 청취기를 회원들에게 빌려주고 회의

후에 돌려달라고 광고를 하였으나 837개가 돌아오지 않았다고 한다. 약 50%가 없어졌다. 그 청취기는 시가 만 원짜리로, 일반인에게는 선금을 받고야 대여해 주는 귀중품인데, 세계기독교를 대표하는 사람들을 믿고 그냥 대여해 준 것이었다.

그들은 그 대회에서 세계 선교를 위하여, 또 세계 교회의 진로를 위하여, 그리고 또 하나님의 영광을 위하여 열띤 토론을 벌이고 통회의 기도를 드렸을 것이다. 그리고 회의가 끝난 후에 전 세계 교회를 향하여 성공적이고 은혜 충만한 회의였다고 보고하였을 것이다. 그런데 과연 그 회의는 진정 자랑스런 회의였는가? 하나님의 영광을 드러낸 회의였는가? 세계 기독교계를 대표한다는 자들이 저지른 수치스러운 처사는 예수의 정신은 말뿐이고, 실생활과는 아무런 관계가 없다는 것을 보여주는 증거였다. 약 반수의 대표자들이 도적질을 했다. 이것이 세계 기독교를 대표하는 지도자들의 행각임을 보면서 우리는 과연 기독교란 어떤 종교인가를 다시 한번 냉혹하게 평가하여야 할 것이다.

6) 1950년 대구에서 어떤 기독교 단체의 총회가 열렸다. 그 교단을 대표하는 저명한 성직자들과 장로들의 모임이었다. 회의 도중에 그 많은 회원들의 몸싸움이 벌어졌다. 치고 박고 피투성이가 되었다. 긴급 출동한 경찰대가 겨우 진압했다고 한다.

이때 경찰 책임자는 구둣발로 강대상 위에 올라서서 일장 훈계를 퍼부었다고 한다. 기독교의 최고위층에 있는 성직자들이 불신자의 훈시를 들어야만 했다. 기독교의 최고 지도자들과 불신자와 다른 점이 있었던가? 오히려 잘못된 신앙으로 사회범죄집단이 된 것이다. 이것이 한국 기독교의 번지수라고 하면 크게 틀린 말일까?

　그들의 신앙은 있으나마나 한 것이 아니었다. 오히려 그들은 그 신앙 때문에 사회악을 조성한 것이다. 그런 신앙이 우리에게 필요한가? 예수께서 이런 신앙을 가르치려고 십자가에 달리셨는가? 이런 기독교를 누구에게 전하려고 교회에서는 종을 치고 있는가? 누구에게 전하려고 선교사를 파송하고 있는가 하고 비꼬는 인사는 점차 많아지고 있는 것 같다.

　7)「한국일보사」가 실시한 여론 조사에서 일반 불신자들은 대개 다음과 같이 대답했다고 한다.

　(1) 기독교인은 더 애국적인가? - 아니다.

　(2) 기독교인은 더 양심적인가? - 아니다.

　(3) 교회가 더 많아지기를 원하는가? - 아니다.

　이것이 불신자들이 바라보는 기독교의 인상이며 번지수이다.

　교회는 신앙을 지나치게 강조한 나머지 정의는 희박해진 집단이 된 것 같다. 교회는 믿음과 정의와 건전한 인간 생활과, 사회번영과 향상의 길을 안내할 수 있는 곳이라야 한다. 즉 신앙생활이란 교회 안에서 습득한 진리와 정의의 교훈을 교회 밖에서 실천하는 생활이다. 교회가 그러한 행함이 없는 집단이라면 사회와 인류에게 무슨 도움이 되겠는가?

　8) 한국 기독교 장애자 수는 전체 장애인 수의 5%라고 한다. 그런데 '장애인 주일'을 지키는 교회는 1993년 현재 교회 총수의 1% 미만인 500여 교회뿐이라고 한다.[19] 변화하는 사회 속에 적응하지 못

한다면, 교회는 썩은 물이 고인 연못이 되고 그 속에 있는 교인들은 오염된 물고기가 되어버릴 것이다. 교회는 언제까지 이런 상태에 머물러 있을 것인가? 그 많은 교회가 사회의 빛이 되지 못하고 오히려 문젯거리가 되고 있다면 교회의 나아갈 길이란 무엇인가?

이는 교회가 사회에 아무런 영향을 주지 못했다는 증거이다.

사회와 관계 없는 신앙! 그런 신앙이 필요할까? 이런 절름발이 신앙을 가르친 책임을 누구에게 물어야 하는가? 성직자들은 교회를 자기를 위한 하나의 이기 집단으로 만들어놓고 십일조 봉투에 눈이 가려져 공중누각의 천국을 짓고 있지는 않았는가?

VIII. 타락한 성직자들

인류역사에서 종교전쟁보다 더 길고, 더 잔인한 전쟁도 없었다고 이미 지적한 바 있다. 그러면 그 이유는 무엇인가? 종교전쟁은 왜 그토록 길고 잔인한 것인가?

그것은 모두 타락한 성직자들이 꾸며낸 맹신·독선·순교 정신 등이 엮어낸 역사이기 때문이다. 독선적인 성직자가 일반 시민에 비하여 훨씬 더 악하고 잔인하다는 증거이기도 하다. 그들 때문에 얼마나 많은 청년들이 목숨을 잃었고 인류의 고통과 신음은 얼마나 심각했는가? 종교가 인류에게 평화와 행복과 사랑과 번영을 주지 못하고, 도리어 고통과 해독과 신음을 주게 된 것은 실로 타락한 성

---

19) 홍일권, 「세계기독교정보」, 1994, p. 298.

직자들 때문이라고 할 수 있다.

타락한 종교 지도자들은 밤낮 자기들의 세력과 권위와 지위를 어떻게 하면 더 성스럽고 영광스럽고 고상한 방법으로 강하게 하고, 향상시키고, 미화하고, 유지하면서 사회와 언론에서 명성을 떨치며 이득을 취할 수 있을까 하는 것만을 연구하는 사람들인 것 같다. 그러므로 그들은 많은 기독교 단체나 회의에서 윗자리, 즉 회장·고문 등 명예직을 차지하여 지역사회에서 저명인사로 알려지게 되는 것이 상사이다. 예수는 시골의 무명 청년이었으나 그들은 저명인사로 행세하며, 예수는 낮아지라고 하였으나 그들은 높아지려고 한다. 이런 것을 적 그리스도적인 행위라고 할 수 있을 것이다.

이것은 큰 집단의 두목이나 혹은 작은 개체 교회의 두목이나 그 방법과 정신은 마찬가지이다. 많은 교회는 그런 자들이 그들의 권위 확보와 절대적인 맹종을 강요할 수 있는 장소로 변하고 있으며 성경은 그들이 이용하는 수단과 도구가 되어 왔다. 그들은 필요할 때마다 제멋대로 하나님의 이름을 앞세우고 자기는 하나님의 권위 뒤에 숨어서 사리사욕을 채워 왔다.

이런 자들의 교회를 예수의 교회라고 할 수 있을까? 그렇게 악용되는 성경에서 진리를 찾고 구원을 찾을 수 있을까? 그들은 교회를 하나님의 무덤으로 만들어 놓고 입장권을 팔아먹는 묘지기와 같은 자들이다. 이러한 교회는 세상에 존재할 필요도 가치도 없다. 신도들의 피를 빨아먹는 거머리와 같기 때문이다. 그런 수단을 가진 자는 대체로 그 집단에서 도리어 거물로 알려지고 또 그렇게 행세하게 된다. '이름 없이 빛도 없이'가 아니라 '유명하게 번쩍거리며' 처신하기 때문이다.

성경은 성직자를 목자로 비유하고 있다. 선한 목자는 양을 위하여 목숨을 버리거니와 삯꾼 목자는 자기 양이 아니기에 이리가 오면 도망친다고 하였다.

타락한 성직자는 신도를 양으로 삼고 양털은 때마다 깎아서 팔아먹고, 양젖은 수시로 짜먹고, 양 등에 올라타 앉아서 이리 가라 저리 가라 하며 부려먹고, 나중에는 그 양을 팔아먹거나 잡아먹는 자이다. 즉 깎아먹고, 짜먹고, 부려먹고, 팔아먹고, 잡아먹는 자이다.

인간사회를 정화하고 예수의 정신을 전달하여야 할 성직자가 하나님의 이름을 팔아가며 위선과 기만으로 사리사욕을 채우려는 것은 상상조차 하기 어려운 일이다.

어떤 성직자는 교회라는 기관을 이용하여, 즉 장사 수단으로 활용하여 돈 앞에서 신앙도 양심도 하나님도 보이지 않는 적나라한 예가 많다.

구체적인 예는 들지 않겠다. 타락한 성직자도 타락한 교회에서 제법 목회에 성공할 수도 있다. 타락한 목자는 타락한 신도를 양성하여 서로 어울릴 수 있기 때문이다.

이러한 성직자가 더러운 정치 운동으로 큰 교회를 담임하여 호사스런 목회를 하다가 갑부가 되어 은퇴하였다고 치자. 그러면 그와 그 교회는 세상의 영리기관 사업과 다를 바가 있겠는가? 즉 장사 잘해서 부자가 되어 잘 살았다는 이야기와 비슷하다.

성직자는 그 교회를 위하여 얼마나 희생·봉사하였는가? 그리고 또 그 교회는 지역사회를 위하여 얼마나 희생·봉사를 하였는가? 이를 기준으로 평가하여야 할 것이다. 그래야만 성직자는 존경의 대상이 될 수 있고 그 교회는 소중한 처소가 되지 않겠는가?

교회가 부흥하여 화려한 교회당을 짓고 최신 시설을 다 갖추고 교회 관계자들에게 융숭한 대우를 해 주는 것으로 자랑을 삼는다면 그런 교회가 사회에 무슨 도움이 되겠는가? 그런 교회는 있으나마나다. 그것은 이기 집단체에 불과하지 않은가?

교회는 세상과 달라야 할 것이다.

어떤 신부(神父)의 이야기

미국의 대신문 일간지에 대서특필되었고 또 한국 신문에도 보도된 것을 간추린 다음의 사례를 보자.

어느 날 P 신부는 경찰이 그가 타고 있던 차 안에서 1만 달러의 현찰과 마약 그리고 헌금봉투를 발견하여 사법처리의 대상이 되었다. 며칠 후에 그 신부가 소속된 성당의 직원들은 신부의 방을 뒤져 1달러짜리로 5만 달러를 발견했는데 신부는 항상 성당의 헌금이 모자란다고 말해 왔다고 한다.

그런데 그 신부는 자기의 비행을 변명하기 위하여 반격에 나섰다. 즉 자기가 소속되어 있는 성당의 주임신부가 동성연애자들의 목욕탕에 있는 것을 목격했다며 그 주임신부가 동성연애를 하기 위하여 돈을 훔친 것이며 자신의 방에서 발견된 돈에 대해서 자신은 모르는 일이라고 주장했다. 그후에 그는 교단이 자기를 파송해 주지 않아 신부로서 자기의 앞날이 막혔다고 교구를 상대로 손해배상 소송을 제기했다. 이는 미국에서 유명했던 이야기이다.[20]

---

20)「한국일보」1997년 1월 10일 발행.
　　이 신부 한 사람 때문에 모든 신부를 다 매도하거나 천주교가 전적으로 부패했

또 「로스 엔젤레스 타임스」(1998년 7월 11일 발행, A18면)에 보도된 내용을 여기에 간추려 본다.

1980년 이후 200명 이상의 전, 현직 신부들이 성폭행죄로 체포되었으며 텍사스 주 달라스 시의 천주교 관구에 소속된 R 신부는 그가 시무하던 세 성당에서 11년 동안 8명의 복사(服事:Altar boy, 미사 때 신부를 보좌하는 아동)들을 마약과 술을 먹여 수백 번 성폭행을 했다는 혐의로 체포되어 종신형을 선고받았다. 희생자들 중 한 소년은 자살하기도 했는데, 그 소년들 중에는 9세의 어린이도 있었다고 한다.

이 사건을 심리한 배심원들은 희생자들에게 1억 1천 900만 달러의 배상금을 지불하라고 판결하였으나 천주교 측에서는 그런 막대한 돈을 지불할 경우 그들은 파산선언을 할 수밖에 없다고 사정하여 2천 300만 달러에 쌍방이 합의하였다고 한다.

「내셔날 가톨릭 리포트」(*National Catholic Report*, 1967년 1월호)에 의하면 3,000명의 신부들을 대상으로 실시한 앙케이트에서 62%의 신부들이 "결혼은 신부 자신이 결정할 문제이다."라고 하며 교회가 관여할 바가 아니라고 함으로써 간접적인 불평을 토로하였고,

---

다고 주장하는 것은 물론 아니다. 그런 타락한 신부도 있다는 예를 들어 경종을 울리는 것뿐이다.

또 텔레비전을 통해서 세계적으로 유명해진 개신교 목사들이 사기와 성추행 문제로 감옥에 가게 된 사건이 있었다. 그 중 B 목사는 신도들의 헌금을 사기한 혐의로 5년간 형무소에 있는 중에 그의 아내는 그의 절친한 친구와 결혼했으며, 그는 앞으로는 돈 버는 전도는 않겠다고 말했다고 보도되었다(「한국일보」 1997년 9월 12일).

그 가운데 32%는 교회가 허락하면 당장 결혼하겠다고 응답하였다고 한다.

네덜란드에서는 1966년 한 해 동안에 사퇴한 90명의 신부 중에서 60명은 결혼생활을 하기 위하여 신부를 그만둔 것이며, 또한 앞으로 40세 이하의 사제들 중 25%가 결혼으로 인하여 사제직을 버릴 것이라고 예견되고 있다고 한다.

권력과 손잡는 성직자들

독자들은 어떤 종류의 사람들이 예수를 처형했다고 생각하는가? 예수는 타락한 성직자들과 권력 앞에 꼼짝 못하고 패배자가 되신 분이다. 그는 자기의 출세나 성공을 위하여 권력과 손을 잡지 않았다. 권력과 경쟁한 일도 없었다. 도리어 권력자들에게 붙잡혀 처형을 당하신 분이다. 다시 말하면 그는 권력을 이기고 승리하신 분이 아니고 권력에게 지고 처형당함으로 승리하신 분이다. 그것이 예수의 방법이었다.

예수의 열한 제자들이 열심히 스승의 교훈을 듣고 있을 때, 가롯 유다는 권력과 손을 잡고 예수를 팔았다. 그것은 예수의 방법과는 정반대로 가롯 유다의 방법이었다. 마귀 사탄의 방법이었다.

이와 같이 타락한 성직자들은 가롯 유다의 뒤를 따르고 있다. 즉 권력과 결탁하려고 한다. 높은 지위에 있는 사람이나 재벌이 교회에 나타나면 큰 고기를 잡은 양 속으로 만세를 불러대는 철면피들이다.

그것은 권력의 뒷받침으로 교회를 부흥시켜 보려는 의도이다. 언제나 타락한 성직자나 타락한 교회는 권력과 손을 잡고 스스로를 하녀로 격하시키고 있는데, 그것은 예수의 방법이 아니다. 그러므로 그러한 부흥은 타락한 부흥이요 가룟 유다의 부흥이요 마귀 사탄의 부흥이지, 예수의 부흥은 아니다.[21]

　타락한 제사장들이 예수를 처형한 것이 옛날 이야기만은 아니다. 지금 오늘도 타락한 성직자들은 예수를 계속 팔아먹고 처형을 계속하고 있다. 예수의 교회를 마귀 사탄의 전당으로 만들어 놓고 예수의 정신을 사탄의 정신으로 바꿔치기 하는 것은 모두 타락한 성직자들이 하는 짓들이다. 그러므로 타락한 성직자는 타락한 교회를 만들고, 타락한 교회는 타락한 신도들을 만들어낸다. 그런 타락한 교회에서 타락한 성직자는 나름대로 타락한 목회에 성공할 수도 있다. 타락한 자들끼리 모이면 서로 통하기 때문이다.

　사회가 타락하면 타락한 자들이 날치는 것처럼 교회가 타락하면 타락한 성직자들이 날치기 마련이다. 그들은 마귀 사탄의 조정을 받고 있기 때문이다. 지금 한국 교회는 타락하였는가, 아닌가? 날치는 자들은 누구인가? 어떤 종류에 속하는 자들인가를 보면 알 수 있을 것이다. 불신자 대통령을 억지로 조찬기도회에 불러 놓고 서로 경쟁적으로 아첨 떨던 성직자들은 어떤 종류에 속할까?

　목회자 200명을 대상으로 크리스천 리서치가 설문 조사한 결과는

---

21) 군사정권시대에 조찬기도회가 열리면 그 자리에 참석하여 "하나님의 섭리에 의하여 만세 전에 예정되어진 영도자 XXX대통령 각하……" 운운하며 기도하고, 경쟁적으로 아첨 떨던 목사들은 지금은 뭐라고 기도하고 있을까? 섭리도 아니었고, 예정도 아니었다면 그들은 다만 하나님 앞에서 경쟁적으로 사기극을 벌인 것일까? 한국 교회는 사도들의 전통으로 세워진 교회인가? 혹은 가룟 유다의 전통으로 세워진 교회인가?

다음과 같다.

첫째, 한국 교회가 극복해야 할 당면 과제는?

(1) 목회자의 자질 - 89.9%

(2) 물량주의 - 66.8%

(3) 교단 분열 - 52.3%

둘째, 한국 교회가 시급히 고쳐야 할 문제점은?

(1) 신앙과 생활의 차이 - 71.6%

(2) 목회자의 자질 - 67.5%

(3) 물량주의 - 51.8%

목회자의 인격과 자질이 이렇게 많은 비중을 차지하는 것을 보면 한국 교회가 극복해야 할 중심 문제가 무엇인가를 알 수 있다.[22]

또 1994년 신학대학원생 456명을 설문한 통계는 아래와 같다.

기존의 교회상은?

(1) 교회의 본래의 뜻을 잃어버리고 교세 확장에 더 관심하고 있다 - 88.4%

(2) 교회가 삶의 의미를 제시해 주지 못한다 - 71.4%

(3) 교회가 지나치게 헌금을 강요한다 - 60%

(4) 교회 수가 너무 많다 - 53.6%

이것을 보면 한국 교회의 현주소를 짐작할 수 있다.[23]

위의 통계를 단적으로 설명하면 첫째, 교회 수는 너무 많고, 둘째,

---

22) 홍일권, 「세계기독교(정보 330선)」, 1994, p. 296.

23) Ibid., p. 229.

헌금을 지나치게 강요하고 있으며, 셋째, 교회는 삶의 의미를 부여하지 못하고 있다는 불평이다. 그런데 그러한 모든 원인은 교역자의 자질 부족에서 왔다는 결론이다. 자질이 부족한 교역자들 때문에 교단은 분열되고 물량주의로 흐르고 교회의 사명을 감당하지 못하고 있다는 불평은 불평이 아니라, 한국 교회의 진상을 지적한 것이라고 말할 수 있다. 문제는 교역자의 자질은 앞으로 더욱 저하될 가능성이 있다는 것이다. 수백 개의 알쏭달쏭한 신학교에서 배출되는 그 수많은 교역자의 자질을 점검할 수 없기 때문이다.

제2장

기독교 세계 선교는
성령의 역사인가, 사탄의 역사인가?

Ⅰ. 기독교는 선교지의 전통 문화와
고유 종교의 말살을 중지하라

- 기독교만이 사랑과 구원을 줄 수 있는 유일한 종교인가? -

Ⅱ. 기독교 선교는 그 선교지 주민들에게
행복을 가져다 주었는가, 불행을 가져다 주었는가?

Ⅲ. 기독교 세계 선교의 전망

I. 기독교는 선교지의 전통 문화와 고유 종교의 말살을 중지하라

- 기독교만이 사랑과 구원을 줄 수 있는 유일한 종교인가? -

18~19세기에 동양을 찾아온 서구의 선교사들은 오막살이 초가에 살고 있던 동양인들을 보고 그들의 종교 역시 오막살이 수준인 줄로 지레짐작하였다. 동양 종교의 심오함, 그 깊은 철학과 높은 수준의 정신문화를 이해할 수 없었던 그들은 동양 종교를 원시적인 미신으로 간주하여 말살하고 그 위에 기독교를 심으려고 했다.

'삶의 질'과 '양'을 구분할 수 없었던 그들은 물질의 차원에서 동양을 바라보았는데, 이는 문화의 차이를 고려하지 않은 서양의 한계였다. 동양인들은 기독교 못지않은 긴 역사를 가진 종교와 높은 수준의 철학과 전통 문화를 가지고 있었다. 그렇지만 우월감에 가득 차고 무지했던 당시의 서구 선교사들은 동양의 문화에 대한 기본 지식이 없었다. 이제 기독교는 그 선교사들의 행위가 얼마나 무지하였는가를 인식하고 그것을 거울 삼아야 할 것이다.

세계의 모든 민족이나 종족들은 각기 그 나름대로의 윤리·행복·구원 및 축복된 삶의 방식을 가지고 살아왔다. 뿐만 아니라 그들은 기독교보다 더 오랜 역사와, 더 깊고 더 고차원적인 종교를 가지고 있었다. 불교, 힌두교, 유교 등이 기독교보다 더 긴 역사를 가지고 있음은 주지의 사실이다.

그런데 동양의 종교나 정신 문화를 잘 알지도 못하면서 단지 예배의 형식이나 구원관이나 윤리관이 기독교와 다르다는 이유로 고유성과 독자성을 무시하고 강제로 기독교적인 것으로 대체하려 한 것

불교와 유교는 동양의
대표적인 종교이자 사상이다.
특히 이들이 불가와 유가로 불
린다는 사실은, 종교적 측면보
다 사상적 측면이 부각되어 있
다는 것을 나타낸다.
그 지역의 문화·종교·사상 등
은 '문화인류학적 관점'에서
이해해야 한다.

은 얼마나 큰 잘못인가? 이는 마치 유대인에게 기독교나 회교를 믿
으라고 강요하는 것과 다르지 않다.

선교 대상자의 정신 문화를 고려하지 않는 선교는 선교나 복음화
가 아니고 다만 강제적인 정복일 뿐이다. 그러므로 기독교는 선교
에 착수하기 전에 먼저 확실하게 알아야 한다. 그것은 '기독교만이
사랑과 행복과 윤리와 구원 등을 줄 수 있는 유일한 종교가 아니
라'는 사실이다.

어떤 종교가 우월감과 독점욕에 사로잡혀 타종교를 무시하고 정
복하는 것은 침략 행위이다. 영토나 재산을 약탈하는 것보다 타종
교의 신앙을 부인하고 말살하려는 행위는 더 큰 죄악이다. 그러한
강제적인 정복의 심각성은 너무나 크다. 왜냐하면 그 정복은 사회
적으로 대립과 분쟁을 조장하고 결국 종교전(宗敎戰), 즉 성전(聖
戰)의 원인이 되어 인류를 고통과 신음 속으로 이끌고 가는 끝없는
죄악의 원천이기 때문이다. 그러므로 이 무지한 기독교의 선교운

동과 세계 정복욕 때문에 지구촌은 실로 인류의 종말이라는 위기에 직면하게 될지도 모른다고 지적하는 학자도 있다.

자기 것만 옳다고 주장하고 남의 것은 부정하면 피차의 공존은 불가능해진다. 내 것이 옳다고 주장하는 동시에 남의 것도 옳다고 인정해 줄 줄 아는 아량이 필요하다. 끝까지 내 것만 옳다고 주장하면 그것은 결과적으로 대립 분쟁이 될 수밖에 없으며, 끝내는 전쟁으로 발전하기 마련이다. 그렇게 된다면 평화를 기원하는 종교들의 충돌 때문에 오히려 인류사회는 평화가 아닌 전쟁과 고통 속에서 신음하지 않을까?

주지하는 바와 같이 지금까지 기독교의 세계선교는 일방통행식이었다. 때로는 어떤 지역, 어떤 시대에는 그런 방식이 통할 수 있었을지 모르나 지금은 상황이 전혀 다르다. 일방통행식의 선교는 세계 도처에서 벽에 부딪치고 있다. 그런데 안타까운 것은 기독교가 지금도 그런 방식을 강행하고 있다는 사실이다. 만일 그들이 정복을 선교로 알고 있다면 시대 상황을 파악하지 못한 착오요 실수라고 지적하지 않을 수 없다.

"만일 기독교만이 유일한 참 구원의 종교이고 타종교는 모두 가짜요 허위요, 구원을 가져다주지 못하는 종교라고 한다면 그 책임은 누구에게 있는가? 누가 그 책임을 져야 할 것인가? 전지전능하신 기독교의 하나님은 왜 이렇게 많은 거짓 종교를 성행하게 해놓고 세계 인구의 절대 다수가 그 거짓 종교에 걸려들어 평생을 불행 속에서 살다가 멸망받게 하셨는가?" 의문을 떨칠 수 없다.

만일 끝까지 기독교만이 유일한 참 구원의 종교라고 고집한다면, 이는 기독교의 하나님을 불공평하고 인종을 차별하며 세계 인구의 절대 다수를 계획적으로 멸망시키려는 악신(惡神)으로 전락시키는 결과가 되지 않을까?

좀더 구체적으로 말하면 하나님은 왜 우리 한 민족을 5,000년 동안이나 내버려두셨다가 겨우 백년 전에야 복음을 주셨을까? 좀더 넓게 생각해 보자. 인류의 역사는 300~400만 년이나 되는데 왜 겨우 2,000년 전에야 독생자를 보내주셨는가? 300~400만 년이란 길고 긴 세월 동안에 생존하였던 수많은 영혼들을 어디에 내동댕이쳤다가 2,000년 전부터 비로소 구원 사업을 전개하셨는가? 여호와가 그처럼 사랑하시고 택하신 유대인 선민들은 아직도 예수를 거부하고 있지 않는가? 그 책임은 도대체 누구에게 물어야 하는가?

어디 그뿐인가? 하나님은 우리에게 절대 다수인 비 기독교인들을 선교하라는 지상명령을 내리시어 우리는 물심 양면을 다 바쳐가며 선교에 임하였고, 또 그 선교 때문에 종교와 종교 사이에서 발생한 전쟁으로 인류는 너무나 큰 고통 속에서 살아야 했다. 결국 일은 하나님께서 저질러 놓고 처리는 우리에게 명하시고 전쟁의 고통까지 주셨다면 그것은 결과적으로 하나님은 우리에게 '사랑보다는 고통을 주신 것' 이 아닌가.

사실 기독교 역사를 거슬러 올라가 보면 기독교는 타종교를 무시하고 정복한 대표적인 종교였다. 예를 들면 천주교가 '선교 복음화' 라는 미명하에 중남미 대륙으로 들어가서 원주민들에게 범한 침략·약탈·살인·파괴, 그리고 정복의 죄과는 무엇으로 용서받을 수 있는가? 또 원주민들이 쌓아올린 그 찬란했던 잉카(Inca) 문명, 타이노(Taino) 문명, 아즈텍(Aztec) 문명 등을 말살한 것 또한 부정할 수 없는 사실이다. 그러나 이 모든 죄과에도 불구하고 기독교는

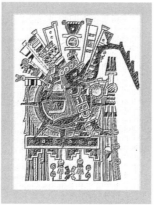

잉카 문명(좌)과 아즈텍 문명(우), 지금은 파괴되어 자취만이 옛 영광을 품고 있다.

그곳을 복음화 시켰다고 스스로 자화자찬하지 않는가.

그들은 총칼과 폭력으로 원주민들을 학살하고 그들의 땅을 정복하고서도 오히려 복음화 하였다고 감사 미사를 드렸던 것이다. 도대체 그러한 선교는 누구를 위한 선교였는가? 자기들의 영토 확장을 위한 선교였을까? 아니면 진실로 원주민을 위한 선교였을까? 어떤 이유의 선교였든지 간에 한 가지 분명한 것은 상대방을 위한 선교는 절대로 아니었다는 사실이다.

또 신앙의 자유를 찾아 신대륙에 온 청교도들이 원주민들에게 저지른 죄악은 무엇으로 용서받을 수 있는가? 청교도들은 자기들의 신앙의 자유는 존중할 줄 알면서도 타인, 즉 원주민들의 신앙의 자유는 부정하고 개종을 강요하였다.

북아메리카의 원주민들이 신앙의 자유를 찾은 것은 겨우 20세기 전반부터였다. 19세기 말까지만 해도 체로키 원주민들은 그들의 전통 종교를 버리고 청교도들이 전하는 기독교를 받아들여야만 했

아메리카에서의 첫 미사
남의 땅에 불법으로 침입해서 한 첫 행동이
자기들 종교의 의식이었다.
이후 그들은 침략자·정복자로 돌변해서
약탈·살인·강도·강간 등의
끔찍한 범죄를 저질렀다.

다. 이는 자기들이 믿던 신앙을 버리고 기독교인이 되어야만 청교
도들이 그들을 이웃으로 받아들이고 공존할 수 있었기 때문이다.

그러나 체로키 원주민들이 기독교를 받아들이고 개종을 했는데
도 불구하고 청교도들은 원주민들과 공존하기는커녕 오히려 원주
민 지역을 점령하고 그들의 말살을 획책했다. 때문에 원주민들은
쫓기고 또 쫓겨서 북부 지방 모라비안 전도소가 있는 곳까지 피난
을 가야만 했다. 얼마 후에 원주민들이 그들의 농토에서 찬송가를
부르면서 농작물을 추수하고 있을 때였다. 삽시간에 청교도들이
나타나 닥치는 대로 곤봉으로 치고 도끼로 찍어 그들을 남김없이
전멸시켜 버렸다. 그들은 끝까지 찬송을 부르면서 땅에 무릎을 꿇
고 두 손 모아 기도하는 자세로 도끼에 찍혀 죽어갔다. 그때 죽은
남자는 35명, 여자는 27명, 어린이는 34명이었다.[1]

이것이 신앙의 자유를 찾아서 왔다는 독실한 청교도들의 행위였

---

1) 藤永茂, アメリカ インディアン 悲史, 1993, p. 158.

미국의 제7대 대통령 앤드류 잭슨
시골 농가의 아들로 태어나
농민·중소기업가의 이익을 옹호하는 정책을
폈으나 원주민을 사람으로 보지 않고
약탈의 대상으로 보았다.

다. 그들은 살인강도 집단으로 전락한 것이다. 그리스도 안에서 참
믿음의 식구들을 말살하는 마귀 사탄의 앞잡이로 변한 것이었다.
더욱 놀라운 사실은 그들이 그리스도 안에서 형제자매가 된 자들에
게까지 그런 잔인한 짓을 하고도 조금도 양심의 가책을 느끼지 않
았을뿐더러 도리어 그것을 하나님의 축복의 결과라고 믿었다는 사
실이다.

청교도들이 얼마나 잔인했는가를 미국의 제7대 대통령 앤드류 잭
슨(Andrew Jackson)의 말이 잘 증명해 주고 있다. 그는 "자유와 문
명과 종교의 축복을 받은 우리들이 서진(西進)하는 찬란한 길에 방
해가 되는 것들을 제거하기 위한 방법의 하나로 숲 속에 사는 야만
인들에게 그들의 숲과 강과 땅을 빼앗은 것은 당연지사이다."라고
자랑스럽게 주장했다.[2]

이는 무엇을 뜻하는가? 하나님의 축복을 받은 청교도들은 원주민
들의 땅을 빼앗을 권리를 가지고 있다는 것인가? 이미 지적한 바와
같이 분명한 것은 그들의 선교는 원주민들을 위한 복음이 아니라

---

2) Ibid.

침략군에게 살해당한
인디언들의 시체는
오늘날 미국의 인디언(원주민)
들의 처지를 실감하게 한다.

자신들의 이익과 야욕을 채우기 위한 침략이었다는 사실이다.

남의 땅과 거주지를 강탈하고 원주민들을 남김없이 살해한 후에 그 살인자들은 교회에 모여 예배를 드렸고, 신앙의 자유를 찾아 축복받았다고 감사기도를 드렸으며 또한 십일조도 바쳤을 것이다. 이것이 당시의 청교도들의 교회였다. 누가 야만인들인가? 그런 교회를 예수의 교회라고 할 수 있을까? 하나님께서 그런 교회에 계실까? 하나님께서 그들의 감사기도를 받으셨을까? 그런 교회를 성전(聖殿)이라고 할 수 있을까? 결국 교회는 살인강도들이 모이는 집합소가 되지 않았는가?

또 그런 교회가 만일 선교열에 불타서 땅 끝까지 이르러 세상을 복음화 했다고 가정해 보자. 그러면 그때 지구촌은 어떻게 될 것인가? 복음화 된 인류 사회는 화평과 행복 속에서 번영을 노래하게 될 것인가? 아니면 복음화 되는 과정에서 지구촌은 양심도 법도 질서도 정의도 없이 폭력으로 날뛰는 야만인들의 약육강식(弱肉强食)의 아수라장이 되고 말 것인가? 무엇이 선교 역사를 좌우하는 열쇠가 되어야 할 것인가?

그러면 현재까지 기독교의 선교 역사(役事)는 어떤 것이었는가? 즉 땅 끝까지 이르러 복음을 전파하여 오직 기독교만으로 지구촌을 독점하겠다는 정책은 모든 타종교인과 전세계의 비 기독교인을 개

총칼과 성경을 들고 온 기독교인에 의해 하나님의 이름으로 멸종된 원주민들

종시키거나 혹은 말살하고 그들을 완전 소탕할 때까지 대립과 분쟁과 종교전을 서슴없이 계속하겠다는 뜻이 되지 않는가? 실제에 있어서 그것은 불가능할뿐더러 또 가능하다 하여도 그럴 수는 없다. 복음 전파라는 미명하에서도 살상은 예수의 정신과 정면으로 위배되기 때문이다.

다시 말하면 지금까지의 기독교 선교는 사랑과 희생과 봉사의 정신으로 행해진 것이 아니라, 주로 타인종·타문화·타종교를 폭력으로 정복하거나 말살하고 자기들의 야욕을 실현하기 위하여 살인·강도 행위를 일삼는 것이었다는 사실을 기억해야 한다. 북중남미 원주민들의 오늘의 운명이 그것을 여실히 증명해 주고 있다. 즉 원주민들은 사랑을 외치는 기독교인들 때문에 하나님의 이름으로 멸종되어 가고 있다. 총칼과 성경을 들고 온 기독교인들 때문에 망해 가고 있다.

만일 기독교인들이 선교란 이름으로 그들의 땅을 차지하고 그들을 말살시키지 않았더라면 그들은 지금도 무공해 자연 속에서 태평

세월을 노래하며 그들이 쌓아올린 문화와 문명과 신앙 속에서 마음
껏 행복과 번영을 누리며 살고 있을 것으로 상상할 수도 있다. 그들
의 문화나 문명은 서구인들의 문화·문명처럼 생태계를 파괴하지
않기 때문이다. 그런 의미에서 그들은 자기들의 에덴 동산에서 살
고 있었다. 그런데 기독교인들 때문에 그들은 그 에덴에서 쫓겨났
으며, 선교라는 깃발을 들고 찾아온 기독교인들 때문에 모든 것을
잃고 멸종되어 가고 있다. 불쌍한 그들의 영혼을 누가 달래 줄 수
있을 것인가? 겨우 살아남은 그들의 후예들은 지금 '수용소'에서
어떻게 살아가고 있는가? 그들의 마음속에 새겨져 있는 기독교라
는 종교는 과연 어떤 것일까?

  그들은 기독교 선교 때문에 생존의 위기에 직면하고 있다. 마하
트마 간디는 말했다.

  "나는 예수를 사랑한다. 그러나 크리스천은 싫어한다. 왜냐하면
그들은 예수를 닮지 않았기 때문이다." 예수는 하나도 닮지 않고
속엔 야욕만 가득 찬 기독교인들이 복음 전파란 미명하에 끊임없이

간디
(Gandhi, 1869~1948)
무저항·불복종·비협력
주의의 정신으로
반영(反英) 항쟁의
독립 운동을 한
인도의 정치가,
민족 운동 지도자

죄악을 범하고 있는 것은 인류에게 있어서 얼마나 큰 비극인가? 더구나 선교의 선두에 서서, 타교회·타교파보다 우위를 차지하기 위하여 서로 경쟁하고 있는 모습은 우리의 가슴을 더욱 아프게 하는 일이 아닐 수 없다.

선교는 복음의 전달이며 소개가 되어야 한다. 타종교·타인종·타문화와 더불어 평화적인 창조의 과정이 되어야 하며, 공동의 목표와 희망과 행복을 지향하고 지역 사회에 또 인류 사회에 영광을 약속하는 것이어야 한다. 특히 선교는 선교지의 오랜 역사를 가지고 있는 문화나 전통을 파괴하고 분열시키며 강제로 언어나 풍속까지 말살해서는 안 된다. 그 지역의 고유한 전통 문화와 자율성을 유지하면서 자주성 있게 사는 데 도움을 주는 선교가 되어야 한다. 그것이 곧 예수께서 가르친 가장 중요한 교훈이 아닌가?

II. 기독교 선교는 그 선교지 주민들에게 행복을 가져다주었는가, 불행을 가져다주었는가?

기독교 선교사가 어떤 지역에 들어가 사역함으로써 그 지역 주민들은 행복과 평화와 번영을 누리게 되었는가? 혹은 기독교가 들어간 후에 그들의 지역사회는 전보다 더 분열되고 더 혼란해지고 더 악화되고 더 불행하게 되었는가?

위의 질문 가운데 만일 기독교 선교가 후자에 속한다면, 기독교 선교는 그 지역 주민들에게 불행과 혼란을 가져다 준 셈이 된다.

"그런 종교의 선교를 계속해야 할 것인가, 아니면 중단해야 할 것인가?"

인디언 보호 구역
청교도들의 박해 속에서
'살아남은 자들'이 된 인디언
들은 그들이 정한 보호 구역에
갇혀 비참한 생명을
이어가야 했다.

만일 기독교가 들어가는 곳마다 타문화·타종교와 공존하며, 사랑이 충만하고 행복과 번영과 화평이 꽃핀다면 기독교 선교는 전개할 만하다. 그런데 지금까지의 기독교 선교는 대부분이 불행과 혼란을 가져다주는 종교의 역할을 했을 뿐 사랑과는 거리가 멀었다는 사실을 역사가 증명하고 있다.

그러므로 우리는 선교에 나서기 전에 겸허하게 스스로에게 다음의 두 가지를 먼저 물어야 할 것이다.

첫째, 기독교 선교를 통해서 그 지역 주민들을 종전보다 더 행복하고 평화스럽고 번영된 삶을 살게 할 자신이 있는가? 만일 있다면 그것을 보장해 줄 만한 것이 있는가?

둘째, 누구를 위한 선교인가? 누가, 어느 편을 만족하게 하기 위한 선교인가? 청교도들의 북미 선교와 천주교의 중남미 선교를 보면 그것은 분명 원주민들을 위한 선교는 아니었다.

서구의 기독교인들이 아프리카에서 흑인 노예들을 붙잡아 공장과 농장에서 짐승처럼 혹사시키면서도 그들의 변명은 가관이었다.

"우리는 그들을 아프리카에서 문명사회로 데리고 나와 개화시켜 주었다."

**매춘 여성으로 전락한
흑인 노예**
이것이 아프리카에서
데려와 문명인으로
개화시켰다는
모습인가?

우리는 잠시 이 간단한 예를 냉정히 판단하는 판사가 되어 보자.

그 흑인들이 자기 고향에서 비록 생활수준은 서구인들에 비하여 낙후되었을지라도 가족과 친구들과 부락민들과 함께 어울려 춤추고 노래하며 들에서 사냥하며 자기들의 언어를 사용하면서 사는 것이 행복하겠는가, 아니면 양복을 얻어 입고 구두를 얻어 신고 서툰 외국말을 하면서 가족은 산산이 흩어져 각처로 팔려가 농장에서 짐승처럼 회초리를 맞으며 새벽부터 밤까지 평생동안 노동하다 죽는 것이 더 행복하겠는가?

기독교인들은 오랫동안 후자를 만들어 왔다. 그러므로 기독교가 이런 방법으로 세계를 복음화 하는 한 인류사회에 평화나 평등은 이룩될 수 없을뿐더러 도리어 인종차별·노예제도·문화차별·빈부차별 등을 가속화시켜 인류의 다수는 행복이 아닌 고통 속에서 신음하게 될 것이라는 가능성을 역사가 증명해 왔다. 예수는 왜 십자가에 달렸는가? 그것은 기성 종교의 독선과 배타성 때문이었다. 그런데 기독교 선교 때문에 말살당한 민족과 인종은 얼마나 되는지, 또 기독교 선교 때문에 말살당한 문화는 얼마나 많은지를 헤아려 보면 오히려 기독교 자체가 예수를 죽인 그 유대교보다 더 심한 독선과 배타성을, 그리고 또 타종교를 부정하는 전통을 이어받은 것 같다.

"그렇다면 이 지구촌에서는 기독교만이 오직 유일한 참 종교이고 지상에 있는 모든 타종교는 다 가짜이고 구원이 없는 종교인가? 그러므로 모두 말살해 버려야 하는가? 그 많은 종교와 그 많은 신도들, 또 세계 인구의 3/4이나 되는 그 많은 타종교 신도들을 단지 기독교인이 아니라는 이유로 다 죽여야 하는가? 특히 하나님께서 보호하시고 사랑하시는 여호수아의 후손들, 여호와의 택함을 받은 선민들도 기독교인이 아니기 때문에 다 죽여야 하는가? 기독교는 그들도 말살해야 하는가?"

빌리 그래험 목사는 기독교의 신앙 없이는 행복이나 구원도 없다고 세계 도처에서 수없이 단언하였다. 아메리카 원주민들은 부족 사회를 이루고 그들 나름대로 평화와 행복을 누리고 있었으나, 기독교가 들어간 후에 모든 것이 변하여 약탈과 침략을 계속하는 기독교 세력이 강요하는 불행 속에서 학살당하여 거의 대부분 멸종되

빌리 그래험 목사
'기독교의 신앙 없이는 행복이나 구원도 없다.'
'2000년 전으로 되돌아가 예수의 가르침과 초대 교회의 정신을 이어받자.' - 암스테르담 2000 선교대회
그렇다면 기독교의 신앙 없이 타종교를 믿는 사람들은 모두 불행하다는 말인가? 그렇다고 치자.
그런데 원주민들은 기독교가 들어와서 멸종 당할 위기에 몰려 있다. 행복, 불행을 떠나서 우리는 인간으로서 생존하고 싶다!

어 갔다. 기독교인들이 건설한 미국 땅에서 원주민들은 지금도 사회 밑바닥에서 고통받으며 살아가고 있다. 기독교가 들어간 곳마다 그곳에 살던 원주민들은 하루도 편한 날이 없었다. 그들에게 있어서 기독교는 진실로 고통과 박해와 죽음을 뜻하는 종교였다. 이래도 기독교는 종전과 같은 선교를 계속해야 할 것인가? 기독교만이 행복과 구원의 종교라고 계속 고집할 것인가? 양심 있는 기독교인은 그 답을 알고 있을 것이다.

이스라엘 선민이 출애굽 할 때, 여호와에게 열 가지 재앙을 받은 애굽의 온 국토는 쑥밭이 되어 버렸다. 여호와는 애굽을 사랑하지 않았을뿐더러 도리어 죽음의 재앙으로 철저하게 저주하였다. 그런데 만일 기독교 선교사가 애굽에 가서 "여호와는 당신을 사랑하십니다." 하며 복음을 전파하였다면 그 말을 믿을 애굽 사람이 얼마나 있을까? 또 그 말이 그들에게 복음으로 들리겠는가? 그들은 즉시 몽둥이를 들고 대항할는지도 모른다. 구약성경에 의하면 여호와는 그들을 사랑하기는 고사하고 저주와 박해로 철저하게 벌을 준 신이었다. 그들에게 있어서 여호와는 사랑의 신이 아니라 저주와 박해와 멸망을 주는 악신이었으며, 구약 성경은 용납할 수 없는 원수의 책이 된다.

또 이스라엘 선민이 여리고 성을 일곱 번 돌았을 때, 순식간에 성벽이 무너져서 한 기생의 가족만 살고 전 주민은 전멸당하고 말았다(수 6장). 여호와는 여리고 사람들을 사랑하였는가? 여호와는 그들에게 '사랑'이 아니라 '전멸'을 주었다. 그런데 만일, 그 살아남은 사람이 있다고 가정하고 기독교 선교사가 여리고 성에 가서 "여호와는 당신을 사랑하십니다."라고 전도하였다면 그것을 받아들일

비기독교인은 모두 멸망 당해야 할 여리고 성 주민인가? 여리고성 주민이 범죄하여 죄인이기 때문에 죽어야 하는가? '네 이웃을 사랑하라' 는 계명은 유효한가? 비기독교인은 이웃이 아닌가?

사람이 얼마나 있을까?

여기서도 주민들은 몽둥이로 답할 가능성이 크다. 실제로 여호와는 그들을 전멸시켰는데 어떤 양심 없는 선교사가 "여호와는 당신을 사랑한다."고 감히 뻔뻔스럽게 거짓말을 전할 수가 있겠는가? 여호와 신은 분명히 여리고를 사랑하지 않으셨다. 뿐만 아니라 전멸시켜 버렸다.

만일 살아남은 여리고 성 주민 중에서, 또는 애굽인 중에서 여호와를 신봉하는 신도가 있다고 가정해 보자. 그러면 그들 민족의 입장에서 볼 때 그 종교 선택은 올바른 것이라고 할 수 있을까? 그들은 저주의 신을 축복의 신으로 착각한 것이 아닐까? 그러면 그들은 종교를 잘못 선택한 것이 아닐까? 이럴 때 양심이 있는 선교사라면 그들을 어떻게 지도해야 할 것인가? 진정한 선교 정신을 가진 선교사라면 그들이 자기들의 지역사회에 구원을 가져다주는 종교를 선택할 수 있도록 도와주어야 하지 않을까?

중동 지역에도 수많은 기독교 선교사들이 선교사역 중에 있다고 한다. 여호와 신이 저주한 지방으로 들어가 여호와 신을 전하는 선교를 과연 여호와 신은 기뻐하실까? 또 여호와의 선민들은 그것에 동의할까? 이런 질문을 여호와 신에게 물어야 하는가, 아니면 알라 신에게 물어야 하는가? 혹은 이스라엘 선민에게 물어야 하는가?

과거로 거슬러 올라가 보면 30년 전쟁, 천주교의 개신교 말살작전, 종교 재판소, 기독교의 유대인 차별과 학대, 회교도들과의 충돌 등 기독교가 가는 곳마다 전쟁과 충돌이 있었을 뿐 평화는 찾기 어려웠다는 사실을 역사는 증명하고 있다. 기독교인들은 기독교 때문에 인류가 얼마나 많은 고통 속에서 신음하여 왔는가를 겸허하게 인정해야 한다.[3]

기독교인들에게 양심이 있다면 선교의 나팔을 불기 전에 먼저 과거를 거울 삼아 부끄럼 없는 선교를 하기 위하여 자체 개혁과 겸허한 자세와 정비가 앞서야 한다. 그런 혁명적인 개혁이 없다면 기독교 선교는 복음화라는 미명하에 과거의 죄악을 되풀이할 수밖에 없을 것이 아닌가 스스로 반성해 본다.

---

3) "그러면 백년 전에 미국 선교부에서 한국에 선교한 것도 잘못인가?" 하고 묻는 사람도 있을 것이다. 기독교가 한국사회에 들어와서 초기에는 누구도 부인할 수 없는 업적을 남긴 것이 사실이다. 그러나 일제 시대의 박해 시기를 지나고 해방 후의 혼란과 6·25 등으로 한국 기독교는 열매를 맺을 겨를이 없었다. 그저 무작정 자랐을 뿐이다. 이제부터 앞으로 한국교회의 열매를 기대해 보자. 어떤 열매가 열릴 것인가? 기독교가 한국에 들어와서 한국인들을 더 건실하고 양심적으로 개조하여 한국사회에 번영과 행복을 누리게 하였는가? 혹은 그 반대인가? 두고 기다려 보아야 할 것이다. 벌써부터 도처에서 "교회는 타락하였다."는 비판의 소리가 들려오고 있기 때문이다.

과연 기독교는 앞으로 한국사회에서 무엇을 할 것인가?

III. 기독교 세계 선교의 전망

「미주복음신문」(1996년 10월 13일 발행) 제916호에는 「출애굽기에 나타난 선교」라는 제목의 알찬 논설이 실려 있었다. 그 글의 필자는 기독교 한인세계선교협의회의 중책을 맡은 사람 가운데 한 분이었는데, 다음과 같이 주장하고 있다.

"지금도 선교의 역사는 진행되고 있고 앞으로도 이어질 것이다. 바로의 술사들과 그 왕권이 아무리 강하다 해도 모세의 하나님의 권능 앞에서 무릎을 꿇은 것같이, 이 세상 정치권과 이교도들의 세력과 세속 세력이 아무리 강하다 해도 하나님의 선교의 새 역사를 막을 권세는 아무도 없을 것이다. 선교의 주역은 인간이 아니라 성령이시다. 성령의 역사는 선교의 최후 승리의 깃발을 꽂을 것이다."

위의 글을 요약하면, 선교는 성령의 역사로 어떠한 권력도 선교를 저지할 수 없을 것이므로 기독교 선교사는 최후의 승리자가 되어 세계를 복음화 할 수 있을 것이라는 주장이다.

그러나 저자가 보는 선교의 전망은 결코 그렇게 밝지만은 않다. 도리어 이미 난관에 봉착하고 있으며, 그 농도는 점차로 짙어질 것이다. 그 이유를 아래에 요약해 본다.

1. 다른 종교들의 세계화 운동

세계 선교의 깃발을 든 것은 기독교뿐만이 아니다. 세계의 거의 모든 타종교들도 세계화 정책을 내세워 선교에 열을 올리고 있다. 지금까지 잠자고 있던 세계의 종교들은 제2차세계대전이 끝나고 많은 식민지 국가들이 독립하면서 눈을 뜨기 시작하여 저마다 현대화 한 선교운동을 시작했는데, 방송·언론·문서·교육 원조 등을 통한 대대적인 선교활동이었다.

그것뿐만이 아니라 자기 종교권 내에 타종교가 침범할 수 없도록 견고한 방어망까지 구축해 놓고 있다. 즉 힌두교·불교·유대교·회교 등은 기독교의 침투를 극력 경계하고 노골적으로 반대하고 있으며, 특히 기독교에 대한 회교의 반감은 극에 달해 있다. 서방 세계를 배경으로 한 기독교를 '악의 세력'으로 낙인 찍고 있는 회교 원리주의자들은 결코 기독교의 침투를 용납하지 않을 태세이다.

또 과거의 피비린내 나는 십자군 충돌과 종교 재판소 등 때문에 천주교에 대한 회교도의 감정은 곱지 않다. 뿐만 아니라 이란의 회교혁명 성공에 자극 받은 전세계 회교 국가들은 이란을 모방하여 회교 신정일체(神政一體) 국가 건설을 지향하고 있다. 따라서 철저한 배타주의 정책을 실천하고 있는 회교국가에서 기독교는 거의 발붙일 곳이 없어지고 있다.

많은 종교가 말로는 '종교다원화주의'(宗敎多元化主義)와 공존을 주장하고 있으나, 실제로는 여전히 타종교 배척주의로 나가고 있다. 사무엘 헌팅톤(Samuel Huntington) 교수가 그의 저서 『문명들의 충돌과 세계 질서의 개조』(The Clash of Civilizations and the Remaking of World Order, 1996)에서 주장한 것처럼 지금 우리는 문화·문명의 충돌시대, 즉 종교의 선교경쟁 시대, 종교충돌 시대로 돌입하고 있다.

로마를 중심으로 한 이탈리아·프랑스·스페인·포르투갈 그리고 필리핀과 중남미를 합한 천주교권, 미국을 중심으로 한 기타 지역의 개신교권, 파키스탄과 중동 일대의 회교권, 인도 지방의 힌두교권, 스리랑카·태국·티벳 지역의 불교권, 이스라엘의 유대교권, 중국을 중심으로 한 유교권 등, 이 중에서 어떤 하나가 타를 무시하고 타종교 지역으로 침투해 들어간다면 종교전이 불가피하게 될 전망이다.

그러므로 기독교 선교사들이 성령의 역사만을 믿고 물불을 가리지 않고 타종교 지역으로 복음을 들고 침투하는 것은 마치 화약을 걸머지고 불 속으로 뛰어드는 것과 같다. 이럴 때 복음 전달은 평화가 아니라 성전의 도화선이 될 것이며, 기독교 선교사는 평화의 사도가 아니라 지구촌을 폭발시킬 수 있는 성전 준비작업의 선봉대가 될 수도 있다.

마호메트
(Mahomet, 570?~632)
이슬람교의 개조. 40세쯤에 계시를 받아 유일신 알라에 대한 숭배를 가르치기 시작했으며, 정치적 수완을 발휘하여 전(全) 아라비아를 통일했다.
이슬람교의 선교 정책은 '한 손에는 코란, 한 손에는 칼' 로서 개종과 죽음의 양자 택일이다.
즉 종교전이 불가피한 종교이다.

2. 회교의 반격

신정일체주의를 주장하는 회교 원리주의자들은 자체 방어를 위하여 국가의 조직적인 후원하에 기독교인들을 종교 제국주의자들로 지목, 정죄하고 언제든지 기독교와의 일전(一戰)을 불사한다는 각오가 되어 있다.

그들은 국정 전반에 걸쳐 정치·경제·사회·교육·문화 등에 그들의 종교 이념을 반영시켜 서구화하려는 위협에서 회교사회를 방어하고, 회교를 세계화하려고 노력하고 있다. 만일 기독교 선교가 회교와 공존공영할 수 없다면 21세기는 종교 충돌의 시대가 될 수밖에 없다.

미국의 개혁교회가 발행하는 REC 통신에 보도된 과거 50년간의 세계 종교의 성장률을 비교해 보면 기독교는 가장 성장하지 못한 종교이다.[4]

구 분	성장률(%)
기독교	47%
회 교	500%
불 교	63%
유대교	-4%
힌두교	117%

＊21세기 초반에는 회교와 기독교 간의 세계적인 무력 충돌이 예상된다.

원인 : 세계선교전쟁

개신교를 시작한 루터의 나라, 독일에서도 회교의 교세가 급속도로 확장되고 있다. 즉 전후 독일의 노동력을 보충하기 위하여 터키

---

4) 전요섭, 「통계와 숫자로 보는 예화 자료집」 I 1989, p. 30.

인들을 선두로 약 200만 명의 아랍계 노동자들을 받아들였는데, 그들이 모두 회교 선교사 역할을 하고 있다.

이미 지적한 바와 같이 회교의 교세는 미국에서도 만만치 않다. 현재 500만 명의 미국 회교도들은 흑인사회를 중심으로 회교를 인권운동의 수단으로 삼으면서 2000년을 전후로 해서 회교도들의 숫자를 7,000만 명으로 늘릴 계획을 세우고 있다.[5]

뿐만 아니라 1997년 11월 3일자 「한국일보」는 사무엘 헌팅턴 교수(하버드 대학)의 연구 발표를 보도하였는데, 그는 1980년대에 세계 인구의 18%뿐이었던 회교 인구가 2,000년대엔 23%가 될 것이며, 또 2025년에는 31%가 되어 기독교 인구(신구교를 합친)를 능가하게 될 것이라고 예견했다.

그 결과 21세기 초반에는 회교와 기독교 사이에 세계적인 무력충돌이 있을 것인데, 그 원인은 두 종교의 교리적 차이가 아니라, 두 종교의 '세계선교정책' 때문이라고 지적하고 있다. 다시 말하면 두 종교의 선교와 선교 사이의 충돌이 무력 충돌을 유발하게 한다. 믿지 않는 자들을 서로 자기 종교의 신자로 만들려는 세계선교정책이 결국 두 종교의 무력충돌을 야기할 것이라는 관측이다.

회교권에 들어가서 복음을 전파하는 기독교 선교사는 두 종교 사이에서 무력충돌을 일으켜 세계평화를 파괴하는 앞잡이가 될 수도 있다. 이러한 상황 하에서도 '성령의 역사만을 믿고 죽기살기로 선교를 계속해야 할 것인가?' 아니면 그것은 '하나님이 원하시는 사역일까?'를 자문자답해 보아야 한다.

---

5) 1995년 미국 워싱턴 D.C에서 모였던 흑인 인권운동은 미국 역사상 최대 인파가 모였던 집회 중의 하나였는데, 그것은 회교도들이 주도한 모임이었다.

이와 같이 종교의 세계화 선교운동은 기독교만의 전매 특허물이 아니다. 거의 모든 종교가 다 세계화 선교운동에 경쟁자로 나서고 있는데, 그 가운데 기독교는 가장 뒤떨어진 성장률을 보이고 있다. 사실 가장 뒤떨어진 기독교가 성령의 역사만을 믿고 세계를 복음화할 수 있다고 주장하는 것은 현실을 망각하고 세계 정세를 무시한 처사이거나 혹은 탁상공론이 아닐까 하고 생각해 본다.

성령의 역사(役事)로 최후 승리를 믿고 나아가는 젊은 선교사들의 의지와 믿음과 용기를 우리는 이해할 수 있다. 그러나 선교본부는 그들이 나가는 그 길이 화약을 짊어지고 불 속으로 뛰어들어 지구촌을 아수라장으로 만들 가능성을 내포하고 있는 위험한 길이라는 것을 분명히 알고 있어야 할 것이다.

3. 중동국가들의 반(反) 기독교운동

뿐만 아니라 기독교는 지금 가는 곳마다 세계 도처에서 사면초가의 신세가 되고 있음을 직시하여야 한다. 1997년 8월호 「리더스 다이제스트」지가 전하는 바에 따르면 전세계에서 2억 5천만 명의 기독교인들이 심각한 박해 속에 있다고 한다. 예를 들면 인도에서는 기독교인과 회교도들을 국외로 추방하라는 주장이 거세져 가고 있으며 만일 추방을 면하려면 힌두교로 개종하라고 강요하고 있다. 그러므로 인도에서는 기독교가 힌두교들을 복음화시키기는커녕 오히려 기독교인이 힌두교로 개종당하는 현실이다.[6]

이란에서 비회교도들은 자기 상점 간판에 믿는 종교를 적어놓도

---

6) *Readers Digest*, 1997년 8월호, Bennett, R. K., 'The Global War on Christians'.

인도의 타종교 탄압
기독교인과 회교도들을 국외로
추방하라는 주장이 거세지고 있는데,
만일 추방을 면하려면
힌두교로 개종하라고 강요하고 있다.

록 강요당하고 있으며, 기독교인들은 이란의 국어인 파리(Pari)어로
는 예배드릴 수 없다. '침략적이고 호전적이고 또 야욕적인 기독교
인들이 어찌 감히 우리 회교도들이 사용하는 신성한 파리어로 예배
할 수 있겠는가?' 하는 것이 이란 당국의 생각인 것 같다. 또 이란
국내에 거주하는 약 1만 명의 기독교인들은 모두 죽음의 위협을 받
으면서 살고 있는 형편이다.

「개척정보」(월간지) 1997년 7월호에 의하면 아르메니아는 언론을
통하여 공공연히 '기독교 선교사는 나라를 전복시키려는 스파이'
라고 홍보하고 있으며, '기독교인은 매국노' 라는 분위기를 확산시
키고 있다. 스웨덴 선교사들이 개척하였던 교회는 강제 해산되었
으며, 비밀경찰에 의하여 일부의 기독교인들은 심문을 당하였다.
따라서 기독교 선교활동은 극도로 위축되어 가고 있는 반면 회교세
력은 급속도로 성장하고 있다.

이와 같은 상황 속에서 기독교는 성령의 역사만을 믿고 타종교 지

역을 향하여 그대로 나아가야 할 것인가 아닌가를 선택하여야 할 것이다.

4. 기독교 선교사들의 잘못된 선교 자세

여기에 서아프리카 회교 지역에서 선교하고 있는 어떤 한인 선교사가 본국으로 보낸 선교 보고서 중 일부를 소개한다. 제목은 「무너져 가는 모슬렘(회교도) 성벽」이다.

> "여호와는 자기의 영광을 절대로 빼앗기지 아니하시는 전능하신 하나님이시다. 사탄이 가로채고 있는 하나님의 영광을 그의 정하신 때에 반드시 회수하실 것이다. 어느날 모슬렘의 성벽은 하나님의 권능의 손길에 의해 흔적도 없이 무너져 버릴 것이며 모슬렘의 뿌리는 여지없이 뽑혀져 버릴 것이다……"[7]

독자 여러분은 이 선교사의 선교관(타종교의 말살을 기원하는)이 호전적이고 일방통행적일 뿐만 아니라 또한 독선적이고 배타적이고 파괴적이라는 것을 느끼지 않았는가? 이 선교사가 이러한 잘못된 선교 인식과 그릇된 기본 자세를 갖게 된 것은 그를 파송한 선교본부의 책임도 있다. 그들은 예수의 가르침을 전하기 위하여 성경을 들고 땅 끝까지 나아가고 있는 선교사들을 어떻게 교육시켰으며 예수의 정신은 또 어디에 있는가 반문하지 않을 수 없다.

선교는 정복이 아니다. 모두 때려부수고 타도하고 뿌리를 뽑은

---

7) 「생명의 길」, 1997년 3월호, p. 13.

후 그 위에 교회를 세우는 것이 아니다. 그것은 정복이고 침략이며 타도이고 말살이지 선교는 아니다. 선교는 죽으러 가는 것이다. 왼쪽 뺨을 치거든 오른쪽 뺨까지 돌려대는 희생, 봉사의 자세를 가지고 가야 한다. 망치를 들고 때려부수러 가는 것이 아니고 소금이 되어 없어지려고 가는 것이다. 그것이 예수의 정신이요, 또 방법이기 때문이다.

예수는 쳐부수고 승리하신 분이 아니다. 대중의 배척을 받고 끌려나가 죽음으로써 승리하신 분이다. 선교사는 죽고 예수의 정신은 살려야 한다. 그런데 예수의 정신은 죽고 선교사는 살아서 모슬렘을 때려부수고 있으니 과연 이것이 예수의 선교인가? 선교사가 타종교를 무너뜨리고 뿌리를 뽑는 것은 성령의 역사가 아니라 말살 행위이며 마귀 사탄의 역사임을 분명히 알아야 할 것이다.

위에서 언급한 선교사는 여호와께서는 전능하신 하나님이시므로 회교를 뿌리째 무너뜨린다고 믿고 있으나 이는 잘못된 믿음이다. 여호와 신과 회교의 알라 신은 중세기 십자군 시대에 200년 동안이

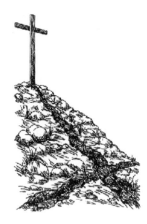

예수는 쳐부수고 승리하신 분이 아니다.
대중에게 배척 받아 십자가에 달려
죽음으로써 승리하신 분이다.
선교는 예수의 정신, 즉 왼쪽 뺨을 치거든
오른쪽 뺨까지 돌려대는 희생·봉사의 정신을
가지고 나아가야 한다.

나 대결한 원수지간이었다. 그 두 신의 대결의 결과 여호와 신은 알라 신 앞에 무릎을 꿇고 말았던 역사를 기독교인은 기억해야 한다.

또 그보다 훨씬 전인 AD 638년에 회교도들이 예루살렘과 그 성전을 점령하여 여호와는 그가 임재하던 예루살렘 성전 지성소에서 밀려났다. 바로 그 자리 옆에 알라 신을 모신 오마르(Omar) 회교 성전(The Dome of the Rock)이 보란 듯이 웅장하고 화려한 모습으로 세워져 있지 않은가. 여호와 신이 회교의 뿌리를 뽑은 것이 아니라 도리어 알라 신이 여호와의 뿌리를 뽑았다. 여호와의 거처를 알라 신이 점령해 버렸다.

거처를 잃어버린 여호와 신은 이스라엘 선민에게 "내가 너와 함께 있으리라."고 철석 같은 약속을 하였음에도 불구하고 선민 600만 명이 히틀러에게 학살당할 때도 철저하게 그들을 외면하였다. 그때 여호와의 구원의 손길을 갈망하며 목이 터지도록 울부짖었으나 응답받지 못한 그들은 죽기 전에 그들을 지켜주지 못한 여호와 신을 재판에 걸어 유죄 판결을 내렸다는 웃지 못할 이야기도 듣지 못하였는가.

지금까지의 내용을 다음과 같이 요약할 수 있다. 선교는 정복이 아니고 사랑을 베풀러 가는 것이다. 타문화·타인종·타종교·타신앙을 때려눕히고 뿌리를 뽑고 승리의 개가를 부르러 가는 것이 아니라, 그 반대로 지고 또 져서 죽으러 가는 것이다. 선교에서 죽는 것은 성령의 역사요, 때려부수고 뿌리를 뽑고 승리하는 것은 마귀 사탄의 파괴와 학살의 역사이다.

"지금 기독교의 세계 선교는 성령의 역사인가, 혹은 사탄의 역사

단군상의 훼손
역사적 실존 인물이냐 아니냐를 가리기 이전에
이런 식의 맹목적 신앙은 민족 감정을 자극시켜
기독교의 선교에 발목을 잡는 역효과만
낳을 뿐이다. 주요 일간지 어느 하나라도
단군상 파괴를 비판했지 옹호하지는 않았다.

인가?"

이러한 선교정신을 가지고 사역하는 선교사는 성령의 사도인가,
사탄의 앞잡이인가?

5. 과거 기독교의 잘못된 선교운동

기독교가 세계 선교를 시작하기 전에 분명히 알아야 할 사실이 있
다. 그것은 천주교 또는 기독교라는 종교는 본래 복음 전파나 순수
한 선교사업을 통하여 대종교로 발전한 종교가 아니라는 사실이
다. 그것은 기독교 역사가 여실히 증명해 주고 있다.

기독교는 이스라엘의 유대인 사회에서 탄생하였으나 오랜 역사
를 가진 유대교의 박해를 받고 해외로 도피하여 희랍과 터키에서
성장하였는데, 후에 로마제국의 공인을 받고 세계 종교로 발전하는
발판을 마련할 수 있었다. 그때까지 기독교는 지하 종교였으며 비
밀결사 조직체인 사교로 취급되었고, 또 천대받았던 노예 유대인들
의 종교에 불과했다.

잔인한 박해 속에 숨어서 연명하던 그 보잘것없던 사교가 로마제
국의 공인을 받으면서부터 비로소 햇빛을 보게 되었으며, 박해를

받던 기독교가 로마제국의 주인이 되면서 도리어 타종교를 박해하는 위치에 놓이게 되었다.

그야말로 기독교 전성시대가 도래하였고 영광의 그날이 왔다. 로마제국의 권력을 배경으로 기독교는 여세를 몰아 타종교들을 부정하고 말살하면서 유럽을 점령하고, 그 후에 중동과 아프리카로 나아갔고, 또 천주교와 청교도들이 각각 폭력으로 중남미와 북아메리카를 점령하고 아시아 방면으로 세력을 확장하면서 기독교는 침략의 선봉자요, 종교적 지주가 되어 세계 최대의 종교로 도약할 수 있었다.

그러한 부흥과 비약 속에서 기독교는 핍박시대에 간직하였던 순결을 잃게 되었고, 외형적인 부흥 속에서 교회는 내적으로 타락하게 되었다. 특히 정치 권력과 부귀 영화를 독점하려던 교황들과 그 추종자들의 잘못 때문에 타락한 종교 세력으로 변모해 버렸다. 그리고 오늘까지 분열·대립을 계속해 오고 있다.

이와 같이 기독교가 세계적인 종교로 발돋움할 수 있었던 데에는 극소수의 예외적인 방법을 제외하고는 대개가 복음 전파나 선교사업을 통한 것이 아니었다. 기독교가 실로 세계적인 종교가 될 수 있었던 방법은 아래와 같이 다섯 가지로 요약할 수 있다.

첫째, 기독교의 교리와 조직력

둘째, 기독교의 재력

셋째, 천주교 교황의 권력

넷째, 무력과 침략 전쟁을 철저하게 이용한 정책

다섯째, 선교

다시 말하면 기독교는 조직과 돈과 권력을 가지고 무력으로 그 세력을 팽창한 종교라고 말할 수 있지 않을까? 구체적으로 말해서 천주교의 교황 체제와 조직적이고도 엄격한 명령하에서 금력과 무력으로 타민족·타인종·타종교·타영토를 강제로 정복하고 그 위에 천주교를 올려놓은 것이 바로 천주교의 발전사요, 팽창사라고 하면 과장된 표현일까?

개신교도 그런 면이 많다.[8]

그러므로 앞으로도 기독교 세력이 더 팽창할 수 있는 방법은 간단하다. 성경을 들고 나아가 복음을 전파할 계획은 모두 뒤로 하고 옛날의 방법, 즉 총칼을 들고 나아가 비 기독교인들을 정복하는 길이 훨씬 빠르다는 이야기이다. 그러나 그러한 시대는 이미 지나가 버렸다.

그러므로 이제 기독교 선교의 앞길은 험난한 높은 산으로 가로막힌 셈이다. 흥망성쇠(興亡盛衰)의 원리는 정치·경제계에서만 통용되는 용어는 아니다.

이와 같이 한치 앞도 못 보는 눈 뜬 소경들처럼 자기들이 하는 일

---

8) 물론 그 과정에서 천주교가 행한 선행(善行)을 전적으로 부정할 수는 없다. 단 그 공적과 죄악을 비교할 때 장점보다는 단점이 더 두드러져 보인다. 그들은 인류역사에 돌이킬 수 없는 너무나 큰 죄악을 남겼다. 다시 말하면 천주교와 개신교, 즉 기독교의 발전은 주로 타의 희생 위에 이루어졌음을 사실(史實)이 증명하고 있다. 숫자로 나타난 중남미의 실태가 이를 여실히 증명하고 있다. 본 장의 끝 면을 참조하기 바란다.

동시에 테레사 수녀와 같은 천주교인들이 남긴 위대한 공적은 누구도 부인할 수 없다. 뿐만 아니라 현 교황 요한 바오로 2세도 세계 평화를 위하여, 그리고 종교 간의 관계 개선을 위하여 최선을 다하고 있음을 알 수 있다. 특히 말없이 봉사만 하고 있는 많은 신부들이나 수녀들의 숨은 공로를 누가 부인할 수 있겠는가.

을 무조건 성령의 역사라고 믿고 선교사업에 뛰어드는 기독교인을 불장난하는 어린애 같다고 할까, 또는 우물가의 어린애 같다고 할까? 또 그 와중에 자기는 선교도 하지 않고 기금도 바치지 않고 뒤에서 큰소리나 치고 구경만 하고 있다가 남의 선교, 남의 기금을 모아 가지고 XX선교대회라는 간판을 내걸고 큰소리치고 재력과 명예의 어부지리를 노리는 선교 모리배들과 선교 사기단까지 등장하고 있다. 여기에 농락당하는 줄도 모르고 따라다니는 선량한 신도들은 얼마나 불쌍한 존재들인가? 지금 일부 기독교의 선교는 심각한 난관에 봉착하고 있다.

세계 종교사를 보면 총칼의 힘으로 팽창한 종교가 더러 있다. 그런 종교단체는 사실 불한당 집단과 다를 바가 없다. 선교라는 미명하에 무력으로 그 세력을 팽창시킨, 호전적이고 잔인한 방법으로 침략하였던 기독교는 예수 없는 기독교였을 뿐만 아니라 오히려 예수를 또 다시 처형하는 종교였다. 적 그리스도의 집단이요, 반(反)예수 단체였다.

그러나 그런 방법으로 더 이상의 발전을 기대할 수 없음을 자각한 기독교는 180°의 정책 전환이 불가피하게 되었다. 즉 피상적으로라도 평화·사랑·희생·봉사 등을 앞세워 과거의 추했던 모습을 감춰버리고 미소 짓는 가면을 써야 했다. 짙은 화장도 해야 했다. 천하에 없는 선남선녀로, 또는 천하에 없는 미남미녀로 보이게끔 가장을 해야 했다. 신부와 수녀들의 우아한 옷차림이나 성직자들의 의상은 일종의 고차원적인 화장술이다. 마치 창녀가 숫처녀로 가장한 것처럼 사기 극을 벌여야만 했다. 살인 강도가 성직자의 가운을 훔쳐 입은 것처럼 어색한 연극을 연출해야만 했다. 전형적인 위선과 기만의 표본이다.

그러므로 기독교의 과거사를 모르는 대중은 물론 교육 미달의 성직자들까지도 그 가면에 속아서 기독교를 항시 사랑·평화·희생·봉사의 종교로 착각하고 있다. 착각한 그들에게 기독교의 정체를 알려주면 알려준 사람이 도리어 이단이요, 적 그리스도라고 화를 낼 지경에까지 이르렀다. 최면술에 걸렸거나 종교적인 가면의 효과 때문이다. 그것은 조직적인 세뇌공작과 미소작전이 100% 적중한 셈이다. 현상과 본질을 혼동해서는 안 된다. 기독교의 본질 자체는 '예수의 사랑'이다. 그러나 기독교 역사를 보았을 때 나타나는 현상은 '사랑'의 정신과는 상반된 '증오'와 '탐욕'이다. 이는 전달 과정에서 빚어진 일부 타락한 성직자들 때문이다. 그러나 이를 일부라고 보아서는 안 된다. 그들 일부가 기독교를 좌지우지 했기 때문이다.

기독교는 이 추한 모습을 무엇으로 변명할 것인가? 회개와 개혁의 눈가림을 한 채 계속 기만과 위선으로 일관할 것인가? 혹은 진정 예수의 정신으로 복귀할 것인가? 기독교는 실로 흥망의 기로에 서 있는 것 같다. 이제 기독교는 용감하게 가면을 벗어 던지고 화장도

세계 기독교인 백과사전
(편집자 데이빗 바렛)
'예수의 사랑'의 정신이 다시 부활하기를
바라며 우리는 기독교의 현 주소를
직시하여야 한다.

지워버리고 혁명적으로 개혁하지 않는 한 머지 않아 박물관적 존재
가 될 것이라고 예언한 미래학자들의 경고는 강 건너 불이 아니다.
이 추한 적 그리스도의 집단이 어디로 가서 누구에게 예수를 전하
러 간단 말인가?

끝으로 본 장을 끝내기 전에 세계 교회사의 저명한 통계학자이며
옥스퍼드(Oxford) 대학 출판의 『세계 기독교인 백과사전』(World
Christian Encyclopedia)의 전 편집자인 데이빗 바렛(David Barrett)
이 발표한 1997년도 통계표를 여기에 소개한다.[9]

교인수 종교별	1990년	1997년
기독교	558,056,300(개신교)	1,995,026,600[10](신·구교)
회교(이슬람)	200,102,200	1,154,302,000
무종교	2,923,300	886,104,000
힌두교(인도)	203,033,300	806,099,000
불교	127,159,000	328,233,000
무신론자	225,600	224,489,000
신흥종교	5,910,000	124,835,000
시크교	2,960,600	20,159,000
유대교	12,269,800	14,180,000
비기독교인	1,061,830,500	3,897,454,000

9) *The Christian Press*, 1997년 8월 9일.
10) 숫자를 보면 기독교도 약 3배의 성장률을 가진 것처럼 보인다. 그러나 1990년

앞의 통계표에는 우리가 주목하지 않을 수 없는 중대한 사실들이 몇 가지 나타나 있다. '90년도의 비기독교인 수는 10억 남짓했는데 그로부터 7년 뒤인 '97년도에는 4배가 증가하여 40억에 육박하였고, 또 '90년도에 약 300만이었던 무종교인 수가 '97년도에는 300배가 증가하여 9억에 육박하였으며, 또 '90년도에 2억에 불과하던 회교인 수는 '97년도에 6배가 증가하여 12억에 육박하였다. 또한 '90년도에 약 20만뿐이었던 무신론자는 '97년도에는 무려 약 1,000배가 증가하여 2억을 돌파하였다. 동시에 '90년도에 약 600만이었던 신흥종교인은 '97년에는 20배가 증가하여 1억 2천만이 되었다.

앞에 나타나 있는 숫자를 보면 기독교는 타종교의 성장 속도에 비하여 극히 낮은 성장률을 기록하고 있다. 뿐만 아니라 인류는 지금 종교시대, 혹은 신(神) 중심의 시대에서 무종교·무신론·반(反)기독교 시대를 향하여 힘찬 속도로 돌진하고 있다는 사실도 위의 통계가 지적하고 있다.

이것이 21세기를 향하고 있는 종교의 방향 혹은 흐름이라고 하면 틀린 말은 아닐 것이다. 그러므로 기독교는 위와 같은 정세를 분석하면서 앞을 바라보고 새로운 선교 전략을 구상해야 한다.

계속하여 데이빗 바렛(David Barrett)이 발표한(1997년 현재) 바에 의하면, 기독교가 세계 선교에 열을 올리고는 있으나 비기독교 종족들에게 별다른 영향을 주지 못하고 있는데, 그러한 결과의 주원인은 외국 선교를 위하여 사용하는 자금의 97%를 기독교인 수혜자

도의 수치는 개신교만의 수치이고, 1997년도의 수치는 개신교·천주교·동방정교까지 합친 것이므로 3배의 성장은 아니다.

들에게 치중하고 있기 때문이라고 한다. 다시 말하면 외국 선교비 중에서 대부분의 자금은 선교사들의 여비·생활비·선교 훈련비 등으로 사용되고 있다는 뜻이다. 그리고 나머지 3%만이 이미 복음화된 지역에 있는 비 기독교인들에게 사용되고 있는데, 진정 복음이 필요한 지역이나 복음을 접하지 못한 종족들을 위한 선교금은 전혀 없다는 사실이다. 그러므로 그는 기독교가 세계 선교를 외치고는 있으나 그 자체 보존을 위한 이기심 때문에 앞으로도 진정한 세계 선교를 이루기는 어려울 것이라고 지적하고 있다.[11] 이것은 기독교 세계 선교전략에 구멍이 뚫려 있다는 것을 현실적으로 증명하고 있는 극명한 사실이다.

---

11) op. cit.,

기독교가 아니라고 해서 멸시하거나 충돌하는 일은 있을 수 없습니다. 그들의 종교를 존중하고 그리스도인으로서 그들을 사랑해야 합니다. 그러나 앞으로 우리 나라는 개신교를 믿는 나라로 발전하리라고 봅니다.(1984년 10월 한국개신교100주년 사업협의회 총재 기자 회견)

목회자는 돈과 여자와 검약에 모범을 보여야 합니다. 그리고 예수의 삶을 따라 사는 목자라면 가난해야 합니다. 일부 대도시교회 목사의 호화스러운 생활은 잘못된 것입니다.(1984년)

먼저 나는 죄인임을 고백합니다. 나는 신사 참배를 했습니다. 이런 죄인을 하나님이 사랑하고 축복해 주셔서 한국 교회를 위해 일하도록 이 상을 주셨습니다. (1982년 6월 18일 템플턴상 수상 기념 축하예배 인사말 중)

그는 언제나 어느 교파에도 치우치지 않고 종교개혁자들의 신학을 토대로 비판과 보수를 지혜롭게 수용하면서 건전한 복음주의적 신학을 발전시키는 데 노력했다. 그는 이같은 입장을 바탕으로 '선교', '교육', '봉사'를 자신의 핵심 사업으로 꼽았다. 그는 이러한 사업을 효과적으로 이끌기 위해서는 우선 교회가 성장해야 한다는 입장을 가졌다. 한 목사는 이같은 확고한 의식하에 영락 교회를 성장시키기 위해 노력했다. 그는 이러한 과정에서 겸손, 봉사 정신, 청빈을 늘 실천했다. 목회자들이 한 목사에게서 본받아야 할 점은 바로 이러한 점들이라고 말하고 싶다.

제3장

콜럼버스(Christopher Columbus)는
성자였는가, 악마였는가?

I. 콜럼버스와 스페인 왕실의 후원

콜럼버스(Christopher Columbus)

이탈리아의 항해자, 독실한 가톨릭 신자
에스파냐 여왕 이사벨 1세의 원조를 받아
1492년 대서양을 서항(西航)하여 인도에 도달한 후,
네 번에 걸친 항해 끝에 쿠바 · 자메이카 · 도미니
카 · 남아메리카 · 중앙 아메리카의 일부를 발견.

    콜럼버스(Christopher Columbus : 1451?~1506)는 세계사의 한 페
이지를 장식한 역사적인 인물로 기록되어 있다. 그는 스페인 왕의
후원을 받아 4차에 걸친 모험적인 항해를 계속하면서 중남미 지역
의 여러 섬들을 발견하고 마침내 아메리카 대륙을 발견할 수 있는
길을 개척하였다.[1] 그를 이해하기 위하여 우리는 4차에 걸친 그의
항해와 당시의 역사적인 배경을 잠시 간략하게 살펴보자.

    13세기 전반에 몽고의 왕과 장성들이 이끄는 기마군(騎馬軍)의
동유럽 정복과 실크 로드(Silk Road) 교역을 통하여 이미 동양의 부
와 신비를 알고 있던 유럽인들의 마음을 더욱 부풀게 한 것은 베니
스의 여행가 마르코 폴로(Marco Polo : 1254~1324)의 『동방견문록』

---

1) Grove, N., *National Geographic Atlas of World History*, 1997, pp. 166
   ~167, 174; Broorstin, D. J., *The Discoverers*, 1985, pp. 164, 173~176 참조.

이었다.[2]

그의 여행기가 나오고 나서 약 200년 후
에 유럽의 탐험가들과 무역 상인들은 그때
유럽에서 보물과 같은 가치가 있었던 향미
료와 양념류(spice) 및 실크의 원산지로 알
려진 인도 지역과 중국에서 그것들을 직수
입할 수 있는 새로운 무역 항로를 찾으려
는 꿈을 꾸고 있었다.

당시 사용하고 있었던 해상무역수로인 인도양에서 많은 회교도
해적(回敎徒 海賊)들 때문에 막대한 피해를 입고 있었던 기독교인

---

2) Marco Polo는 아시아에 와서 원(元) 나라의 제1대 황제(1260-1294) 쿠빌라이
칸(Khubilai Khan)에게 중용(重用)된 사람이기도 하다.

바투칸(Batu Khan)을 선두로 모라비아, 폴란드, 헝가리, 독일의 일부까지 정복
하고 현 오스트리아의 수도인 비엔나(Vienna) 근처까지 육박한 몽고의 오게다
이 칸(Ogedei Khan, 1241년 사망)이 죽지 않았더라면 유럽의 역사가 달라졌을
수도 있다고 보는 학자들도 있다. 사실 잠시나마 유럽의 일부를 정복한 유일한
아시아인들이었던 몽고족들은 당시 세계 최대의 제국을 건설하고 있었다. 만일
그들이 그때 두 나라로 분리·대립되어 있던 비잔틴제국과 베니스공화국 등을 점
령하고 정착하였더라면 아마 종교는 물론 인류 역사의 방향이 완전히 달라졌을
것이라는 견해도 있다.

방랑과 정복을 즐기면서 살아온 전통을 중시하는 유목민족이었던 그들은 영토
소유욕이 별로 없었다고 한다. 만일 그들이 정복한 지역에 정착하거나 유럽인들
처럼 식민지를 다스릴 줄 알았더라면, 그후의 세계사의 방향도 달라졌으리라는
서구의 학자들의 말에 공감이 간다. 티무르(Timur: 1336?-1405)는 정복한 지역
을 미련 없이 버리고 돌아가다가 죽었다. Doren, C. V., *A History of
Knowledge*, 1991, pp. 169-172; Norwich, J. J., *Byzantium*, 1995, pp. 198,
205, 255, 259, 364, 365-368 참조.

들은 아프리카 서부를 통한 새로운 수로를 찾고 있었다. 특히 그 당시 세계에서 가장 강력한 해군을 보유하고 있었던 포르투갈을 중심으로 많은 탐험가들이 지구가 둥글다는 사실을 알고, 인도양을 피하여 아프리카의 서부를 지나 계속 가면 다시 원점으로 되돌아올 수 있을 것이라고 추정했다.

많은 사람들이 포르투갈에서 시작해서 아프리카를 돌아 인도양을 건너는 또 하나의 새로운 길을 생각하고 있을 때, 일부 사람들은 직접 대서양을 가로지르는 직항로가 있을 것이라고 주장하였다. 그 가운데 한 사람이 콜럼버스였다.

어렸을 때부터 선원 생활을 하며 유럽 여러 지역을 항해하였고 항해술을 익혀 온 콜럼버스는 확고한 신념으로 수로(水路) 개척에 생명을 걸겠다고 나섰으나, 고국인 이탈리아에서는 누구도 그의 말에 귀기울이지 않았다.

고국에서 푸대접을 받은 후 떠난 항해 중, 불에 타서 침몰하는 배에서 뛰어 내린 콜럼버스는 수영으로 포르투갈 해안에 상륙하였다. 그는 얼마 후 친구의 소개로 유력한 가정 출신의 포르투갈 여자와 결혼하였다. 처가의 인맥을 통하여 포르투갈 왕실과 유력 인사들의 지원을 받아 새로운 양념류의 수입 경로를 찾겠다고 지도를 들고 다니면서 애원하고 설득하였으나, 포르투갈에서도 그의 말을 믿고 후원해 줄 사람은 나타나지 않았다.

실망한 그는 포르투갈을 떠나 스페인으로 갔다. 그곳에서도 자기가 만든 지도를 들고 다니면서 후원자를 찾았으나 계속 거절당하였으며 일부의 유력 인사들에게는 미친 사람 취급을 받았다. 만나주지도 않는 스페인 사람들을 찾아갈 수 없어서 고민하던 그에게 아

통일 에스파냐(1479)의 왕과 여왕
(페르디난트 왕과 이사벨 여왕)
콜럼버스의 신대륙 발견을 원조

는 사람의 주선으로 이사벨 여왕을 만날 수 있는 기회가 왔다.[3]

1454년 교황의 교서로 인도양의 탐험과 정복의 길에서 배제된 스페인 왕실은 포르투갈이 독점한 길과는 다른 길로 인도와 중국에 갈 수 있다는 콜럼버스의 말에 흥미를 느꼈다.

콜럼버스는 자신의 신념은 성경에 토대하고 있으며 자신이 가는 길은 성경(이사야 11:10~12; II Esdras 3:18)에 암시되어 있다고 하며, 여왕에게 성경 구절을 반복 설명하면서 하나님의 뜻을 주장하였다. 현대 사람들은 믿지 않겠지만 그 당시의 독실한 신도들은 다 그의 말을 믿었을 것이라고 기록되어 있다.[4]

---

3) Doren, Ibid., p. 174. 콜럼버스는, 스페인의 종교재판이 심할 때에 스페인을 떠나 이달리아의 제노아(Genoa)에 정착한 유대인과 스페인 사람의 아들일 수도 있다고 한다.

4) Ibid., pp. 175~176. 콜럼버스는 수차의 중남미 왕복에도 불구하고 자기는 인도 지역에 와 있다고 믿었으며, 인도는 수평선 서쪽에 있고 일본과 중국도 멀지 않은 곳에 있다고 확신하고 있었다. 그는 성경이 그렇게 말해주었다고 주장했다.

콜럼버스는 자기가 발견하고 정복한 모든 것을 스페인 왕에게 바치겠다고 굳게 맹세하며 간곡하게 부탁하였다. 콜럼버스를 호의적으로 본 이사벨 여왕은 왕을 설득하여 전쟁에서 사용하고 남은 배 세 척과 필요한 자금 지원을 해주었다.

당시의 스페인 왕실도, 포르투갈이 인도와 중국의 직항로를 발견하기 전에 자기들이 그 길을 발견하면 세계 최강국이 될 수 있고, 스페인 출신의 교황도 자기들을 도와 주리라 믿고 콜럼버스를 지원하기로 하였다. 일확천금과 부귀영화를 꿈꾸던 콜럼버스가 제시한 조건은 자기를 총지휘관인 제독으로 임명할 것과 수익금의 10%를 자기에게 줄 것 등이었다. 쌍방의 욕망과 꿈이 어우러져 만들어진 합작품이었다.

II. 콜럼버스 아메리카 도착

제1차 항해

콜럼버스는 산타 마리아(Santa Maria)호와 핀타(Pinta)호와 니나(Nina)호 등 배 3척에 90명의 선원을 인솔하고 부자의 나라 중국과 인도를 거쳐서 돌아오겠다고 장담하고, 1492년 8월 3일 팔로스

당시 그의 지휘하에 배를 타고 있었던 선원들은 대부분 무식한 사람들이었기 때문에 그의 말을 믿을 수 있었겠지만, 후일 이러한 이야기를 들은 사람들은 그가 거의 미친 사람이었을 것이라고 하였다고 전해진다. 물론 반란까지 일으킨 선원들이 자기의 말에 순종하고 계속 인도와 중국을 찾아 나아가게 하기 위하여 그런 거짓말을 했을 수도 있다.

(Palos) 항을 떠났다.[5]

1492년 10월 12일 오전 2시, 콜럼버스는 출항한 지 69일 만에 중남미에 위치한 지금의 카리브 해(Caribbean Sea)에서 작은 섬 하나를 발견하고 너무나 감격하여 산 살바도르(San Salvador, 성스러운 구세주라는 뜻)라고 명명하고, 상륙하여 스페인 국기를 세우고 스페인 왕국의 영토로 선언하였다.[6] 그 섬의 주민 타이노(Taino) 족은 평생 처음 보는 백인들을 신기하게 여겨 환영하며 헤엄쳐서 배에 접근하여 각종 과일과 그들이 필요한 모든 것을 제공하였다. 그때 콜럼버스 일행은 자기들이 도착한 곳을 인도나 일본 근처라고 착각하여 그들을 인디언(Indian)이라고 불렀다.[7]

콜럼버스가 미국 대륙 발견에
타고 갔던 배

---

5) Carruth, G., *The Encyclopedia of World Facts and Dates*, 1933, p. 195; Hirsch Jr., E. D., Kett, J., Trefil J., *The Dictionary of Cultural Literacy*, 2nd ed., 1993, p. 198; Castleden R., *The Concise Encyclopedia of World History*, 1994, pp. 236-237 참조.

6) Ibid.; Lequenne, M., *Christophe Colomb Amiral de la mer Oceane*, 1991, コロンブス 聖者か, 破壊者か, 大貫良夫 監修, 1992, pp. 63-64 참조.

7) Hughes, J., Gen. ed., *The Larousse Desk Reference*, 1995, p. 200; Lequenne, 大貫 監修, op. cit., p. 65.

콜럼버스를
두려움없이 맞이하는,
문명에 물들지 않은
소박한 원주민들

후에 콜럼버스는 그곳이 자기의 목적지였던 고도의 문화를 가진 중국이나 인도가 아님을 알고 일시 실망하였다. 그러나 아프리카 흑인노예에 대해서 알고 있었던 그는 이 순진하고 온화한 원주민들을 천주교로 개종시켜서 노예로 사용하리라 자위하면서 중국으로 가는 길을 찾으려고 계속 노력하였다.[8]

10월 15일 콜럼버스는 원주민 안내자 7명을 데리고 그 부근 일대의 섬들을 찾아다니면서 발견한 섬마다 성스러운 이름을 붙였다. 제1차 항해에서 큰 성과를 올린 콜럼버스는 원주민 6명을 증거로 데리고 귀국하였다.

1493년 1월 4일에 출발하여 3월 4일 리스본(Lisbon)에 도착하고, 이어서 3월 15일 팔로스에 귀항하였다.[9] 그후 그는 당시의 스페인의 수도 바르셀로나(Barcelona)에 도착하여 6명의 정장한 원주민을 앞세우고 입궐하여 왕에게 진기한 선물들을 바치고 최고의 대우를

---

8) Lequenne, 大貫 監修, Ibid., pp. 65-66 참조.
9) Castleden, op. cit., p. 237.

받았다.[10)]

동행한 원주민들은 자의인지 타의인지 알 수 없으나 모두 세례를 받았다. 그후 콜럼버스는 그 동안의 「경험 수기」를 전 유럽에 출판, 보급하여 일약 영웅이 되었다.[11)] 그의 신대륙 발견은 천지창조 이후 예수의 강림과 십자가 사건 외에 최대의 역사적인 사건으로 평가받았다.[12)]

콜럼버스 자신은 물론 당시의 스페인 사람들이 상상도 할 수 없었던 새로운 대륙을 발견한 사실을 모르고 스페인으로 돌아와서 인도양에 있는 섬에까지 갔다왔다고 주장하고 그 지역을 인디스(Indies)라고 명명하였다.[13)]

---

10) Trager, J., *The People's Chronology*, 1992, p. 159.

11) Lequenne, 大貫 監修, op. cit., pp. 75, 77-78 참조.

12) Ibid., p. 19.

13) 사실은 어느 유럽인들보다 먼저 아시아인들이 빙하시대에 베링해를 건너와서 미대륙에 정착하여 살고 있었다. 유럽인 중심으로 저술된 잘못된 세계사를 정정하여 정확하게 말하자면, 콜럼버스가 미대륙을 발견한 것이 아니라 아시아인들이 먼저 미대륙을 발견한 것이다. 콜럼버스가 원주민들을 잘못 알고 인디언이라고 부르기 시작한 것이 오늘날까지 이어지고 있다.

또한 콜럼버스가 최초로 미대륙에 도착한 유럽인도 아니다. 10세기 초에 이미 북유럽의 고기잡이들과 바이킹들(Vikings)이 아메리카를 발견하였으나 그것을 수백년간 비밀로 하고 있었다. 그러나 콜럼버스 일행이 도착한 후, 그 사실이 신대륙 발견으로 알려지자 세계는 달라졌다. Doren, op. cit., 1991, p. 176; Winn, p., *Americas*, 1992, pp. 19, 39 참조.

이와 같이 유럽인들의 입장에서 보아도, 엄격히 말하면 바이킹들이 콜럼버스보다 훨씬 먼저 미대륙에 도착한 것이다. 그러므로 콜럼버스가 먼저 미대륙을 발견했다고 하는 것은 역사적으로는 물론 유럽인들의 입장에서 보아도 정확하지 않다. 또 아시아인들, 즉 원주민들의 선착을 무시하는 처사이며 엄연한 사실을 부정하는 역사의 왜곡이다.

스페인 왕실도 콜럼버스 일행이 유럽 대륙보다 더 큰 새로운 대륙을 발견한 사실을 몰랐다. 콜럼버스의 말을 믿고 즉시 자기들의 새로운 침략과 교역수로를 확보하기 위하여 교황의 교서를 신청하고, 자기들이 상상한 인도와 중국을 향한 대서양의 동남쪽 방향을 그들이 독자적으로 탐험하고 정복할 수 있는 권한을 교황으로부터 인정받았다.[14]

그러나 당시 세계 최강의 해군력을 보유하고 있던 포르투갈은 만일 자기들을 배제하면 전쟁도 불사하겠다고 교황과 스페인을 협박하고 나왔다. 이때 두 천주교 국가 간의 대립을 교황이 중재하였다.

그 당시 포르투갈을 상대로 한 전쟁에서 승리할 자신이 없었던 스페인은 교황의 중재를 받아들여 스페인의 동서부에 위치한 토데실라스(Tordesillas)에서 1494년에 조약을 체결하였다. 이 토데실라스 신식민지 분할조약(新植民地 分割條約)은 이미 스페인에게 준 교황의 승인을 철회하는 것이었지만 포르투갈의 협박을 이기지 못한 교황과 스페인이 그들의 요구를 받아들임으로써 두 천주교 국가의 중남미 침략이 시작되었다. 교황의 축복을 받은 천주교인들의 중남미 침략과 착취가 원주민들에게 남긴 비참한 결과는 오늘날 중남미의 현실이 증명하고 있다.[15]

제2차 항해[16]

콜럼버스의 영광은 전대미문의 것이었다. •왕의 찬사를 받은 그는

---

14) Winn, P., *Americas*, 1992, p. 40.

15) Ibid., pp. 89~119, 277~312 참조.

16) 콜럼버스의 제2차 항해는 스페인 왕이 몰수한 유대인들의 재산을 판 돈으로 조

콜럼버스의 제2차 항해

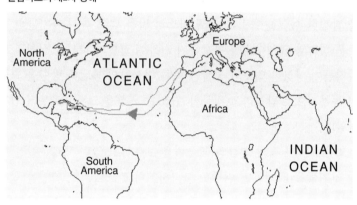

쉴 새도 없이 새로운 식민지를 개발하여 보물을 쟁탈하고 교역수로를 열어 스페인 국민을 영주시키고 대륙을 더 깊이 탐험하여 대업을 성취하려는 정열에 불타게 되었다. 제1차 출발 때에 반대하던 자들도 그의 성공을 부러워하게 되어 무명의 콜럼버스는 하루아침에 세계적인 탐험가가 되었고 개척자로서 제2차 항해를 시작할 수 있게 되었다.[17]

1493년 9월 25일 스페인 왕 부부의 절대적인 신임과 지지를 얻은 그는 이번에는 배 17척에 1,500명[18] 정도의 지망자들을 인솔하고 충분한 식량과 말, 가축까지 싣고 출발할 수 있었다. 11월 3일에 도착한 섬을 그는 도미니카(Dominica)라고 명명하였다.[19]

달하였다. Trager, J., op. cit., p. 159.

17) *Lequenne*, 大貫 監修, op. cit., p. 81.

18) *Winn*, op. cit., p. 40.

19) Castleden, op. cit., p. 295 ; Grun, B., *The Timetables of History*, The New Third Revised Edition, 1991, p. 219.

오늘날 도미니카 공화국의 모습 에스파냐에서 1844년 독립했다. 즉 콜럼버스가 1493년 도착한 이후 350년 만에 독립을 쟁취할 수 있었다.

콜럼버스는 선원들을 총으로 무장시켜 그 순박한 원주민들의 촌을 습격하여 사람들을 사로 잡아 노예로 만들었다. 그리고 1496년 6월 11일 귀국하였다. 그러나 소기의 목적달성에 그쳤을 뿐 스페인 왕 부부에게 굳게 약속한 중국 도착이 실패로 끝났으므로, 그는 크게 낙심하였고 선원들과 스페인 왕실도 실망하게 되었다.

제3차 항해[20)]

1498년 5월 30일, 배 6척과 여자 30명까지 거느리고 다시 제3차 항해를 떠난 콜럼버스는 서인도제도에 도착하여 첫 섬을 발견하고 트리니다드(Trinidad, 삼위일체라는 뜻)로 명명하였다.

콜럼버스는 제3차 항해에서 별다른 성과도 없이 돌아왔다. 인도와 중국으로 가는 수로를 발견하여 스페인 왕실에 최대 최귀의 보물과 향미료와 양념과 차 등을 조달하겠다는 약속을 하고, 많은 재

---

20) Carruth, op. cit., p. 196; Trager, op. cit., p. 161.

정적 지원을 받고 떠났던 세번째 항해를 끝난 후 그는 왕실뿐만 아니라 일반인에게도 신망을 상실했다.

제4차 항해

콜럼버스는 1502년 5월 11일, 콜럼버스는 150명을 인솔하고 배 4척으로 8개월 간의 마지막 항해를 떠나 산토 도밍고(Santo Domingo) 항에 도착하였다. 그러나 성 루시아(St. Lucia), 온두라스(Honduras), 코스타 리카(Costa Rica) 등을 발견한 것 외에 성과를 올리지 못하고 돌아왔다. 콜럼버스는 스페인의 왕 부부뿐만 아니라 각계의 신망을 잃고 거의 폐인이 되어 시골 성당에서 2년 후에 병사하였다.[21]

III. 콜럼버스는 성자였는가?

콜럼버스는 성직자는 아니었다. 그러나 그는 성직자 못지않게 신앙이 깊었을 뿐만 아니라 150년 후에는(그때를 기준하여) 세계의 종말이 온다는 굳은 말세관(末世觀)을 가지고 있었다.[22]

그의 항해의 목적은 네 가지로 요약할 수 있다.

첫째, 영토를 침략하여 스페인의 식민지를 넓힌다.

둘째, 동양과 미지의 세계 등 발견하는 모든 영토에 복음을 전파

---

21) Castleden, op. cit., p. 240; Carruth, Ibid., p. 196; Trager, Ibid., p. 163.
22) Lequenne, 大貫 監修, op. cit., p. 118.

하여 천주교 세계 지배권을 확립시킨다.

셋째, 새로운 영토에서 금(金)을 캐내어 그 자금으로 예루살렘 성을 이슬람교로부터 탈환한다.

넷째, 중국으로 가는 수로를 발견하여 양념 등의 향미료 교역을 독점하고 보물을 찾는다.[23]

그가 독실한 천주교 신도였다는 것을 뒷받침하는 증거도 적지 않다. 그가 항해 중에 스페인 왕에게 쓴 편지를 보면 그는 뼛속까지 신앙으로 충만한 사람임을 확인할 수 있다. 그의 편지의 일부를 살펴보자.

"……주님은 제 소망에 자비를 베풀어 주셨습니다. 주님은 제게 항해술에 관한 모든 것을 알게 하시고 천문학에 관하여도 필요한 모든 지식을 주셨습니다. 지구를 그리고, 그 위에 있는 도시와 하천과 산과 섬과 항구의 위치를 정확하게 그리기 위한 지성과 기술도 주셨습니다. 제 계획을 아는 사람들은 모두 제 계획을 인정하지 않고 비웃었습니다. 그러나 언제나 변함없이 믿어주신 분은 오직 폐하뿐이었습니다. 이 광영은 폐하와 마찬가지로 제게도 성령님께서 주신 것을 누가 의심할 수 있겠습니까? '구하라 주실 것이요, 두드리라 열어주시리라.' 무슨 계획이든지 주님께 봉사하려는 신성한 목적을 위하여 올바른 것이라면 주님의 이름으로 그 계획은 이루어질 것으로 믿습니다. 주님께서 힘을 주시기 때문입니다."[24]

---

23) Ibid.

이 편지는 콜럼버스의 깊은 신앙을 잘 묘사하고 있다. 그래서 사람들은 신대륙 발견 400주년 기념일에 콜럼버스를 성자의 반열에 올려놓으려고 교황 피우스(Pius) 9세와 리오(Leo) 13세에게 청원서를 올렸다. 그 청원서의 일부는 다음과 같다.[25]

"신이 창조하신 넓은 세계를 우리 눈앞에 분명하게 밝힐 책임을 받은 자는 콜럼버스 바로 그 사람입니다. 이 세상 사람들이 최후에는 알 수 있겠지만 그것은 콜럼버스를 통해서일 것입니다. 그는 이사야의 예언을 실현했고 말라기의 예언을 완성하기 위해 온 사람이었습니다. 대해에서 신의 말씀을 처음으로 선포하고 구세계가 알지 못하였던 지역에 십자가를 가지고 간 사람은 신의 항해사 콜럼버스입니다. 육지와 바다에서 성모 마리아의 영광을 찬양하고 죄 없는 마을을 건설한 사람은 주님의 완전 무결한 신봉자, 정신과 진실의 숭배자인 콜럼버스입니다."[26]

청원서를 보면 콜럼버스의 깊은 신앙심을 그 당시의 많은 사람들도 인정하고 있었음을 확인할 수 있다. 과연 그는 많은 사람들이 알고 있었던 것처럼 성자였는가? 평생을 믿음으로 살며 오직 복음 전파와 전세계에 천주교 지배권 확립을 위하여 살면서 인도와 중국으

---

24) Ibid., pp. 156~157 참조.
25) Ibid., p. 160.
26) Ibid., p. 161.

로 가는 항로 발견에 실패하고 불행한 종말을 보낸 콜럼버스는 진정 성자의 자격을 갖춘 신앙인이었는가? 그의 행적을 그린 모든 역사적인 기록은 이를 부정하고 있다. 특히 전술한 그의 네 가지 항해 목적보다는, 오히려 그의 개인적인 명성과 부귀영화 추구가 더 중요한 목적이었다는 것이 명백하다.

선량한 원주민을 살해하고 노예화하고 재산을 약탈한, 즉 잔인한 침략의 선봉자인 콜럼버스가 성자일 수는 없다. 콜럼버스가 성자가 된다는 것은 수억의 원주민들에 대한 모독이라고 하지 않을 수 없다.

IV. 콜럼버스는 악마였는가?

콜럼버스 일행이 서인도 제도(West Indies) 일대를 발견하고 탐험한 후, 제2차 항해 때부터 비인도적인 만행은 시작되었다. 총으로 무장한 200여 명을 정식 군대로 조직하여 원주민을 잡아 노예로 삼았다.[27]

1494년에 콜럼버스는 서인도에서 500명의 카리브 원주민들을 끌고 가서 노예로 팔려고 하였는데 이사벨(Isabella) 여왕의 명령으로 돌려보내야 했었다. 그러나 그후에 콜럼버스 일행은 원주민들을 닥치는 대로 잡아서 노예로 매매했을 뿐만 아니라 아프리카에서 노예수입까지 하였다.

---

27) Trager, op. cit., pp. 159~161 참조.

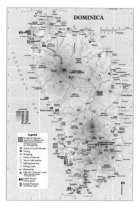

현재의 도미니카 공화국
쌀·커피·사탕수수·바나나 등의 산출이 많다.
주민은 흑인이나 **물라토**(mulatto)이고,
주요 언어는 **에스파냐어**이다.

1498년에는 또 600명의 카리브인들을 노예로 팔기 위하여 스페인으로 강제 납치, 연행하였다.[28] 날벼락을 만난 선량한 원주민들은 가족과 집을 잃고 콜럼버스의 군대를 피하여 마을을 떠나 울면서 원시림으로 피신해야만 했다.

또 그들은 유럽에서 가져온 병균을 의도적으로 원주민들에게 전염시켰다. 2년 안에 원주민 인구의 1/3이 전염병으로 쓰러졌다. 원주민들에게는 유럽인들이 가져온 전염병에 대한 면역성도, 약품도 없었다.

콜럼버스 일행의 만행을 증명하는 실례를 몇 가지 더 들 수 있다. 지금의 도미니카(Dominican)공화국(Cuba 동쪽에 위치한 섬)에 5개 왕국이 있었던 시대의 실화이다.

실화 I : 마리엔(Marien) 왕국의 최후
콜럼버스 일행이 이 섬에 처음으로 도착하였을 때, 원주민(마리엔

---

28) Ibid.

왕국)들은 신기한 배와 이상한 사람들을 하늘에서 내려온 천사인 줄 알고 전원을 초대하여 성대한 환영 만찬을 베풀어주었다. 또한 콜럼버스가 타고 온 배 한 척이 파선되었을 때도 온 국민이 나서서 구조하는 일을 도왔을 뿐 아니라 필요한 재료를 모두 제공하고 배수리까지 도와주었다. 그들의 도움으로 콜럼버스 일행은 죽음의 고비를 넘길 수 있었다.[29]

그러나 콜럼버스 일행이었던 천주교인들은 은인들을 배은망덕으로 보답하였다. 며칠 후에 안정을 되찾은 그들은 원주민들의 고마움을 잊어버리고 악마로 돌변했다. 그들은 원주민 촌을 포위, 기습 공격으로 순식간에 거의 전 주민을 살해하고 그들의 왕국을 점령해 버렸다.

그들에게 아낌없는 도움을 베풀었던 왕은 모든 것을 포기한 채 남은 사람들과 함께 숲 속으로 피난가야만 했다. 진실로 배은망덕하고 교활하고 비인간적이며, 사악한 학살 행위였다. 이것이 콜럼버스가 인솔하고 온 천주교인들이 그들이 발견한 섬들에서 일으킨 천인공노할 만행의 시작이었다.[30]

실화 Ⅱ : 하라과(Jaragua) 왕국의 비화

도미니카(Dominica) 섬의 중심부에 위치하고 있는 왕국으로 비옥한 땅과 가장 발달한 문화를 지니고 있었다. 그들의 문화와 예절은 그 나라 귀족 사회의 자랑이었다. 여왕은 우아한 미인으로서 인자하고 사랑이 넘치는 분이었다. 콜럼버스 일행(천주교도들)이 처음

---

29) Lequnne, 大貫 監修, op. cit., p. 170.
30) Ibid.

그 나라에 왔을 때 낯선 손님에게 베푼 호의와 또 콜럼버스 일행을 수차 죽을 위기에서 구하여 준 이야기는 수다하다.[31]

그런데 여기서도 콜럼버스 일행은 그들의 고마움을 배은망덕으로 갚았다. 60명의 기병과 300여 명의 군대를 동원하여 일시에 그들을 불로 태워 죽여버렸다. 그들의 계략은 이러했다. 먼저 그 나라의 유력자, 귀족들 300여 명을 은혜를 갚는다는 구실로 만찬에 초청하여 몇 채의 가옥에 집합시켰다. 그리고 일시에 불을 놓아 태워 죽였다. 불을 피하여 집 밖으로 뛰쳐나오는 귀족들은 사전에 포위하고 있던 콜럼버스의 군인들이 창으로 찔러 죽였다. 도망가다 넘어진 어린애는 칼로 다리를 잘라 버렸다.[32]

그때 양심의 가책을 느꼈던 어떤 천주교 군인이 도망 나온 어린애를 살리려고 말에 태우려 하였으나, 다른 군인이 그 애를 창으로 찔러 죽였다. 또 어떤 천주교 군인은 땅바닥에 쓰러져 울고 있는 어린애의 다리를 잘라 버렸다. 여왕은 경의를 표시한다며 총이나 칼을 사용하지 않고 목매달아 죽였다.

학살의 현장에서 살아남은 국민들은 카누를 타고 다른 무인도로 도피해야 했다. 그러나 콜럼버스 일행의 천주교도 지휘관은 그들을 끝까지 추격하여 한 명도 남김없이 모두 사로잡으라고 명령하였다.[33] 인간의 탈을 뒤집어 쓴 악마가 바로 그들이었다.

수다한 원주민을 잡아 노예로 혹사한 콜럼버스는 다음과 같은 구실로 그들의 행동을 정당화 하였다. 원주민들은 잔인하고 욕심이

---

31) Ibid., pp. 171~172 참조.

32) Ibid., p. 173.

33) Ibid.

많고 타락한 영혼이기에 이들을 천주교 신앙으로 무장시켜야 구원의 백성이 될 수 있다. 그 방법으로 노예들을 합숙시켜 남자들은 금을 채굴시키려고 광산으로 보냈고, 부녀자들은 땅을 개척하여 농사를 짓도록 하였다. 이는 원주민들에게 가혹한 중노동이었다.

노예 부부가 함께 거하면 아기의 출산으로 노동력이 저하될 것을 우려하여 서로 만나지도 못하게 하였다. 그들의 식사는 잡초였다. 그들은 동물로 취급되었는데, 아이가 태어나 산모의 영양 부족으로 젖이 나오지 않아 굶어죽을 수밖에 없었다.[34]

군인들은 노예들을 회초리와 몽둥이로 다스렸다. 원주민들에게는 잔인한 고통의 연속이었으며, 남녀 노예들은 과로와 영양 부족으로 매일 죽어 갔다. 이와 같이 콜럼버스 일행은 복음 전파보다는 원주민들의 재산과 노동력을 착취하는 살인강도집단으로 변했다. 이러한 콜럼버스에게 신대륙 발견 400주년 기념일에 「성자」라는 칭호를 주자고 교황에게 청원서를 보냈다니 세상은 얼마나 불공평하고 아이러닉한가? 이는 도덕성의 마비이며, 정의감을 상실한 명백한 증거이다.

신대륙 발견 500주년 기념제로 전세계가 축제 분위기에 휩싸였을 때, 아메리카 원주민들의 울분은 얼마나 격화되었을까? 콜럼버스의 도착은 원주민들에게는 악마의 도착이었고, 멸망의 서곡이었다. 잔존한 원주민들은 생활 면에서 지금도 노예 상태와 별로 다를 바가 없기 때문이다.

원주민들은 '발견'이라는 말을 극구 반대한다. 그것은 '도착'이

---

34) Ibid.

었을 뿐 '발견'은 아니다. 그들이 이미 수만 년 전부터 거주하고 있었으므로 타당한 주장이다.

원주민들에게 있어서 콜럼버스 일행의 도착은 악마의 도래였다. 그가 도착한 날부터 원주민들은 하루도 평안한 날이 없었고, 친절과 호의에 대한 배신만이 되풀이되었다. 원주민들에게 있어서 백인 천주교인이란, 곧 악마·살인자·약탈자·배신자·강간자라는 뜻밖에 다른 의미는 없었다. 또한 그들이 가지고 다니는 십자가는 살인마 집단의 상징으로 보였을 것이다.

콜럼버스는 신세계의 복음 전파와 천주교 세계 지배권을 확립하기 위해서는 위의 방법만이 유일하다고 믿었던 모양이다. 과연 정당한 방법이었는가? 그것이 하나님의 뜻이고 교황 성하의 지시요, 천주교의 유일한 선교 방법이었는가 묻지 않을 수 없다.

더욱 놀라운 것은 그들은 자기들의 행위를 통해서 원주민 지역이 복음화되었다고 선전하고 자부하였다는 사실이다. 그렇다면 진정 이것이 복음화인가? 이것이 과연 하나님이 기뻐하시는 사랑의 선교였는가? 하나님의 영광은 그런 방법으로 드러나는 가?

천주교인들이 원주민에게 복음을 전하는데 사용한 야만적인 행위는 하나님의 이름을 더럽히는 사탄의 행위였다. 그들은 원주민을 야만이라는 십자가에 못박았다. 도대체 무엇이 문명이고, 무엇이 야만인가?

통탄할 것은 천주교인들이 복음 전파라는 미명하에 가는 곳마다 거의 틀림없이 그러한 방법을 썼다는 사실이다. 즉 하나님의 이름으로 원주민들을 잡아 압제하고 고문하고, 약탈·강간·방화·살인 등을 자행하였다. 그렇게 하는 것이 하나님의 뜻이요, 선교요, 복음화요, 하나님의 영광을 드러내는 일이라고 굳게 믿고 있었던 그들에게 양심의 가책이나 죄의식 같은 것은 없었다. 이것이 그때 천주교인들의 신앙철학이었으며 선교방법이었는지도 모른다.

천주교는 그 당시 대개 이러한 방법으로 세계 복음화에 성공할 수 있었다. 그러므로 원주민들의 입장에서 볼 때, 천주교의 선교 혹은 복음화란 뜻은 기만과 폭력으로 강행하는 침략·정복·착취·살인을 의미하였다.

그렇게 천주교로 복음화된 종족이나 지역은 복음화되기 전보다 더 행복하고 평화스러운 번영을 누리게 되었는가? 혹은 천주교 때문에 평화를 잃고 더 비참하게 되었는가? 이 질문에 우리는 대답할 필요가 없을 것 같다. 그것은 역사가 벌써 명백한 진실을 보여주고 있기 때문이다.

이런 관점에서, 천주교나 기독교가 좋은 종교라고 평가할 수 있을까 하는 문제를 인류는 고심해야 한다. 그럼에도 불구하고 그들은 천주교 혹은 기독교야말로 인류를 구원할 수 있는 유일한 종교라고 자처하면서 세계 선교를 향하여 지금 이 순간에도 쉬지 않고 열성을 다하여 사역하고 있다는 사실에 우리는 주목해야 한다.

그러한 선교사업이 진정 그 지역 사회에 번영과 평화와 행복을 가져다 줄 것인가? 이 질문에 독자들은 정확한 답변을 할 수 있을 것이다. 인간이 종교를 위하여 존재하는 것이 아니고 종교가 인간을 위하여 존재하는 것이라면, 이러한 종교의 존재 의의에 심각한 의문을 제기하지 않을 수 없다.

독자 여러분은 앞을 내다볼 수 있는 예리한 눈과 탁월한 지성과 깨끗한 양심으로 진리와 진실을 직시하고 순수한 신앙의 가치가 어디에 있으며 종교인들의 죄악이 무엇인가, 그들의 위선과 기만이 얼마나 많은 인류를 괴롭혀 왔는가 등의 사실을 냉정하게 파악할 수 있을 것으로 믿는다.

V. 콜럼버스의 죄악상

유럽인들을 부추기어 잔인무도한 아메리카 침략을 시작하게 한 콜럼버스와 그의 뒤를 따른 기독교인들이 범한 죄과가 무상한 세월의 흐름으로 정당화될 수 있을까? 승자의 변명으로 희석될 수 있을까? 또는 천주교의 죄과는 세월이 가면 갈수록 가벼워져 종말에는 면죄가 될 것인가? 혹은 이제는 어쩔 수 없는 지나간 역사의 한 페이지이며 과거에 흔히 있었던 침략자들의 잘못으로 돌리고 이제는 잊고 원주민들은 비참한 현실 속에서 그들의 비운을 천운으로 받아들이고 말없이 조용히 살다가 죽어가야 하는가?

그리고 승자의 자손들은 계속해서 콜럼버스 일행이 시작한 기독교인들의 비인간적이며 비기독교적인 침략을 더욱 영웅적인 행위로 간주하고 찬양을 해야 한다는 말인가? 만일 그렇다면 과거는 물론 현재의 비참하고 부도덕적인 상황을 모두 불가피한 것이었다고 인정하고 타당한 일로 묵인할 수밖에 없다는 것이 되지 않겠는가?

만일 그러한 논리가 성립된다면 후일에 어떤 강력한 타인종이나 타민족 혹은 우주인이 나타나 중남미와 유럽 등을 침략 정복해도 된다는 말이 되지 않은가? 그리고 현재 중남미에서 사용되고 있는 침략자들의 언어 대신에 새로운 침략자들의 언어 사용이 강요되어도 좋고, 새로운 침략자들의 문화와 문명이 현재 침략자들의 문화와 문명을 말살하여도 된다는 말이 된다. 또 앞으로 누군가가 유럽을 침략하여도 되고 유럽인들의 언어나 문화, 특히 종교를 말살하여도 된다는 말이 되지 않은가?

언제나 승자(勝者)의 말과 행동이 정의이며 당연한 것이라는 결론을 받아들여야 할 정도로 인류의 이성이나 정의감이 마비되어 있는가? 우리가 항시 듣고 믿고 바라는 진정한 역사의 심판이나 정의는 없는가?

많은 피압박 인종이나 민족이 체험한, 교활한 강자들이 범한 치욕적인 식민지 정책이나, 한 인종에 대한 타인종의 말살정책이나, 또는 한 민족에 의한 타민족의 학살이나, 종교적인 침략, 인종 차별에 대한 '역사 바로 보기'나 '역사 바로 세우기'는 불가능한가?

하나님이 아니고 인류가 저지른 잘못이라면, 인류가 그 잘못을 인정하고 과거의 역사를 뉘우치고 보상하는 데 최선을 다해야 할 것이다. 그렇지 않으면 하나님께서 책임을 져야 할 문제인지도 모른다. 왜냐하면 하나님의 자손들이 저지른 돌이킬 수 없는 죄악이기 때문이다.

콜럼버스가 4차에 걸쳐서 개척한 침략수로(侵略水路)를 뒤따른 천주교인들은 하나님의 이름으로 선량한 원주민들을 약탈·강간·학살하였으며, 그들의 조상을 모시던 산소와 성지는 물론 국토 전체를 유린했다. 그뿐만 아니라 그들은 원주민들의 종교와 문화를 파괴하고 원주민 말살작전을 전개하였다. 또 살아남은 원주민들 가운데 건장한 사람들을 생포하여 노예로 팔아 돈을 번 콜럼버스의 뒤를 따른 기독교인들이 자행한 침략을 인류는 어떻게 평가하여야 할 것인가? 역사는 왜 이 심판을 게을리하고 있는가?

자비, 사랑, 희생, 구원을 주장하는 기독교인들 손에 무참하게 학살당한 원주민들의 영혼을 누가 구원해 줄 수 있겠는가? 억울하게 자기들의 고향 땅과 집 등 모든 것을 다 빼앗기고 학살당한 그들의 원한을 누가 풀어줄 수 있다는 말인가? 500년이란 세월이 지났는데도 불구하고 중남미의 천주교인들은 '역사 바로 세우기'나 '역사 바로 보기'보다는 더욱 역사 왜곡의 방향으로 질주하고 있지 않은가? 무엇 때문일까?

인류의 정의감은 이렇게까지 마비되어 있는가?

하나님을 믿는다는 악마들에게 학살당하고 나라를 빼앗기고 인권을 유린당한 원주민들의 자손에게는 이스라엘 사람들과 같은 조국 건설과 자기들의 역사 계승이라는 영광이 주어져서는 안 된다는 말인가?[35] 그것도 하나님의 뜻이기 때문인가? 혹은 파렴치한 기독교인들에 의한 인위적인 역사 왜곡이며 이기적인 변명과 현상유지 정책 때문인가? 결국 승자의 논리가 절대적이며 승자가 곧 정의란 말이 아닌가?

인류는 주로 승자의 입장에서 그들이 기록한 역사만을 보고 사리

---

35) 나라를 빼앗겼던 이스라엘 사람들은 약 1,900년 동안 세계를 방황하면서 온갖 학대와 학살을 당하였으나 꾸준한 노력과 투쟁으로 드디어 1948년에 자기들의 조국 이스라엘을 다시 재건하였다.

를 판단해야 할 것인가? 패자의 입장에서도 볼 수 있는 시각을 갖고 정의와 진리를 찾을 수 있으며 또 그런 사관이 정립될 수 있는 시대가 올 수 있을 것인가? 누구의 입장에서 무엇을 기준으로 누가 옳고 그른 것을 가려야 한다는 말인가? 힘있는 사람들이 언제나 옳다는 가치기준을 독점하고 그 기준을 언제나 힘없는 사람들에게 적용하고 강요하는 시대가 계속될 것인가? 역사는 언제까지 이 사실을 방관만 하고 있을 것인가?

세계사적인 종교사의 시각으로 볼 때, 콜럼버스 일행의 중남미 도착은 천주교 세력의 중남미 침략의 서곡이었다. 무력과 기만을 통한 천주교 세력의 확장은 곧 타종교의 멸망을 의미하였다. 동시에 인류사적(人類史的)인 면에서 볼 때, 천주교인들의 도착은 유색 인종인 원주민 말살작전의 시작이었다. 또한 천주교인들이 그 지역을 독점 지배하고 착취하려는 침략주의의 시작이었다. 문화나 문명사적인 입장에서 볼 때, 천주교의 문화·문명을 강요한 원주민들의 문화·문명의 말살 작전이었다. 생활환경이나 자연자원의 측면에서 볼 때, 대대적인 자원 착취와 생태계 파괴의 시작이었다.

침략자들은 원주민 문화·문명의 파괴정책을 시행하면서 노예제도를 정착시키고 그들의 국토를 이용하여 후에 일어나는 제국주의의 부와 세계 지배에 필요한 국력을 확보하게 된다. 결국 국토와 자원을 약탈한 침략자들은 원주민들을 잡아서 그들의 노동력까지 착취하여 치부하였다. 약탈 역사의 시작이 곧 콜럼버스의 중남미 도착이었다는 것은 누구도 부정할 수 없는 사실이다. 다른 것이 있다면 승자와 패자의 차이이며 보는 사람의 시각과 느낌의 정도, 즉 변명과 판단과 해석의 차이뿐이다.

대다수의 원주민들은 그들의 언어와 문화나 풍습까지도 말살 당했다.[36] 자기들의 국토와 성지(聖地)를 유린 당하고 생활 수단까지 빼앗긴 원주민들의 자손들이 다소라도 살아남은 것은 실로 기적이라 할 수 있다. 수백 년 동안 계속된 그 잔인한 침략정책은 나라를 잃은 수많은 원주민들의 인명과 재산을 빼앗았으며 견디기 힘든 고난과 슬픔을 강요하였다.

콜럼버스가 도착한 이래로 오늘까지 약 500년 동안 식민지 정책이 남긴 것은 원주민들의 잊혀져 가는 말이나 사라져 가는 풍습 정도이다. 나라의 모든 실권은 침략자들이나 그 자손들이 장악하고 있다. 중남미에서 현재 살아남은 대부분의 원주민들은 침략자들의 언어인 스페인어나 포르투갈어를 사용하지 않으면 살아가기 힘들 정도의 처지로, 고유의 문화나 언어를 상실하고 말았다. 영국·네덜

---

36) Winn, P. *Americas*, 1992, p. 21. 콜럼버스가 처음에 도착하였을 때는 중남미에 2,000 이상의 원주민들의 언어가 사용되고 있었는데, 지금은 약 800개의 언어가 제한된 부족사회(部族社會) 안에서 사용되고 있다. 그러나 500년간의, 서구화를 목적으로 한 유래 없는 잔인한 정책하에서 비교적 잘 보존되어 온 원주민어들이 있다.

그 중에서 가장 많은 수의 원주민들이 현재 사용하고 있는 언어는 다음의 다섯 가지로 알려져 있다. (1) Aztecs 사람들의 언어인 Nahuatl 어는 현재 약 100만 명이 사용하고 있으며, (2) Maya 말은 여러 가지 방언으로 나뉘어졌지만 현재 약 200만 명이 사용하고 있다고 한다. 상당수가 멕시코와 그 밑에 있는 중미(中美)지역, 즉 과테말라·온두라스·엘 살바도르·니카라과·코스타 리카·벨리즈 등의 나라에서 살고 있다. (3) 남미에서는 잉카 사람들이 사용하던 Quechua 말을 약 800만 명이 현재 사용하고 있는데, 그 말은 스페인어와 함께 페루의 국어 중의 하나이다. (4) 약 50만이 Aymara 어를 사용하고 있다고 한다. (5) Guarani 말은 원래 브라질에서 많이 사용되고 있었던 말인데, 현재는 파라과이

란드·프랑스 등의 침략을 받고 그들의 식민지 정책하에서 살아남은 중남미 사람들은 영어·프랑스어·네덜란드어를 하지 않으면 사람답게 살 수 없는 상황이다.

원주민들에게는 인권도, 주권도 용납되지 않았다. 철저하게 인권을 유린당한 삶이었다. 짐승 같은 삶이 기독교인들이 가져다 준 복음의 결과였으며 재난이었다.

면역성이 없는 원주민들에게 기독교인들이 처음에 전달한 가장 살인적인 선물은 천연두·홍역·매독 같은 전염병이었다. 수백 만의 원주민들이 기독교인들이 옮긴 전염병에 걸려 전멸하다시피 멸종되고 말았다는 기록을 기독교인 자신들이 남겨놓았다는 것은 믿기 어렵지만 사실이다.

천주교인들이 처음에 도착하였을 때 중미의 원주민 인구는 약 2,500만이었는데, 침략이 시작된 후 약 100년 동안에 그 인구가

의 두 개의 국어 중의 하나로서 사용되고 있다. 그러나 그 언어를 사용하는 약 300만의 사람들은 주로 스페인 사람들이나 포르투갈 사람들과 원주민 사이에서 탄생한 혼혈인들(Mestizos)이라고 한다. 물론 이 모든 나라들의 국어는 스페인어이며 브라질의 국어는 포르투갈어이다. 인구의 대부분은 혼혈인들(Mestizos)이며 종교는 대부분이 천주교이다.

언어 면에서 천주교인들의 식민지 정책이 문화에 남긴 가장 슬픈 상징이라고 할 수 있는 하나의 예로 Belize의 Black Carib 방언을 들 수 있다. 이것은 멀리 아프리카에서 잡혀온 아프리카인 노예 후손들의 말과 원주민들의 말이 합성된 것이다. 대부분의 원주민들이나 아프리카에서 잡혀온 흑인노예 후손들은 그들의 말뿐만 아니라 이름까지 서구식으로 되어버렸다. 기독교인들의 침략이 언어나 문화뿐만 아니라 피까지 혼혈시키고 사고방식이나 가치관은 물론 종교까지 강제적으로 바꿔 놓은 것이다.

100만으로 줄었다는 백인들의 기록이 남아 있다.

이는 무엇을 뜻하는가? 100년 동안에 천주교도들이 최소한 2,400만 이상의 원주민들을 학살하였거나 죽게 만들었다는 증거이다. 또한 100년 동안의 인구증가율을 적용, 2,500만의 인구가 배로 증가할 수도 있다고 가정한다면 결과적으로 약 5,000만 명 정도의 원주민들을 말살한 것이 된다.[37]

복음 전파와 선교라는 신성한 목적을 가지고 온 천주교도들은 살인하지 말라는 예수의 교훈이나 계명도 아랑곳없이 목전에 보이는 자기들의 이익만을 위하여 살인단체로 변모하였다. 그것도 하나님의 이름으로 말살작전을 강행하였다. 이렇게 무고한 원주민들을 살해하고도 고해성사만 하면 모든 죄는 흰눈처럼 사함을 받을 수 있었다. 참으로 편리한 제도이다.

요약하면 콜럼버스가 시작한 중남미 침략은 그후 천주교 세력의 중남미 침략과 지배를 확고하게 하는 선도(先導) 역할을 하였다. 다시 말하면 천주교라는 종교는, 유럽의 기독교 국가들이 그들이 생각하는 미개지에 식민지를 확장하는 일에 예수의 이름과 복음 전파라는 미명으로 가장하고 앞잡이 노릇을 하였다는 사실이다.

---

37) Stannard, D. E., *American Holocaust*, 1992, p. 11., pp. 85-86 참조. 현재까지 브라질의 깊은 숲속에서 원시적인 삶을 유지해 오면서 유럽문화와의 접촉을 피해온 원주민 야노마니(Yanomani)族은 브라질 정부의 정글개척 정책 때문에 백인들과의 접촉이 빈번해지면서 400~500년 전에 다른 지역에서 살았던 원주민들이 겪은 것과 같이 외부인들이 전한 전염병에 시달리고 있다고 한다. 인류학자들의 보고에 의하면 이대로 전염병이 확산되고 동시에 그들의 생태계 파괴가 계속된다면 자구책도 없는 순수한 그들은 얼마 안 가서 영원히 멸족되고 말 것이라고 한다.

현재까지 대부분의 원주민들은 천주교의 지배하에서 벗어나지 못하고 있으며, 또 그후 약 300년 동안에 북미대륙도 기독교 세력의 무차별 공격을 받아 정복당하고 말았다. 기독교인들에 의한 이러한 모든 잔인하고 교활한 침략 행위가 복음 전파 또는 선교 등 하나님의 이름으로 자행되었다는 사실을 잊어서는 안 될 것이다.

이러한 역사적인 배경에서 콜럼버스를 보면, 특히 모든 것을 다 빼앗긴 원주민의 입장에서 보면 콜럼버스는 악마의 전위대장(前衛隊將) 아니면 침략군을 이끌고 온 적군의 제독이었지 결코 성자는 아니었다.

가족과 이웃을 무차별 강간·학살하고 국토와 재산을 빼앗아 간 천주교인들로부터 겨우 살아남은 원주민들이 그들에게서 무슨 인정이나 인간성을 기대할 수 있겠는가? 사랑과 구원을 주장하던 그 침략자들이 원주민들의 눈에 어떻게 보였을까? 그들이 악마처럼 보이지 않았을까? 그런 침략자들이 예수의 가르침을 실천하는 천주교 신도들로 보였을까?

아마 천상천하에 없는 교활한 괴한들이었으며 잔인무도한 살인마 집단으로 보였을 것 같다.

"우리 하나님은 남을 사랑하고 도우라고 가르치시는데 당신들의 하나님은 남을 죽이고 빼앗으라고 가르치느냐."고 물었던 원주민의 눈에는 천주교인들이 자랑스럽게 몸에 달고 다니던 십자가는 살인강도 집단의 표시로밖에 보이지 않았을 것이다.

예수님이 피 흘리신 구원의 십자가는 원주민들이 볼 때 가는 곳마다 살인을 저지르는 악마들의 상징으로 보였을 것이다. 이렇게 무섭고 치떨리는 죄악을 범한 그들의 죄과는 어떻게 언제 나타날 것인가? 아비의 죄는 아들 3~4대까지만 이르고 마는가? 그러나 그들의 자손들은 조상들이 정복한 땅에서 500년 후인 지금도 영화를 누리면서 잘 살고 있으니 이게 도대체 무슨 아이러니인가? 하나님은 그 동안 중남미에는 안 계셨던가? "행한 대로 갚으리라"는 말씀은 무슨 뜻이었는가? 그 뜻을 알고 싶다.

침략과 치부의 야욕 앞에는 양심은 물론 인정이나 사정도 없고 주저나 반성도 없는 그들을 기독교인이라고 할 수 있을까? 공의롭고 자비로우신 하나님은 지난 500년 동안에 어디에 계셨을까?

콜럼버스에 관한 연구를 하면서 느끼는 것은, 무기를 만들 수 있는 과학적 지식과 종교나 경제력을 가진 나라들이 그것을 무기로 하여 지금도 WTO나 IMF 등을 앞세우고 상호협력과 지원을 약속하면서 약소국에 대한 새로운 형태의 침략과 지배를 계속하고 있다는 사실이다. 지배와 예속, 즉 어떤 하나의 문화가 타문화를 지배하거나 또 어떤 하나의 종교가 타종교를 배척하는 것 등 그들은 종교간·인종간·민족간·국가간의 대립분쟁을 변함없이 계속 조장해 왔다. 그 수단과 방법·규모·형식 등의 차이는 있으나, 그들의 근본적인 지배욕과 독선에는 큰 차이가 없다.

문제는 승자들이 주장하는 우월성과 항시 자기들만이 옳다는 독선이며, 그 문화 그 사고방식이 조성하는 배타성과 침략성이 인류 사회의 평화를 파괴하는 요인이 되고 있다는 사실이다. 그리고 그들의 지배욕과 위선이 정의로운 인류 사회의 불안요소가 되고 있는 것이 현실이다. 강자의 지배는 곧 약자의 피지배를 강요하게 되고, 강자는 언제나 약자를 무시하고 차별을 정당화한 것이 사실(史實)

이다.

그러나 가장 대표적인 위선과 기만은, 기독교인들이 언제나 하나님의 이름으로 그러한 악당들을 격려하며 약자 멸시와 말살과 침략 정복을 개척이라는 명목으로 정당화해 온 점이다.

그들은 서슴지 않고 하나님의 뜻이라고 하였으며, 그러한 잔인한 침략 전쟁과 살상 행위를 영웅시하고 찬양하였다. 그들은 남의 국토를 강탈하고 집이나 성지(聖地)까지 파괴하고 아무 죄 없는 사람들을 잡아다가 노예로 부리고, 또 고문하고 목을 잘라 죽이면서 그것이 하나님의 뜻이라고 주장했다.

비록 과거에 일어난 일이지만 현재도 그 영향을 받고 신음하고 있는 원주민들의 자손들이 남아 있는 이상 기독교인들의 침략사는 재조명되고 '역사 바로 보기'와 '역사 바로 잡기 운동'은 일어나야 한다. 그렇지 않고 계속 그러한 독선적인 사고 방식이나 침략성이 존재하는 한 인류 사회에 진정한 평화나 정의가 구현되기를 기대하기는 어려울 것이다.

기독교 침략자들은 가는 데마다 교회를 짓고 성경을 들고 기도하면서 선교하였다. 자기들의 침략 행위를 개척과 발전이라는 미명과 기독교 선교라는 명목으로 자화자찬하면서 약 350년 동안에 유럽의 네 배가 넘는 광대한 땅과 자원을 빼앗고, 1억 2천만의 원주민들을 무차별 학살하고 북중남미를 정복하고 말았다. 그러나 단 한 번도 책임 있는 사람이 공개적으로 솔직하게 사죄한 적이 없다.[38]

1500년도 초기에 유럽에서 온 천주교인들은 남미 페루(Peru) 지

---

38) Sannard, op. cit, p. 151.

방 일대에서 840~1,350만의 원주민을 학살하였다. 그것은 그 지방 인구의 94%였다.[39]

또 그들은 16세기 중에 중남미에서 6,000~8,000만의 원주민을 학살하였고 그 학살은 계속되었다.[40]

1970년대부터 캐나다의 서부에 위치한 브리티쉬 콜럼비아 지역에 사는 두 원주민족들, 약 5,000명의 지싼(Gitxsan) 족과 1,500명의 웨수웨튼(Wetsuweten) 족이 협력하여 선조들의 땅의 소유권을 되찾기 위한 정치적인 투쟁을 전개하였으나 아무 소용이 없었다. 원주민들은 1987년부터 투쟁방법을 바꾸어 4년간 법정 투쟁을 계속하였다.

하급법원에서 패소한 원주민들은 그 판결에 불복하고 대법원으로 상소하였다. 수백 년 전에 자기들의 선조들이 유럽에서 온 백인들의 총칼에 못 이겨 빼앗긴 땅의 소유권을 주장하는 소송에서 대법원이 하급법원의 판결을 파기하고 돌려보낸 것은 소인(訴因)이 있다는 것으로 볼 수 있다. 원주민들은 적어도 법 이론상 역사적인 승리를 쟁취하여 평화적으로 자기들의 땅을 되찾게 될 가능성을 생각할 수 있게 된 것이다. 적어도 침략과 약탈에 대한 역사적인 판단을 그 침략자들의 자손들이 하게 된다는 것 자체가 역사적인 일이 아닐 수 없다. 침략 이후 수백 년 간 백인들이 계속 소유해 온 땅을 다 돌려받는다는 것은 현실적으로 기대하기 힘들지만 적어도 상당한 대가를 받게 될 가능성이 있다. 그들이 요구한 땅의 면적은 미국의 매사추세츠 주의 3배나 되는 광대한 면적이기 때문이다.

---

39) Ibid., p. 87.
40) Ibid., p. 95, 151, 305, 317 참조.

앞으로 캐나다의 법원과 정부를 통해서 백인들의 양심과 정의감이 어떻게 나타날 것인가는 두고 보아야 할 일이지만 판결이 어느 쪽의 편을 들어도 그 영향은 적잖을 것이다. 물론 하급법원의 판결이 또다시 대법원으로 상고될 수도 있으며, 정부측의 태도가 어떻게 나올 것인가도 아직 추측하기 어려운 것은 사실이나 하급법원의 판결 여하에 따라 파문은 걷잡을 수 없이 커질 수도 있다.

소송의 대상이 된 땅뿐만 아니라 대부분의 브리티쉬 콜럼비아 주와 캐나다의 타 지역도 조약이나 계약 없이 강제로 빼앗겼는데, 원주민들은 백인들이 지금까지 점령하고 채취해 온 광산이나 산림재목 등을 포함한 자연자원과 땅의 소유권을 주장하고 있다. 대법원에서 원주민들이 주장한 가장 결정적인 사실은, 영국인들이 그 지역을 빼앗아서 식민지화할 때 원주민들은 그 지역을 포기한다는 아무런 조약이나 계약을 하지 않고 빼앗겼다는 점이다. 영국인들은 캐나다의 서부뿐만 아니라 북서쪽이나 타지방을 원주민들에게서 빼앗을 때도 대부분 조약이나 계약 없이 총칼로 빼앗았기 때문에 이 판결의 파문은 크지 않을 수 없다. 이 판결을 계기로 수많은 원주민족들이 자기들의 선조들이 생명을 잃고 억울하게 빼앗긴 국토에 대한 소유권을 법정에서 주장하고 나온다면 캐나다뿐만 아니라 미국이나 중남미에서도 파란이 일어날 수 있다.

콜럼버스가 시작한 유럽인들의 남중북미 침략에 대한 역사의 판정이 어떻게 나올 것인가는 두고 보아야 할 인류역사상 가장 중요한 문제 가운데 하나이다. 원주민들에게도 제2차대전 이후의 이스라엘 민족과 같이 영광스러운 희망의 서광이 보이기 시작하는지도 모른다. 그러한 의미에서 원주민들은 정의가 실현되는 날이 오기를 기대하고 또 요구하고 있는 것 같다. 이번 판결이, 캐나다의 백인 지배자들의 양심과 정의감이 인류역사의 잘못을 인정하고 정정해 줄 수 있는 계기가 되기를 기원한다.

이번 판결 후 또 하나의 올바른 방향 선정의 좋은 증거로 들 수 있는 것은, 캐나다 연방정부가 역사상 처음으로 정식으로 캐나다에 거주하는 130만의 모든 원주민들에게 과거의 잘못을 인정하고 심심한 사의를 표한 사실이다. 유죄를 인정하지 않고 깊은 유감의 뜻을 표한다는 사과문 자체는 법적 책임을 면하기 위한 것이어서 솔직하다고 할 수 없는 면도 있으나, 백인들이 자기 선조들의 잘못을 유감이라는 표현으로 인정한 것은 캐나다가 처음이다. 캐나다에 사는 백인들이 양심의 일면을 보여준 것은 커다란 진보라고 할 수 있다.

정부의 사과문에서 주목할 만한 것은, 3개 주를 제외한 모든 주에서 백인문화에 동화시키기 위하여 영어 한 마디도 못하는 원주민들의 어린애들을 강제로 데려다가 학교에 기숙시키면서 원주민들의 말을 못하게 한 사실과 백인들이 성적으로 학대한 것을 처음으로 인정한 사실이다. 또 캐나다 연방정부는 피해자들에 대한 사과와 화해의 제스처로 2억 4천 5백만 달러의 보상 지원을 제의하고 나왔으며 사회경제분야에서의 지원도 약속하였다.

「뉴욕 타임스」의 보도에 의하면, 미국에서도 원주민들에게 그러한 범죄가 자행되었는데 연방정부 의회의 상원에서 원주민들에 대한 학대를 조사한 적이 있으나 조사결과의 보고서만 나왔고 정부 차원의 사과나 유감 표명은 없었다는 것이다. 캐나다 정부도 지금까지 법적 선례를 남기지 않으려고 사과를 거부해 왔으나 이번에 과거의 과오를 유감으로 인정하고 국무총리가 서명한 사과문을 발표하였다.

이에 대한 원주민들의 반응은 크게 두 가지로 나누어져서 앞으로 다소 문제가 될 것 같다. 미국이나 남미에서도 백인 침략자들은 언제나 원주민들의 분열을 원하였고, 또 그렇게 유도하여 백인들에게 유리하게 문제를 해결해서 분열된 원주민들은 언제나 당하기만 했다. 원주민의 일부는 연방정부의 유감 표명을 환영하고 있는데, 일부는 사과 내용이 형식에 그치는 태도는 미흡하다고 지적하고 있다. 후자들은 원주민들에 관한 문제를 다루기 위하여 1991년에 설립된 캐나다 연방정부의 위원회가 5년간의 조사와 연구 끝에 1996년에 완성한 보고서에서 제시한 440개의 권고의 실천을 요구하고 있다. 특히 원주민들을 위한, 원주민들에 의한, 원주민들의 의회 설립과 예산증가 등을 강력하게 요구하고 있다.

캐나다에서도 이렇게 원주민들이 분열되면 결국 자기들이 원하는 것을 되찾을 수 없게 될 가능성이 적지 않다. 백인들이 생각하는 적당한 선에서 돈으로 해결하자고 나올 것은 자명하다. 대법원의 역사적인 판결에도 불구하고 재판소는 백인들이 만든 재판소이기 때문에 현재의 백인 소유주들이 100% 손해를 보게 되는 판결을 기대하기는 어렵다.

만일 원주민들이 원하고 기대하는 판결이 나온다고 하여도 백인들의 정부가 그런 판결에 따라 땅의 소유권을 넘겨주지는 않을 것이다. 결국 보상액의 교섭과 땅의 범위가 가장 큰 현실적인 문제로 떠오를 것 같다. 그러나 이러한 일련의 변화는 원주민들에게도 오랜 세월이 지난 후에 이스라엘과 같이 언젠가는 자기들의 자치와 독립을 쟁취할 수 있는 날이 올 수 있으리라는 기대를 하게 한다. 언젠가 정의로운 인류역사가 실현된다면 그것도 미래의 인류가 해결해야 할 과제 가운데 하나가 될 것이다.

일본 정부의 하시모토 류다로 총리가 지난 1998년 1월 초순에 일본을 방문한 영국의 토니 블레어 총리에게 제2차대전 때에 영국인 포로들을 일본이 가혹하게 취급한 일에 대하여 정식으로 사과했다. 일본군이 서양인 포로들을 가혹하게 취급한 것에 대한 사과는 할 수 있어도, 그보다 몇백 배나 더 가혹하고 비인간적인 범죄를 동양인에게 범한 일본제국주의자들의 죄악에 대한 정식사과는 할 수 없단 말인가? 형평성을 잃은 그러한 일본인들의 도덕성이나 양심의 표현은 무엇을 의미하고 있는가? 그것이 일본인들의 양심이며 정의감인가? 일본인들의 지성이 마비 상태에 빠진 것일까? 서구인들에게는 가혹한 포로의 취급에 대하여 사과할 수 있지만, 일본인들에게 강간당하고 학살당하고 착취당한 수천 만, 수억의 동양인들에게는 사과하지 않겠다는 이중성인가? 그런 양심과 정의감을 가진 사람들이 인류사회를 이끌어 갈 수 있을까?[41]

그렇게 무자비한 침략행위에 성직자들이나 교회가 얼마나 적극적으로 가담하고 협조하였는가 반성해야 한다. 더 많은 땅을 빼앗기 위하여 죄 없는 원주민들을 학살하고 돌아온 살인마들을 축복해 주었을 뿐만 아니라 원주민 문화와 종교 말살을 선두 지휘하고 잉카나 마야 문명의 자료를 불태워 버린 행위나 강제 개종시켜 온 신부들이나 목사들의 죄를 누가 물을 것인가?

---

41) *New York Times*, 1998년 1월 8일, pp. A1, 3 참조 ; *The Times*, 1997년 12월 12일, 21 ; Ibid., 1998년 1월 8일, p. A12.

양심 있는 종교인이라면, 아니 건전한 상식과 정신이 있는 인간이라면 그러한 잔인한 살상과 침략행위나 타문화·타종교의 말살이 정말로 하나님의 뜻이었겠는가 반성해야 한다.

지난 500년간의 역사만 보아도 우리는 악한 자에게 언제나 엄벌을 주시는 여호와 신이 감시하고 섭리하는 세계에서 살고 있는지, 혹은 예수의 사랑과 정의가 승리하는 세계에서 살고 있는지 알 수 없는 혼란한 사회에서 살고 있는 것 같다. 적어도 이상적인 인류 사회가 아닌 것만은 확실하다.

침략자들이 자기들의 편의에 따라 모든 것이 다 하나님의 뜻이었다고 주장하지만, 누구도 부인할 수 없는 그들의 죄를 인류 전체에게 속죄하여야 한다. 그렇지 않고 어떻게 인간의 양심과 영혼의 안식처를 찾을 수 있단 말인가?

특히 하나님을 믿는 기독교인이라고 자칭하는 사람들과 그 자손들이! 그러한 **침략전쟁과 무차별 학살에 대한 전범재판에 시효가 있는가?** 제2차대전 후에 있었던 뉴른베르그 전범재판이나 동경전범재판에서는 **인도(Humanity)에 관한 범죄에는 시효가 없다고** 하지 않았는가? 법률가가 아닌 종교인인 저자는 이러한 현대의 국제법 원리를 소급 적용할 수는 없는 것인가 묻고 싶다.

저자가 원주민 촌을 방문하였을 때에 반드시 복수하러 올 조상의 영혼과 정의의 천사인 우주인이 기다려진다는 그들의 말을 잊을 수가 없다. 모든 것을 다 포기하고 체념의 상태에서 먼 하늘을 쳐다보며 그날이 하루 빨리 오기를 바라고 기도하면서 살고 있다는 그 원주민의 모습이 눈에 선연하다.

이미 가시적인 인류의 말세를 그가 기원하고 있는지 혹은 자기가 믿고 있는 신에 의한 정당한 복수를 기원하고 있는지는 알 수 없었으나, 그의 한 맺힌 얼굴에는 못다 한 사연과 감출 수 없는 슬픔이 엿보였다.

인류 사회에서 역사나 인종 또는 문화를 초월하여 항상 객관적으로 적용될 수 있는 정의와 선악의 기준, 즉 무엇이 옳고 그르다는 보편적인 기준과 방법은 없는가? 이렇게 우리를 고민하게 만들고 인간의 양심의 유무를 물으며 인간의 정의감을 자극하는 것은 무엇일까?

중남미의 천주교인들은, 중국과 인도에 가려던 콜럼버스의 무지와 오판이 결국 중남미 침략을 초래했다는 사실을 인정하고, 그들이 그 지역에 남긴 불의를 교훈 삼아 살기 좋은 미래의 인류사회를 건설하는데 노력해야 할 것이다.

언제나 강자나 승자가 결정하고 선택한 행동이나 역사는 정의이기 때문에 그것은 선악의 가치판단의 대상이 되지 않는다면 문제는 간단하다. 그러나 누구보다도 더 강하게 기독교의 사랑, 정의, 평화, 신앙의 자유 등을 주장하는 천주교인들이었기 때문에 그들의 침략이나 노예제도의 정당화 이론을 액면 그대로 받아들일 수가 없다. 또 그들의 침략이 불가피했다는 필연성을 내세우는 변명도 우리는 용납할 수 없다.

특히 자기들은 하나님이 선택한 우수한 인종이지만 원주민들은 무식한 야만인이었기 때문에 아프리카 흑인들과 같은 대우를 받은 것은 당연하였다고 주장하는 기독교인들이 적지 않다. 또 무식한 야만인들에게 복음을 전달하여 천주교에 귀의(歸依)할 수 있게 하여 주었으며, 선진 서구 문명을 소개하여 주었다는 변명을 지금도 계속하는 비인도적인 인간들도 적지 않다. 그렇다면 우리는 그들의 양심 유무를 의심하지 않을 수 없다.

유럽에서 온 천주교인들의 살상이나 침략과 정복을 계속 변명하고 정당화하는 이론이나 주장을 인류가 이해할 수 있을까? 모든 것을 다 잃고 무참하게 학살당한 원주민들의 한을 누가 풀어줄 수 있을 것인가? 한에 맺힌 그들의 영혼을 위하여 기도할 수밖에 없는 심정과, 울분을 금할 수 없는 것은 저자 혼자만은 아닐 것이다. 언제, 누가, 어디서 원주민의 한을 풀어줄 것인가? 혹은 누가 그들에게 천주교인들이 범한 죄를 사과할 것인가?

그럴 때가 올 것인지도 모르는 슬픔 속에서 살고 있는 원주민들의 행운을 빌면서 그들의 비운에 싸인 사연을 다시 한 번 지적하고 싶다.[42] 원주민들과 또 노예로 끌려온 흑인들의 운명을 생각할 때, 인류 역사에 정의와 공평성을 찾을 수 있을까 하는 의문이 뇌리에서 사라지지 않는다.

---

42) Winn, op. cit., pp. 277~312 참조.

● 매독의 기원은? ●

매독은 1493년 바르셀로나로 돌아온 콜럼버스와 부하 선원들이 퍼뜨린 것이라고 한다.

그러나 르네상스 이후에야 알려지게 된 이 성병은 지금도 사람들에게 두려움을 안겨 주고 있다. 그러나 아직 그 기원조차 정확하게 알려져 있지 않다.

최초로 식민지에 상륙한 사람들이 이 병으로 죽어간 것은 아마 강간이 계기가 되었을 것이다. 즉 매독이라는 선물은 인디언들의 은밀한 복수이자 스페인 사람의 정복과 죄업의 대가이며, 또한 자신들이 저지른 잔학 행위를 뒷날 정당화하는 자기 변명의 대가이기도 한 것이다.

또한 매독의 원인이 신대륙에 있다고 하는 가설 덕분에 교회는 신도들에게 신세대의 새로운 도덕 따위는 추구하지 말라고 가르칠 수 있었다. 무분별한 짓을 해서 사회를 위험에 빠뜨린 벼락 출세자들에게 얌전히 근신할 것을 명령했다. 최후의 예방은 금욕이라고.

매독이 신대륙에서 도래했다는 것은 있을 수 없는 일이다. 스페인 인에게 정복되기 전만 해도 신대륙에는 매독이 존재하지 않았기 때문이다. 오히려 스페인 병사들이 매독을 신대륙으로 가지고 간 것으로 보인다.

제4장

십자군(Crusades)은 하나님의 군대였는가?

Ⅰ. 십자군의 작전경로

Ⅱ. 십자군의 죄악상

Ⅲ. 십자군이 인류사에 남긴 교훈

I. 십자군의 작전경로

1. 십자군은 왜 생겼는가?

기독교의 죄악상을 여실히 보여주는 역사적인 사건이 몇 가지 있는데, 그 가운데 십자군 전쟁이 대표적이다. 십자군 전쟁은 중세 유럽의 천주교도들이 회교도들로부터 성지 예루살렘 성을 탈환하기 위하여 교황의 주도 아래 약 200년 동안 전개했었던 역사적인 일대 대전투를 말한다.[1]

십자군이 일어나게 된 동기를 살펴보자. AD 637년 예루살렘을 점령한 아랍계 회교도 사라센(Sarasen)들은 성지를 순례하기 위하여 예루살렘을 찾아오는 유럽의 천주교도들을 상업적인 목적에서 후대하였다. 그러나 11세기 (1076년) 아랍계 회교도들이 세력을 잃고 터키계 회교도들(Seljuk Turks)이 성

예루살렘 지도

지의 주인이 되면서부터 성지 순례하는 천주교도들은 위험에 처하게 되었다.[2]

그들은 동부 로마의 수도 콘스탄티노플(Constantinople : 지금의 이

---

1) 십자군의 정의와 기원에 관해서는 다음의 저서를 참조할 것. Riley-Smith, J. ed., *The Oxford Illustrated History of the Crusades*, 1995, pp. 8~10, 13~33; Setton, K. M., Gen. ed., *A History of the Crusades*, Vol. 1, 1969, pp. 220~279; 성전의 정치적 법적 이론은 ibid., Vol. VI, pp. 3~38을 참조할 것.

2) 柏井 園,『基督教史』, 1957, p. 258.

스탄불, Istanbul) 시를 군사적으로 위협하기 시작하였다. 그런데 당시의 동로마제국의 황제 알렉시우스 1세(Alexius I : 1048~1118)는 터키 회교도군의 공격을 방어할 능력이 없었기 때문에 로마 교황 우르바누스 2세(Urbanus II : 1088~1099)에게 그 사실을 보고하고 성지 회복을 위하여 응원군을 요청하였다. 성지가 회복되면 동로마의 수도는 자동적으로 안전지대가 될 수 있었기 때문이었다.[3)]

이 보고를 받은 교황 우르바누스 2세는 1095년 11월 27일 프랑스의 클레르몽(Claremont)에서 종교회의를 소집하였다.[4)] 웅변가였던 교황은 그 회의에서 성지를 잃어버린 천주교의 수치와 억울함과 성지 순례자들이 겪는 참상을 눈물겹게 설명하였다. 그는 동방교회를 위협하는 야만족들을 그대로 방치할 수 없다고 하면서 성전(聖戰)의 필요성을 강조하고, 또 그 일이 곧 하나님의 일(God's work)[5)]이라고 주장하였으며[6)] 또한 그것은 하나님께서 원하시는 일(God

클레르몽 회의
1095년, 프랑스의 클레르몽페랑에서
열린 종교회의.
제1회 십자군 계획을 위하여
우르바누스 2세가 소집하였다.
이면에는 강대한 로마 가톨릭을
형성하려는 교황의 야욕이
도사리고 있었다.

3) Ibid.
4) Setton, op. cit., pp. 220-222 참조.
5) Ibid.

wills it), 즉 그리스도의 명령이라고 역설하였다.[7]

교황의 연설을 듣고 감동된 회원들은 일제히 자리에서 일어나 "성지를 회복하는 일은 곧 하나님이 원하시는 일"이라고 외쳤다. 그리고 성지 회복을 위해 원정군을 일으킬 것을 결의하였다. 교황은 당시의 웅변가로 알려진 다수의 모병관들을 유럽 각지로 파송하여 십자군을 모집하는 일에 착수하였다.[8]

교황이 십자군을 동원하는 목적에는 또 하나의 은밀한 이유가 있었다. 당시에 두 교파로 분열되어 있던 로마 천주교와 희랍 정교회(Greek Orthodox Church)를 다시 하나로 단일화하여 강대한 로마 가톨릭교, 즉 천주교를 형성하여 그 힘으로 로마제국의 황제권까지도 제압해 보려는 의도였다.[9]

성지를 회복하려면 우선 군대가 필요했다. 그런데 교황의 명령으로 동원될 수 있는 군대는 없었다. 로마제국의 막강한 군대는 황제의 소유였기 때문에 교황이 마음대로 동원할 수 없었다. 결국 교황은 십자군 동원(모집)령을 내려야만 했다.

---

6) Riley-Smith, ed., op. cit., pp. 34-48; Grove, N., *A Study of History*(Abridgement of Vols. VII-X by Somerbell, D.C.), 1957, pp. 188-200; Hall, J. W., Gen. ed., *History of the World*, 1988, pp. 161-163, 203, 205, 210; Wise, T., *The Knights of Christ*(Ed. Windrow, M., Men-At-Arms Series), 1984, p. 4; Hughes, J. Gen. ed., *The Laruousse Desk Reference*, 1995, p. 328; Setton, Vol. I, op. cit., pp. 78, 222, 241, 243, 249, 253 참조.

7) Setton, op. cit., pp. 221.

8) 趙義高 감수, 大世界史 5,『教皇時代의 낮과 밤』, 1971, pp. 189-190 참조.

9) Ibid., p. 188.

갑자기 많은 사람들을 군인으로 동원하기 위해서는 적당한 보수와 특권을 주어 종군하는 사람들을 우대해야 할 필요성을 느낀 교황은 십자군으로 종군하는 자들에게 아래와 같은 특권을 주기로 약속했다.[10]

(1) 종군자의 가족과 재산은 교황이 보호해 준다.

(2) 종군자의 모든 죄는 사함을 받을 수 있다.

(3) 형무소에서 복역 중인 자가 종군하면 세상의 법적인 죄와 종교적인 모든 죄도 사함을 받는다.

(4) 종군자의 빚은 탕감되고 전사하면 하나님 나라에 갈 수 있다.

(5) 동방에는 성자의 유골,[11] 금은보화, 미녀가 많으니 전리품으로 얼마든지 가져올 수 있다.[12]

등등의 특권을 미끼로 내걸었다.

교회만을 오직 삶의 중심으로 알고 살아가고 있었던 당시의 중세인들은 신의 대리자로 믿고 있던 교황의 약속과 출전 격려에 힘입어 유럽 전지역에서 모여들어 십자군에 지원하였다. 무엇보다도 교황을 놀라게 한 것은 가난한 민중과 농부들이었다. 그들은 1096년 가을 추수가 끝나자 사방에서 몰려왔는데, 이는 그들이 이교도

---

10) 이에 대한 비판적인 견해는 Riley-Smith, op. cit., pp. 71-2, 267에 잘 요약되어 있다.

11) 당시는 성자의 유골을 보관하고 있으면 행운이 온다는 미신이 유행하고 있었다고 한다.

12) 趙義高 op. cit., p. 190; 柏井, op. cit., p. 259.

예루살렘 점령
과연 전사한 십자군은
최후 심판날에 구원을 얻을 수
있을까?

들을 소탕하고 예루살렘에서 전사하면 최후 심판 날에 구원을 얻게 된다고 확신하고 있었기 때문이었다.[13]

그들 중에는 순수한 신앙으로 불타는 순진하고 깨끗한 청년들도 있었고, 동시에 일확천금을 노리는 사기꾼 같은 자들도 있었고, 또 불순한 목적으로 모인 불량배들이나 빚을 탕감받거나 법률적인 죄, 종교적인 죄 등을 사면받기 위하여 형 중에 있던 재소자들도 많이 있었다. 십자군은 오구잡탕으로 모인 오합지졸과 순수한 성도들이 혼합된 무리였다.

그들은 명목상 자원한 신앙인들로 구성된 군대였기 때문에 엄격한 군기를 강요할 수도 없었고, 군인으로서의 정상적인 훈련이나 교육을 시킬 수도 없었다. 그들은 다만 막연하게 '성지 탈환'이란 명분을 가지고 중세교회의 배경을 업고 동원된 일반인들이었다.[14]

그들은 오른 팔과 어깨에 붉은 색으로 그려진 십자가의 휘장을 붙

---

13) Tate, G., L'Orient des Croisades, 1991, 十字軍, 池上 俊一 監修, 1996, pp. 40~41 참조.
14) Ibid.

였기 때문에 십자군이라고 불려지게 되었다. 이렇게 하여 그 유명한 십자군은 약 200년 동안 9회에 걸쳐 성지를 향하여 출전하게 되었다. 엄격한 군기도 없었고, 또 정상적인 군사훈련이나 군대교육도 받지 못했던 그들은 가는 곳마다 온갖 잔인한 행동을 서슴지 않았기 때문에 부끄러운 역사의 주인공들이 되고 말았다.

십자군의 진실을 밝히기 위해서는 9회에 걸친 십자군의 작전경로를 극히 간단하게라도 약술하지 않을 수 없다. 말썽 많았던 십자군을 이해하는 데 기본 자료를 제공할 것이다.

2. 제1회에서 제4회까지의 십자군
제1회 십자군(1096~1099년)[15]

제1회 십자군은 유럽의 3개 지방에서 출전했기 때문에 3개 군단으로 편성되었다고 할 수 있다. 그 군사력의 총 집합처는 동로마제국의 수도 콘스탄티노플 시였다. 첫째 군단은 독일을 중심으로, 둘째 군단은 북쪽 프랑스에서, 셋째 군단은 남쪽 프랑스에서 모병한 군대였다

그 당시 군인으로서의 충분한 규율·훈련·교육을 받지 못했던 십자군들 중에는 도중에 탈락자도 많았다. 그러나 그들은 약

---

15) Riley-Smith, op. cit., pp. 2, 20~45; Setton, op. cit., Vol. 1, pp. 220~342 참조.

제1차 십자군의 지휘관들
십자군은 콘스탄티노플 시에
집결할 때까지 행군하면서
살육과 약탈과 파괴를 자행했다.

간의 보급을 받으면서 계획된 작전에 따라 3개 군단이 모두 콘스탄티노플 시에 집결하는 데 성공하였다.[16]

이처럼 유럽 각지의 군대가 교황 명령하에 하나로 통솔될 수 있었던 것은, 당시 유럽 각국이 로마의 지배에서 해방되지 못하고 아직 독립국가로서의 형태를 갖추지 못한 상태였기 때문이었다.

1096년 가을에 콘스탄티노플 시에 집결한 십자군은 적지를 향해 진격을 개시하여 1098년에 시리아(Syria) 지방에서 안티옥(Antioch) 시와 마랏(Maarrat) 시를 점령하고, 약 3년 만인 1099년 6월 7일에 최후의 목적지였던 예루살렘 성에 도착하였다. 거기서 한 달여의 치열한 전투 끝에 십자군은 드디어 7월 15일 예루살렘 성을 점령하는 데 성공하였다.[17]

십자군은 예루살렘 왕국을 건설하고 그 영토를 욥바·나사렛·가

---

16) Tate, 池上 監修, op. cit., p. 41.
17) Ibid., pp. 48-9; Carruth, G., op. cit., p. 156.

이사라까지 확대하였고, 또 부근 일대를 왕국에 속한 봉건 조직체로 만들어 통치하였다. 그 후 약 80년 동안 예루살렘 왕국은 유지되었다.[18]

제2회 십자군(1147~1149년)[19]

제1회 십자군의 승리는 실로 꿈 같은 행운, 혹은 우연의 산물이라고 말할 수 있다. 당시의 유럽은 아직 국가체제가 확립되지 않은 영주 중심의 봉건사회였으므로, 유럽의 여러 나라에서 모병된 십자군들이 교황령에 의하여 일치된 군사작전을 감행할 수 있었던 것은 실로 기적에 가까운 일이었다.[20]

제1회 십자군의 공격을 받은 회교도들은 노도와 같이 밀려드는 십자군을 격퇴할 만한 통일된 공동방어 조직체를 형성하고 있지 못했기 때문에 예루살렘 성을 빼앗기고 후퇴할 수밖에 없었다. 분열되어 아무런 힘을 발휘할 수 없었던 회교도군은 1130년대부터는 십자군이 회교의 공동적(共同敵)임을 인식하고 통일전선을 구축하여 십자군을 반격하기 시작했다.

십자군이 성지탈환작전을 성전(聖戰)이란 명목으로 신앙으로 무장하고 감행했던 것처럼, 회교군도 십자군과의 싸움을 그들의 교조 마호메트가 승천한 성지를 탈환하기 위한 성전으로 믿고 전투에 임했다. 이와 같이 새로운 신앙으로 무장한 회교도군은 예루살렘을

---

18) 柏井, op. cit., p. 259.

19) Setton, op. cit., pp. 463-512 참조.

20) 십자군 창설을 역설하였던 교황 우르바누스 2세는 성지탈환의 소식이 교황청에 도착하기 직전인 1099년 7월 29일에 사망하였다.

제2차 십자군의 다마스쿠스 공략
열세한 병력으로 참패하였다.

향하여 남쪽으로 진격할 태세를 보이고 있었다(1144년).[21]

　예루살렘 성이 위험해졌다는 급보가 유럽에 전해지자 프랑스 왕 루이 7세(Louis VII : 1137~1180)와 독일 왕 콘라드 3세(Conrad III : 1138~1152)의 지휘하에 제2회 십자군이 형성되어 성지를 방어하기 위하여 출정하였다.[22]

　성지를 향하여 진격하던 독일 십자군은 소아시아를 통과하는 동안에 수차의 전투에서 거의 전멸되었고, 또 소아시아의 해안선을 따라 진격하던 프랑스 십자군도 회교군의 공격을 받고 출발시 25,000명의 총병력이 1148년 시리아에 도착했을 때는 겨우 5,000명으로 감소되었다.[23]

　이 열세한 병력으로 다마스쿠스(Damascus) 성을 공격하였으나

---

21) 趙義高, op. cit., p. 198.
22) Ibid.
23) Tate, 池上 監修, op. cit., p. 87.

십자군의 귀향
성전(聖戰, 종교적 이데올로기에 의하여 수행되는
전쟁)은 하나님의 뜻이었을까?
이데올로기는 인간의 사고와 정서, 즉 욕망이 투영
되어 빚어진 것일 뿐이다.
인간의 전쟁에 하나님은 침묵할 수밖에 없었다.
왜냐하면 전쟁에는 사랑이 없었기 때문이다.

십자군은 참패하고 말았다. 그리하여 독일 왕 콘라드 3세는 1148년
9월에, 프랑스 왕 루이 7세는 그 반 년 후에 각각 패잔병을 이끌고
본국으로 되돌아가고 말았다.[24]

이와 같이 십자군이 예루살렘을 방어할 만한 병력을 상실하자 애
굽과 시리아 지방 일대를 지배하던 명장 살라딘(Saladin : 1138~
1193)의 군대는 더 이상 싸우지 않고 뿔뿔이 퇴각하는 십자군을 어
렵지 않게 물리치고 1187년 10월 3일 예루살렘과 그 왕국을 점령하
게 되었다.[25]

이때 예루살렘에서 퇴각하는 십자군은 살라딘에게 협박문을 남
겼는데 그 중요한 부분을 발췌하면 다음과 같다.

"우리는 최후까지 싸우다가 죽으리라. 우리 한 사람 한 사람

---

24) Ibid.
25) Ibid., p. 117~120; Setton, op. cit., pp. 563~589 참조.

살라딘 앞에 있는 예루살렘의 왕
살라딘(saladin) ; 이슬람 세계의 정치가이자 무인.
이집트 아이유브 왕조의 시조로
십자군을 격파하여 1187년 예루살렘을 회복했다.

은 죽기 전에 열 명의 적을 죽이리라. 우리들은 적들의 집에는
불을 지르고 회교사원은 파괴하여 버리고 우리를 이긴 자들에
게 복수하리라. 이 거룩한 바위를 잃어버린 고통을 적들에게도
맛보게 하리라. 우리가 잡은 수천 명의 회교도 포로들은 전원
아이들까지 죽이리라." [26]

이 협박문을 본 살라딘은 예루살렘에서의 회교도 학살과 회교사
원(모스크)의 파괴를 면하기 위하여 상당한 대금을 십자군에게 지
불하고 예루살렘을 차지할 수 있었다. [27]

제1회 십자군이 하나님의 뜻이라고 하여 천신만고 끝에 이룩하였
던 성전의 승리는 80년 후에 수포로 돌아가고 예루살렘 성지는 또
다시 회교도들에게 정복당하고 말았다.

---

26) Tate, 池上 監修, Ibid., p. 144.
27) Ibid., p. 120.

제3회 십자군(1189~1192년)

예루살렘이 회교도군에게 함락되었다는 비보가 유럽 천지에 전해졌으나 이번엔 좀처럼 제3의 십자군이 일어날 기미가 보이지 않았다. 그것은 유럽의 주인 격인 영국·독일·프랑스 등 최강국가들이 오랫동안 유동적인 영주 중심의 지역 봉건제도에서 왕을 중심으로 한 '국가체제'로 탈바꿈하느라고 외국에 군대를 파견할 만한 여유가 없었기 때문이다.

그러한 상황하에서 출정한 제3회 십자군은 제1회 때처럼 통일된 작전을 펴지 못하고 영국·독일·프랑스가 각각 서로 대립된 상태에서 독자적으로 행동했다.

그런데 독일 왕 프리드리히 바바로사(Friedrich Barbarossa : 1152~1190)가 1189년 독일의 십자군을 인솔하고 콘스탄티노플 시를 통과하여 시리아의 안티옥 시 근처 아나톨리아에 있는 싸이드너스(Cydnus) 강에서 도하작전 중에 익사하고 만다. 이 때문에 신앙심이 약했던 일부 군인들은 실망하여 전의를 잃고 본국으로 되돌아가기도 하였고 성전의 의식이 강했던 소수의 군인들조차 무능한 집단이 되어 버렸다.[28]

한편 프랑스 왕 필립 오거스터스 2세(Phillip Augustus II : 1179~1223)는 1190년 프랑스 군대를 인솔하고 선박 편으로 예루살렘의 북쪽 해안선에 위치한 아크레(Acre)를 함락하였으나 국내 정치문제와 영국 군과의 마찰과 적대심 때문에 일찍이 본국으로 돌아가 버

---

28) 趙義卨, op. cit., pp. 200~202 참조.

아크레의 항복
회교도들이 도시의 열쇠를
영국 · 프랑스 왕에게 넘겨주고 있다.

렸다.[29]

그 반면 영국 왕 리처드(Richard the Lion Heart : 1189~1199)는 예루살렘을 탈환하기 위한 작전으로 먼저 팔레스타인 일대의 해안선에 위치한 도시들, 즉 하이파(Haifa) · 욥바(Joppa) · 세사리아(Caesarea) 등지를 탈환하였다.[30]

이 작전을 지켜본 성지의 회교도들은 앞으로 해안선 일대에 대대적인 십자군 상륙이 있으리라 예측하고, 1192년에 리처드 영국 왕과 휴전협정을 체결하였기 때문에 회교도들은 싸우지 않고서도 예루살렘을 그대로 방어할 수 있었다.

휴전협정의 내용은 성지 순례하는 유럽인들의 안전을 보장한다

---

29) Walker, W. *A History of the Christian Church*, 3rd ed., 류형기 역, 1979, p. 251.
30) 趙義高, op. cit., p. 203. 세사리아(Caesarea)는 시져리어라고도 부르는 옛날 팔레스타인에 있어서의 로마의 수도였던 고대 팔레스타인의 항구 도시이다. 한국의 개역 성경에는 '가이사랴'로 기록되어 있다.

는 것이었다. 이것은 회교도들에게도 승리였고 또 리처드 1세 왕에게는 비록 예루살렘 성을 정복하지는 못하였으나 그 어려운 상황 속에서 얻을 수 있었던 최선의 방책이었다. 리처드 왕은 휴전협정으로 만족하고 영국으로 돌아갔다.[31]

제4회 십자군(1202~1204년)

당시의 교황 이노센트 3세(Innocent III : 1198~1216)는 두 가지 목적을 가지고 십자군을 동원하였다. 첫째는 성지탈환이었으며, 둘째는 십자군 동원이라는 명목으로 유럽을 하나로 결속하고 교황 통치권을 강화하여 전 유럽을 지배하려 하였다.

교황 이노센트 3세의 작전계획은, 먼저 애굽에 상륙하여 회교세력을 분쇄한 후에 성지를 향해 진격하려는 것이었다. 애굽으로 가기 위해서는 해로를 이용해야 했기 때문에, 그는 동원 예정이었던 약 4만 명의 군대와 다량의 식량을 이탈리아의 베니스(Venice) 항에서 수송하기 위해서 베니스 왕국과 필요한 조약을 체결하였다.

그러나 예기치 않았던 문제가 발생했다. 예정했던 4만 명 대신 2만 명 정도만이 집결했으며, 선박 수송비로 베니스 왕국에 지불해야 할 자금도 모금되지 않았다. 또한 군대가 집결하기를 기다리는 동안에 먼저 도착한 2만 명의 군대가 소비하는 군량과 경비가 눈덩이처럼 불어나서 십자군은 궁지에 빠지게 되었다.[32]

어려운 때에 베니스 왕국에서 기발한 제의가 들어왔다. 즉 지금

---

31) Ibid.
32) Ibid., p. 204.

의 헝가리(Hungary)가 점령하고 있는 천주교의 도시 자다(Zadar, Adria 해에 위치) 항을 십자군이 탈환해 주면 베니스 왕국에 갚아야 할 모든 비용을 받지 않겠다는 조건이었다.

궁지에 몰려 있던 십자군은 즉시 이 제의를 받아들이고 자다 항 탈환작전에 착수하였다. 뒤늦게 이 사실을 보고 받은 교황 이노센트 3세는 노발대발하여 자다 항으로 진군하고 있는 십자군 전원을 집단으로 파문하였다. 십자군이 범한 첫번째 탈선행위였다. 파문당한 십자군은 단시일 내에 자다 항을 점령할 수 있었다.[33]

그리고 그후의 목표인 애굽을 향하여 진군할 계획을 세우고 있었다. 이때 제2의 탈선의 기회가 왔다. 동로마 제국에서 추방당해 유럽에 망명 와 있던 왕 아이잭 2세(Isaac II)와 그의 아들 알렉시우스 4세(Alexius IV)가 아래와 같은 제의를 해왔다.

"만일 십자군이 콘스탄티노플(Constantinople) 시를 점령하고 자기들을 다시 동로마제국의 왕위에 오르게 해주면 첫째, 베니스 왕국에 진 빚을 다 갚아주고, 둘째, 애굽으로 진군하는 십자군의 모든 장비와 군비를 책임질 것이며, 셋째, 콘스탄티노플 시에 있는 희랍정교회의 대주교 직위를 로마 가톨릭 천주교에 소속시켜 분리되어 있던 두 교회를 하나로 통일시키겠다."

이 제안을 받은 십자군은 목적지였던 애굽으로 가지 않고 다시 콘스탄티노플 시를 향해 진군했는데, 이것이 두 번째의 탈선행위였다. 1203년 십자군은 콘스탄티노플 시를 점령하고 아이잭 2세와 알렉시우스 4세에게 황제의 지위를 만들어 주었다. 그러나 그후 쿠데

---

33) Ibid., pp. 204~205 참조.

십자군 병사들의 콘스탄티노플 점령(1204년)

동로마 제국을 점령한 십자군은 강도단으로 돌변하여 약탈에 들어갔다.

막대한 전리품이 유럽 경제에 도움을 주었다.

십자군은 경제·정치적인 이익을 추구하는 집단으로 변모해버렸다.

타로 두 왕이 살해되어 십자군이 받기로 했던 대가는 받을 길이 없어져버렸다.[34]

이에 격분한 십자군은 1204년 콘스탄티노플 시를 재점령하여 무력으로 쿠데타 세력을 진압한 후 라틴제국을 건설하여 희랍 정교회는 자동적으로 로마 천주교로 돌아오게 되었다.

동로마 제국의 주인이 된 십자군은 이때부터 그들의 욕망을 노골화하면서 그들이 출정시에 약속받은 금은보화와 미녀를 찾아다니는 강도단으로 변하였다. 그리고 각자가 약탈한 거대한 전리품을 가지고 유럽으로 돌아왔다. 십자군이 전리품을 산적하고 돌아온다는 소식을 들은 유럽인들은 그들을 모두 개선장군으로 환영하였고, 십자군을 파문했던 교황 이노센트 3세도 환영해 주었다. 이것으로 제4회 십자군은 막을 내린다.[35]

---

34) Ibid., pp. 204~205, Walker, 류형기 역, op. cit., pp. 252~253 참조.
35) Ibid., pp. 206~207 참조.

제4회 십자군은 그들의 본래의 목적지였던 성지나 애굽에는 가지 못하였으나, 희랍 정교회를 로마 천주교에 귀속시키고 또 막대한 전리품을 가져와 유럽에 경제적인 도움을 주었는데, 이는 십자군이 성지탈환이란 본래의 종교적 목적에서 벗어나서 경제적·정치적인 이익을 추구하는 집단이 되어버렸음을 의미한다. 신앙이나 종교적인 목적을 추구하기보다는 부와 명예를 추구하는 야욕이 십자군들의 탈선에 더 큰 작용을 하였다고 볼 수 있다.

3. 아동 십자군(1212년)

아동 십자군이란 제4회와 제5회 십자군 사이에, 즉 1212년 프랑스와 독일에서 일어났던 아동들의 성지탈환운동을 말한다. 프랑스에서는 양 치던 목동 스티븐(Stephen)이란 소년을 중심으로, 독일에서는 니콜라스(Nicholas)라는 열 살밖에 안 되는 어린 소년을 중심으로 시작되었다.

지금까지의 십자군 전쟁이 실패로 끝난 것은 죄 많은 어른들이 십자군으로 출전했기 때문이라고 간주하고, 무죄한 자기들 즉 죄 없는 소년소녀들이 출전하면 하나님의 도우심으로 능히 성지를 탈환할 수 있을 것으로 믿고, 그와 같은 신앙을 가진 소년소녀들이 모여서 형성된 것이 아동 십자군이다.

A. 프랑스의 아동 십자군

프랑스 북부의 한 마을에 살던 목동 스티븐이 1212년 어느날 환상 중에 예수님을 만났다. 비참한 순례자의 모습으로 나타나신 예수님은 스티븐에게 편지 한 통을 주며 프랑스 왕에게 전하라고 했

다. 그 편지의 내용은 "죄 없는 아동들이 출정하여 성지를 탈환하라."는 내용이었다.[36]

이 환상을 본 스티븐은 그 소식을 프랑스 왕에게 전달하려고 출발했다. 이 소식이 퍼지자 스티븐을 보려고 프랑스 북부 지방 일대에서 모여드는 소년소녀의 수가 날이 갈수록 늘어만 갔다.

또한 스티븐의 인기는 일약 충천하여 성자처럼 추앙되었고 그의 옷자락까지 성물로 취급되어 잘라 가는 사람이 있을 정도였다. 부지중에 스티븐 주위에는 약 3만 명이나 되는 아동들이 모여서 아동 십자군을 형성하게 되었다.[37]

뜻밖의 결과에 놀란 부모형제와 성직자들은 이 무모한 행동을 저지하려고 애썼으나 아동들의 결심은 변하지 않고 더욱 열렬해지고 강화되었다. 그러자 부모와 성직자들은 물론 일반 군중들도 도리어 열의에 감동되어 적극적으로 그들의 운동을 지지하고 돕기 시작하였다. 그리하여 가는 곳마다 필요한 재정과 물건 및 무기가 공급되었으며, 환영과 격려의 찬사는 북유럽 천지를 진동시켰다.

제4회 십자군이 실패하여 낙심하고 있었던 교황 이노센트 3세는 이 소식에 크게 감동받아 아동 십자군 운동을 지지하며 환영하고 나섰다. 이와 같이 교황의 축복과 지지를 받은 아동들이 프랑스 북부에서 출발하여 남쪽으로 진군하는 동안에 여기저기서 가담하는 아동의 수가 점점 더 많아져서 그 위세는 날로 충천하게 되었다.[38]

---

36) Doren, C.V., *A History of Knowledge*, 1991, pp. 109~110 참조.

37) Ibid.

38) Ibid.

그러나 긴 행군으로 과로에 지쳐서 쓰러지고 넘어지는 낙오자가
속출하게 되었고, 또 병으로 죽는 아동들도 많아지게 되었다. 그러
나 순진한 대부분의 소년소녀들은 오직 하나님의 사랑과 기적을 믿
고 성지탈환을 꿈꾸며 행군을 계속하였다. 마침내 지중해의 마르
세이유(Marseilles) 항에 도착한 그들은 성지로 향하는 선박을 찾아
야만 했다.

이때 이 순진한 아동들을 본 뱃사람과 상인들은 그들을 이용하여
돈벌이를 하려는 계획을 꾸몄다. 상인들은 아동들을 예루살렘까지
데려다 주기로 약속하고 배 7척에 분승시켜서 출발하였다. 항해 도
중에 두 척은 파선되어 전멸되었으나 나머지 5척은 애굽의 알렉산
드리아(Alexandria) 항에 무사히 도착하였다. 상인들은 애초에 계획
했던 대로 그들을 회교도들에게 노예로 팔아 넘겼다. 프랑스 아동
십자군은 이렇게 비참하게 끝나고 말았다.[39] 순진하고 죄 없는 소
년소녀들도 하나님의 도움을 받지 못했다.[40]

B. 독일의 아동 십자군

독일의 열 살 된 소년 니콜라스는 1212년 사방으로 아동 십자군
의 필요성을 주장하고 지지를 얻어 수많은 소년소녀들을 모을 수가
있었다. 그들이 아동 십자군을 형성하고 라인 강변을 따라 남쪽으

---

39) Ibid.
40) 확인할 수는 없으나 상인들이 아동들을 노예로 팔기 직전에 발각되어 상인들
은 처형당하고 700명의 아동들은 귀국하게 되었다는 설도 있으며, 3만 명의 아동
중에서 살아 남은 자는 단 한 명뿐이었다는 상반된 기록도 남아 있다.

로 행군할 때 그 소식을 들은 소년소녀들이 각처에서 모여와 그 수는 2만 명에 달하였다.

독일의 남부지방에서 출발하여 알프스 산을 넘어 이태리의 북부 롬바르디아 지방에 도착하였을 때, 그들은 굶주림에 지치고 피곤하여 더 이상 행군할 여력이 없었다. 또한 신앙적인 열정도 점차 사라져 넘어지고 쓰러져 죽는 아동들이 속출하게 되었다. 그들의 총지휘자였던 니콜라스는 "우리는 하나님의 능력으로 바다를 육지처럼 건너갈 수 있다."고 외치며 격려하였으나 겨우 7,000명 남았던 아동 십자군은 기운과 용기를 잃고 상당수가 집으로 돌아갔다.[41]

그러나 나머지 아동들은 이탈리아 반도를 계속 남하하여 남단에 있는 항구도시 부린디시(Brindisi)까지 가서 배를 타고 성지로 갈 계획이었다. 그러나 프랑스 아동들의 전례를 본 성직자들이 적극 만류하여 대다수는 집으로 돌아가고 나머지 소수만이 선편으로 성지로 향하게 되었다. 상인들은 이번에도 애굽으로 싣고 가서 회교도들에게 노예로 팔아 넘겼다. 이와 같이 독일의 아동 십자군도 프랑스의 아동 십자군처럼 비참한 종말을 맞았다.[42]

상인들의 배를 타지 않은 아동들은 삼삼오오 떼를 지어 각각 집을 향해 출발하였다. 그러나 보급품을 받을 수 없었으므로 도중에 굶주리고 헐벗고 지치고 병들어 거지 떼로 변하게 되어, 십자군에 참가했던 것을 후회하면서 고향으로 돌아갔다. 그러나 이들 2만 명의 아동 십자군 중에서 무사히 집에 돌아간 자는 약 200명뿐이었다고

---

41) Ibid. p. 110.
42) Ibid.

전해지고 있다. 이와 같이 아동 십자군은 두 번 다 비참하게 실패로 끝나고 말았다.

● 소년십자군 ●

소년 십자군은 미성년자뿐만 아니라 농촌사회의 무산 계층과 부랑자 등이 뒤섞여 수천 명 내지 수만 명에 이르렀다. 소년십자군운동이 있은 후, 약 1세기가 지나서 청빈과 순수한 신앙심, 그리고 '젊음'에 의한 십자군의 정화 운동으로 평가하여 '소년 십자군'이라고 부르게 되었다.

---

4. 제5회에서 제9회까지의 십자군

제5회 십자군(1217~1221년)

제5회 십자군은 교황 오노리우스 3세(Honorius III : 1216~1227)의 지시로 출정하였다. 그는 제5회 십자군의 목적을 두 가지로 정했는데, 하나는 애굽의 다미에타(Damietta) 점령이었고, 다른 하나는 예루살렘 탈환이었다. 즉 애굽의 회교도들을 먼저 소탕하여 회교 중심지를 점령하고 그후에 성지로 진격하려는 전략이었다.

먼저 애굽에 도착한 십자군은 1년 동안이나 다미에타에 무차별 공격을 가했다. 그 공격을 감당하지 못한 애굽 측은 애굽에서 십자군을 철수시키면 성지의 요단강 서쪽 일대를 분할해 주겠다는 항복 조건을 제시하였다. 그러나 십자군은 이에 응하지 않고 애굽의 수도 카이로와 애굽의 중심지대를 점령하려고 공격을 계속하였다.[43]

다미에타를 점령한 후에도 약 2년간이나 전투가 계속되었으나 나일 강이 범람하게 되어 전투를 계속할 수 없게 되자 십자군은 유럽

---

43) 趙義高, op. cit., pp. 125~126 참조.

으로 철수할 수밖에 없었다. 그들은 성지를 탈환할 수 있는 전투력도 가지고 있었고 또 기회도 있었으나 나일 강의 범람으로 목적 달성에 실패했다.[44]

제6회 십자군(1227~1229년)

십자군을 이끌고 출정했던 독일 왕 프레드릭은 무슨 이유인지 알수 없으나 얼마 후에 귀국하고 만다. 화가 난 교황 그레고리 9세(Gregory IX : 1227~1241)는 그를 '탈영자'라는 죄명으로 파문한다. 그후 프레드릭 왕은 파문을 무효화시키려고 1228년에 다시 출정하였는데, 싸우는 대신에 애굽의 술탄(Sultan) 왕과 10년간의 휴전협정을 체결한 후 예루살렘·베들레헴·나사렛·욥바 등의 중요한 해안선 일대를 확보하고, 1229년엔 예루살렘 왕으로 즉위하였다.[45]

그러나 1244년 예루살렘 성을 또 다시 회교도들에게 점령당하여 제6회 십자군은 일시적으로 성공을 거두었으나 결과적으로 실패하고 말았다.

제7회 십자군(1248~1250년)

성지가 다시 회교도들에게 점령되었다는 소식을 들은 프랑스 왕 루이 9세(Louis IX : 1226~1270)는 3,000명의 십자군을 이끌고 1249년에 선편으로 애굽에 상륙하여 카이로를 향해 진격하는 도중에 포로로 잡히고 만다. 총지휘관을 잃어버린 십자군은 지리멸렬하여

---

44) Tate, 池上 監修, pp. 123~124 참조.
45) Ibid., p. 124~5.

전멸당하게 되어 제7회 십자군 전쟁은 완전한 실패로 돌아가고 말았다. 루이 9세는 그후에 석방되어 본국으로 돌아갈 수 있었다.[46]

제8회 십자군(1269~1270년)

제7회 십자군 전쟁에서 실패한 프랑스 왕 루이 9세는 과거의 불명예를 회복하기 위하여 1270년에 다시 아프리카를 향해 십자군을 출정시켰다. 그러나 선편으로 북부 아프리카에 도착한 그는 튀니스(Tunis)에서 전염병에 걸려 맥없이 병사하고 일반 병사들도 많이 죽었다. 제8회 십자군도 완전히 실패로 끝났다.[47]

제9회 십자군(1270~1272년)

영국 에드워드(Edward) 왕자는 십자군을 이끌고 성지에 도착하여 예루살렘과 아크레, 나사렛 등을 점령하고 10년간의 강화조약을 체결하고 영국으로 돌아가서 에드워드 1세(Edward I : 1272~1307)로서 왕위에 올랐다.

에드워드 1세가 영국으로 귀국한 후에 예루살렘 성전을 수호하기 위한 목적으로 성전기사단(聖殿騎士團 : The Knights of Templars)이라는 전투단이 생기게 되었다. 그들은 성전의 솔로몬 행각에 사는 수도사들로서 유사시에는 무기를 들고 성전과 성지를 수비하는 전투부대였다.[48]

---

46) Ibid., pp. 126-7; Walker, 류형기 역, op. cit., p. 253.
47) Ibid., p. 130; 柏井, op. cit., p. 260; Walker, 류형기 역, Ibid.
48) 1115년부터 시작한 The Knights of the Temple에 관한 자세한 내력은

다마스쿠스
옴미아드 왕조의 수도로 한 번도 외국인의 지배를
받지 않은 회교도의 도시다.

그러나 1291년 예루살렘이 회교도들에게 또 다시 점령당하게 되어 최후의 십자군이 되었던 그들은 지중해의 사이프러스(Cyprus) 섬으로 후퇴하였다.[49] 후에 소수는 본국으로 돌아갔으나 대다수는 돌아가지 않고 사이프러스의 이민자로 남았는데, 패잔병이 되어 타국에 머무는 신세가 된 그들은 여기저기로 살길을 찾아 방황하면서 불량배·폭도로 전락하게 되어 성스러운 목적을 달성하려고 모였던 십자군들은 끝내 강도단으로 변하여 십자군의 이름을 더럽히고 말았다.[50]

이것이 지금부터 900년 전에 시작하여 약 200년 동안 계속된 십자군의 전쟁 약사(略史)이며 교황의 실패작인 성전(聖戰)이었다. 만일 성전의 시작이 하나님의 부름에 의한 것이라고 한다면 패배도 하나님의 뜻이었단 말인가? 아니면 하나님의 이름과 권위를 남용하는 인간들의 잘못이었는가?

답은 자명하다.

Wise, T., *The Knights of Christ*(Editor, Windrow, M., Men-At-Arms Series), *Religious/Military Orders of Knights*, 1118~1565, 1984를 참조할 것; 柏井, Ibid., p. 262.

49) Time-Life Books, *What Life was Like in the Age of Chivalry*, 1997, pp. 79~87 참조.

50) 柏井, op. cir., p. 262.

II. 십자군의 죄악상

1. 십자군의 성격과 그 잔인성

지금까지 우리는 9회에 걸친 십자군의 전투작전 과정을 간략하게 살펴보았다. 그것은 십자군의 죄악을 이해하기 위한 배경과 과정을 제시한 것이었을 뿐 목적은 아니었다. 본 장에서는 그들의 죄악상을 면면이 살펴보았다.

'성지 탈환'이란 목표만으로 십자군을 모병하는 일이 결코 쉽지 않으리라 예측했다. 그래서 각지에 모병관을 보내면서 젊은이들을 솔깃하게 하는 조건을 덧붙였다. 전술한 바와 같이 십자군에 지원하는 자들에게는 여러 가지 전리품을 가져올 수 있는 특권을 약속했던 것이다.

당시의 십자군은 특수한 경우를 제외하고는 현대의 군대처럼 물자를 보급받을 수 있는 형편이 아니었다. 또 혹 있었다고 하여도 극소량뿐이었기 때문에 십자군은 '현지조달' 방식으로 연명하면서

성지 탈환
십자군은 성지까지 가는 도중 물자를 현지 조달했으므로 차츰 약탈자로 변해 갔다.

전투에 임했다. 즉 십자군들은 스스로 알아서 의식주 문제를 해결해야 했다.

십자군이 출정하는 천주교 지역 내에서는 가는 곳마다 교회에서 영접 받을 수 있었으나 일단 천주교 지역을 벗어나 이교도 지역으로 행군할 때의 의식주는 현지 조달에 의존해야 했다. 의식주 중 특히 식사는 생명과 직결되는 생존의 문제였다.

노자가 떨어지면 그들은 약탈자·강도 등으로 변할 수밖에 없었고, 행군이 길어지면서 십자군의 행패는 점차 추악해질 수밖에 없었다.

처음에는 단순한 약탈이나 강도 행각을 벌였으나 그들은 점차 살인 등의 중범죄를 저지르는 악랄한 폭력배 집단으로 변하게 되었으며, 가는 곳마다 부녀자 성폭행을 일삼았고, 세탁부라는 명칭하에 위안부까지 강제로 동반하면서 행군하였다. 이와 같이 무차별 살인·강간·강도의 집단이 된 십자군이 가는 곳마다 그 지방 일대는 공포의 도가니가 되었다. 그들의 눈앞에는 전리품밖에 보이지 않았기 때문이었다.

그러나 '성지 탈환'이라는 성스러운 목표 때문에 잔인한 행동도 정당화·이상화되어 그들은 양심의 가책이나 신앙상의 모순을 느끼지 않았다. 특히 이교도들을 죽이는 것은 영광스러운 일이며, 하나님께서 십자군에게 주신 특권이요, 축복으로 믿었다. 이미 출정할 때에 교황이 허락한 특권이었다. 다시 말하면 그들은 교황에게 사전 허가를 받은 무장강도 집단으로 전락한 것이다. 사실 이런 특권이 없었더라면 십자군은 모병도 어려웠을 것이며, 또 전투력에도 상당한 손실을 미쳤을 것이다.

잔악한 십자군
성 안에 있는 회교도의 사기를 저하시키기 위해서
십자군은 전투에서 살해한 회교도의 머리를 잘라
성의 성벽 위로 날려 보냈다.

십자군이 예루살렘을 향하여 진군하며 수많은 회교도들의 도시를 점령하는 중에 가장 잔인무도하게 행동한 전투지 두 곳만을 살펴보자.

첫째, 제1회 십자군이 예루살렘을 향하여 진격하는 도중에 시리아 지방의 안티옥(Antioch)을 점령하고 그 남쪽에 위치한 마랏 안뉴맨(Maarrat An-numan) 성을 점령했을 때에 일어난 일이다.

십자군은 성벽을 넘어 성내로 진입한 후, 가가호호에 들어가서 값있는 물건이면 하나도 놓치지 않고 무엇이든지 약탈하였으며, 남녀노소를 가리지 않고 보이는 대로 죽이는 전멸작전을 폈다.

성내는 어디를 가나 회교도들의 시체가 산적했으며 그 시체를 밟지 않고는 걸을 수가 없을 정도였다. 십자군의 악명을 듣고 있던 주민들은 안전지대로 인정되었던 궁궐로 피했으나 십자군은 거기까지 쫓아가 주민들의 재산을 약탈한 후에 살해하였고 노예로 팔 수 있는 주민들을 납치하여 안티옥 노예시장에서 매각하였다.[51]

---

51) Tate, 池上 監修, op. cit., p. 139.

세 종교의 성도가 된 예루살렘(유대교, 기독교, 회교)
예루살렘은 '세계의 중심'으로 중세 신학자들에 의해
종말처로 설정되었다.

이때 그곳에 주둔하고 있던 십자군들은 그 지방 사람들이 보물을 자기의 뱃속에 감춘다는 소문을 듣고 회교도들의 복부를 톱으로 가르기까지 하였다. 사실 소문은 적중하기도 하였고, 또 식량이 떨어진 십자군 중에는 인육을 구워 먹는 이도 있었다.[52]

둘째, 예루살렘 성 탈환 때의 일이다. 예루살렘은 세 종교의 성도 (聖都), 즉 유대교와 기독교의 발상지이며 또 회교(이슬람교)의 교조 마호멧이 승천한 곳이기도 하다. 십자군이 최고 최후의 목적지였던 예루살렘 성에 도착한 것은 제1회 원정 때인 1099년 6월 7일이었다. 예루살렘 성을 바라본 십자군 병사들은 감격하여 무릎을 꿇고 기도하였다.

"우리는 하나님의 자녀입니다. 하나님의 뜻을 이루려고 왔사오니 예루살렘 성벽을 무너뜨리게 도와주소서"

그리고 성직자의 지시에 따라 예루살렘을 공격하기 전에 먼저 하나님의 영광을 찬양하고 금식하고 행렬을 지어 예루살렘 성의 주위

---

52) Ibid.

예수의 이름을 빙자한 십자군 전쟁은
양 종교를 신봉하는 모든 이들에게
불행을 안겨 주었다.

를 돌며 기도하고 헌물을 바쳤다. 7월 10일 총공격의 명령이 내려
졌다.[53]

용감한 십자군 병사들이 성벽으로 기어올라가자 생명의 위협을
느낀 회교도군들이 일제히 퇴각하였기 때문에 아무런 저항도 받지
않고 성내로 진입했다. 그리고 남녀노소를 불문한 무차별한 학살
이 자행되었다. 순시간에 성내는 피바다를 이루어 진격하는 병사
들의 발목까지 피가 찼을 정도였다.[54]

십자군은 솔로몬 성전에 집결해 있던 회교도군과 치열한 전투에
서 승리했다. 도망간 소수의 적을 제외하고는 회교도군을 거의 전
멸시키고 주민들을 체포하여 노예로 부리거나 팔아 버렸다. 이때
회교도군과 함께 성을 수비하던 유대인들도 모두 학살되었는데, 예
루살렘 성전에 사람의 시체가 산처럼 쌓였다고 기록되어 있다.[55]

이와 같이 십자군이 유대인과 회교도군을 잔인무도하게 전멸시

---

53) Ibid., p. 140.
54) Ibid., p. 141.
55) Ibid.

사라센 주민들을 학살하는
십자군의 만행

킨 것은 하나님의 원수인 그들을 처치하는 것은 곧 하나님의 영광을 드러내는 일이라고 믿고 있었기 때문이었다. 그러므로 회교도들로 더렵혀졌던 성과 성전은 그들의 피로 씻어야 하며 또 그것은 정당하고 찬양할 만한 하나님의 심판이라고 믿었다. 따라서 회교도와 유대인들을 살해해 버리는 것에 대해서 그들은 양심의 가책을 느끼지 않았을 뿐만 아니라 기독교를 땅 끝까지 전파하기 위해 당연한 일이며 하나님의 뜻이라고 믿고 있었다.[56]

7월 15일 예루살렘 성을 완전히 탈환한 십자군 병사들은 성내 주택가를 약탈하여 십자군은 다시 강도집단으로 변하고 말았다. 십자군이 전리품으로 빼앗은 금은보화는 거리에 산적했는데, 그들은 약탈품을 들고 예수님의 무덤으로 찾아가 헌물하고 기쁨과 감격에 넘쳐 가슴을 치고 통곡하면서 승리의 감사기도를 드렸다.[57]

이와 같이 예루살렘 탈환 작전은 마랏 안 뉴맨 성의 학살과 비교할 수 없는, 역사에 유례가 없는 잔인한 작전이었다. 하나님의 이름

---

56) 趙義高, op. cit., p. 196.
57) Ibid.

으로 학살하고, 하나님의 이름으로 약탈하고, 하나님의 이름으로 강간하고, 하나님의 이름으로 방화하였는데, 이는 그러한 행위가 하나님의 영광을 드러내는 일이라고 믿었기 때문이었다. 극악무도 했던 십자군의 만행은 중동지역 일대에 심각한 충격을 주었고 중동 지역 회교도들의 가슴속에 깊은 상처를 남겼다.

십자군이 예루살렘 탈환작전 때 종군하였던 프랑스의 한 성직자가 쓴 수기(手記)의 일부가 그 잔인한 학살 후의 아수라장이 된 장면을 간략하게 묘사하고 있다.

"예루살렘의 큰 거리나 광장 등에는 사람의 머리나 팔, 다리가 산더미처럼 쌓여 있었다. 십자군 병사나 기사들은 시체를 아랑곳하지 않고 전진했다. 성전이나 회랑은 물론이요, 말 탄 기사가 잡은 고삐까지 피로 붉게 물들었다. 이제까지 오랫동안 모독하기를 즐기는 사람들에 의해 더럽혀졌던 이 장소가 그들의 피로 씻겨져야 한다는 신의 심판은 정당한 것일 뿐만 아니라 찬양할 만하다."[58]

이것이 사랑과 자비와 희생정신으로 충만한 복음을 전파한다는 성직자의 수기이다.

2. 두 성전(聖戰)의 대립(對立)

회교도들이 천주교도들인 이교도들로부터 예루살렘 성을 사수

---

58) Ibid., p. 195.

하는 것은 알라(Allah) 신을 위해 싸우는 성전이었다. 또 천주교도들이 회교도들인 이교도들로부터 예루살렘 성을 탈환하는 일은 여호와 하나님을 위해 싸우는 성전이었다. 이 성전이란 미명하에 두 종교는 서슴지 않고 피차의 교리인 사랑과 살인 금지의 계명을 정면으로 거부하면서 약 200년 동안이나 피비린내 나는 살상을 계속했다.

한편 동로마 교회에서는 신도가 무기를 사용하는 것을 반대해 왔다. 당시의 교회법은 전쟁에서 살인한 자는 3년간 미사에서 성체를 받을 수 없다고 규정하였다. 그러므로 10세기 말 이교도들과의 전투에서 전사한 군인들에게 '순교자'의 칭호를 하사하자고 주장한 황제의 제의를 주교는 거절했다.[59]

그러나 서로마 교회의 주장은 동로마 교회와는 정반대였다. 서로마 교회의 십자군은 살인에 대해 어떤 철학을 가지고 종군했는가? 그 문제를 알아보기 위하여 당시 십자군의 출정을 역설하였던 성 버나드(St. Bernard : 1090~1153)의 설교를 살펴보자.

"그리스도의 전투사로서 이교도들과 싸우는 것은 주님을 위해서이다. 그러므로 안심하고 싸우기를 바란다. 적을 살해하였다고 죄책감을 갖거나 혹은 자신이 살해당할 것이라고 걱정할 필요는 조금도 없다. 죽이든지 죽임을 당하든지 어떤 죽음도 주님을 위한 것이기 때문이다. 이러한 죽음은 전혀 죄에 더럽힘이 없는 아주 명예스런 죽음이다. 적을 죽이는 것은 주님께

---

59) Tate, 池上 監修, op. cit., p. 153.

자기가 믿는 종교를 기준으로 타종교를 바라보면 모두가 이교도이다. 자문화 중심의 사고방식을 버렸을 때 인류는 전쟁의 위협에서 벗어날 수 있다.

쓰임받는 행동이며 자신이 죽임을 당하는 것은 주님 곁으로 가기 위한 행동이다 … (중략) … 악인을 처형하는 것은 살인이 아니고 말하자면 악을 죽이는 것이다. 그것은 악한 일을 하는 자들에 대하여 주님의 한(恨)을 풀어 드리는 일이다.

그리스도의 전투사들의 책임은 천주교 신도들은 보호하는 일이다. 만일에 자기가 살해되더라도 그것은 멸망이 아니라 자기의 목적 달성이 되는 것이다 … (중략) … 그리스도의 전투사가 죽었을 때는 국왕은 관대하게 전투사에게 보상할 것이며, 이교도가 죽으면 정의의 사람들은 이교도가 벌받은 것으로 보고 기뻐할 것이다 … (중략) … 죄를 범한 자들, 예루살렘에 있는 셀 수 없이 많은 천주교인들의 재산을 훔치려고 하는 자들, 성지를 더럽히고 하나님의 성역을 가로채려는 자들, 이런 놈들은 성도에서 저 멀리로 격퇴해 버려야 한다.

우리 하나님의 믿음, 즉 천주교 신앙에 반대하는 자들을 모두 절멸하기 위하여 천주교의 두 개의 칼, 즉 '교황의 영적 지배권과 세속권'을 원수들 머리 위에 뒤흔들어야 한다. 이교도들 입

에서 '천주교의 하나님이 어디 있는가?' 라고 말하지 못하게 하기 위하여……." [60)]

십자군은 위와 같은 철학과 신념을 가지고 하나님의 이름으로 잔인무도한 살인 집단으로 변하게 되었다. 인간이 주도하는 종교전의 참상과 잔인성을 뒷받침하는 철학이다. 어떠한 이유이건 십자군은 하나님을 위한 성전이었기 때문에 승리를 확신하였고, 교황의 축복과 지원을 받으면서 200년 동안이나 싸웠으나 결국은 소기의 목적을 달성하지 못하고 수많은 젊은 신도들과 꽃다운 아동들만 객지의 혼이 되게 하였다.

"그러면 결과적으로 십자군전쟁은 하나님의 뜻이었는가? 혹은 하나님의 뜻이 아니었기 때문에 실패하였는가? 알라신과 여호와 신과의 대결에서 결국 여호와 신은 알라 신 앞에 무릎을 꿇은 것이 아닌가?' 하고 묻는 사람도 있다.

III. 십자군이 인류사에 남긴 교훈

1. 십자군은 하나님의 뜻을 실천한 것인가? [61)]

1) 1096년부터 1272년까지 약 200년 동안 아홉 번에 걸쳐서 성지

---

60) Ibid., pp. 152~153 참조. 서로마 천주교가 정쟁을 인정하게 된 과정은 본서의 결론을 참조할 것.

61) 1096년의 Rhineland, 1290년의 영국, 그리고 1306년 프랑스에서 있었던 유대인들의 학살과 추방 및 재산몰수나 1229년의 이교도들에 대한 Albigensian 성

탈환을 위해서 싸운 십자군은 신앙으로 무장한 정의의 군대였으며, 또 「마태복음」 5~7장의 고귀한 예수의 교훈을 실현하기 위해서 모인 사랑·희생·봉사의 정신을 발휘한 기독교 군대였는가? 또 그들의 출정(出征)이 진정 하나님의 뜻이었고 성전이었는가? 아니면 사실은 복수전[62]이었으며 로마 천주교 신도들의 중동지역 침략전쟁이었는가?

십자군은 교황의 부름과 격려와 지원을 받은 천주교인들에 의해 계속된 성전이었으며, 그들이 벌인 살인·강탈·강간 등이 십계명과 하나님의 뜻에 따른 것이었는가? 아니면 이교도, 이민족에 대한 탄압이었으며 침략이었는가?

십자군을 동원한 교황이 주장한 것처럼 십자군 출정은 결과적으

전이나 13~15세기 스페인에서의 종교재판이나 정부정책에 의한 유대인들 학살과 추방 및 재산몰수 등도 다 하나님의 뜻이었는가?

62) 「출애굽기」 21장 23~25절을 보면 "생명은 생명으로, 눈은 눈으로, 이는 이로, 손은 손으로, 발은 발로, 태운 것은 태움으로, 상하게 한 것은 상함으로, 때린 것은 때린 것으로 갚을지니라"고 했다. 즉 구약성경은 철저하게 복수전을 가르치고 있다. 지금 이스라엘과 팔레스타인의 피차의 끊임없는 복수전은 성경의 가르침에 따른 일이라고 하는 사람들도 있다.

즉 서로가 성전을 계속하고 있는 것이다.

그러나 「마태복음」 5장 38~48절은 " '눈은 눈으로, 이는 이로,' 하신 말씀을 너희는 들었다. 그러나 나는 이렇게 말한다. '앙갚음하지 말아라. 누가 오른뺨을 치거든 왼뺨도 돌려대고…', '네 이웃을 사랑하고 원수를 미워하여라' 고 하신 말씀을 너희는 들었다. 그러나 나는 이렇게 말한다. '원수를 사랑하고 너희를 박해하는 사람들을 위하여 기도하여라. 그래야만 너희는 하늘에 계신 아버지의 아들이 될 것이다' "라고 하였다. 즉 십자군의 행동은 예수의 가르침에 어긋난 것이었다고 할 수 있다. 그러므로 십자군은 구약성경에는 충실하였다고 할 수 있으나 신약성경은 위반한 것이다. 그 결과는 무엇인가?

회교도들에게 성도를 탈환하기 위해서는
어떠한 살상이나 파괴도 옳은 일인가?

네가 당하기 싫은 일은 남에게도 강요하지 마라
「탈무드」

로 신앙과 천주교를 위한 일이 되었는가? 아니면 로마교황의 절대
권력의 강화나 연장의 성공과는 반대로 오히려 약화를 자초하는 계
기를 만들지는 않았는가? 그후 일어나는 천주교에 대한 비판과 개
신교 탄생의 진통을 초래한 것은 무엇을 증명하는가? 존 위클리프
(John Wycliffe)나 마틴 루터(Martin Luther)의 천주교 비판은 무엇을
의미하였는가?

  2) 교황의 지원과 축복을 받은 십자군은 남의 나라도 마음대로 공
략할 수 있고 이교도들, 즉 비 기독교인들을 다 살상하고 약탈할 수
있는 권리를 가졌다는 말인가? 혹은 하나님께서 그러한 권리를 교
황에게 위임하여 십자군에게 주셨다는 말인가?

  회교도들에게 성도를 탈환하기 위해서는 어떠한 살상이나 파괴
도 옳은 일이 된다는 말인가? 이방인들이나 이교도들에게, 특히 어
린이들이나 부녀자들에게 성폭행과 고난을 가해도 성전이기 때문
에 정당하다는 말인가? 목적을 위해서는 수단과 방법을 가리지 않

아도 된다는 말인가?

그것이 교황이 택한 천주교의 원리에 맞는 유일한 옳은 길(正道)이었으며 정당한 목적을 가지고 있는 것이었는가? 또는 교황이 정한 목적과 택한 길이었기 때문에 9회에 걸친 십자군의 출정이 다 성전이 되고 옳은 길이 된 것인가?

만일 교황이 선언한 바와 같이 하나님의 뜻이었음에도 불구하고 십자군이 패전하였다면 이는 알라 신과 여호와 신의 대결에서 알라 신이 승리한 것을 뜻하지 않은가? 즉 회교의 신이 기독교와 유대교의 신보다 적어도 그 당시는 더 강했거나 유능했다는 증명이 되지 않는가?

또 만일 교황들이 하나님의 뜻인지 아닌지도 모르는 것을 '하나님의 뜻'이라고 거짓말을 선포하였다면 죄송스런 표현이지만 논리적으로 그들도 믿을 수 없는 거짓말쟁이가 되지 않는가? 뿐만 아니라 교황들은 세기의 사기꾼으로 전락할 것이다. 그리고 200년 동안이나 수많은 살인극을 연출하였으니 그 죄악이야말로 천지창조 이래 최대 최악의 잔인한 죄가 될 것이다. 그렇다면 교황들도 전범재판에 출두하여야 된다는 말도 나옴직하다. 그리고 교황무류설은 자동적으로 무효화될 것이 아닌가?

지상에서 하나님의 대리자로 자처하는 천상천하의 대로마 천주교의 역대 교황성하들께서 그처럼 강력하고 엄숙하게 또 교황의 명예를 걸고 하나님의 이름으로 축복과 승리를 보증하고, 200년 동안이나 교좌에서 선포하고 지시한 그 십자군이, 교황의 축복을 받으며 장엄하게 출정했던 그 십자군이 결국 맥을 못 추고 말았다. 천국의 열쇠를 한 손에 쥐고 있는 전무후무한 베드로 대권의 계승자인 신의 대리자, 교황의 보증도 믿을 수 없는 것이었을 뿐만 아니라 알라신 앞에서 그것이 거짓이었음이 드러난 셈이 되지 않는가?

교황의 격려와 축복하에 전 유럽의 독실한 청년들이 믿음과 기도로 출정했던 십자군은 수많은 전사자를 내고 참패로 끝나고 말았다. 유럽 천지의 모든 천주교인들이 하나가 되어 출정한 십자군을 위해 날마다 승전을 기원하는 미사를 드렸건만 그 미사도 허무한 의식으로 끝나버린 것이다. 유럽 천지의 그 수많은 성당에서 울려 퍼지는 종소리도 알라신 앞에선 울리는 꽹과리가 된 셈이다. 그렇다면 "200년 동안 여호와 하나님은 무엇을 하고 계셨습니까? 어디에 계셨습니까? 왜 이렇게도 오랫동안 침묵만 지키셨습니까?" 하고 묻는 사람도 있었을 것 같다.

이제 우리는 잠시 시각을 돌려서 '십자군이 진격할 때 그 지역 주민들이 십자군에게 무엇을 받았는가?' 하는 문제를 검토해 보아야 한다. 그들은 하나님의 은총을 받았는가?

십자군은 진격하면서 그 지역주민들에게 하나님의 자비와 사랑과 복음을 전달할 수 있었는가? 아니면 기독교라는 종교의 희생정신이라도 보여줄 수 있었는가? 십자군의 공격을 받은 지역주민들은 결국 복음과 사랑과 구원은 고사하고 죽음과 약탈·성폭행·파괴 등 피해만 받지 않았는가?

우리는 이와 같은 질문을 하지 않을 수 없다. 왜냐하면 어떠한 종교라도 궁극적으로 인류사회에 도움이 되지 않는다면 문제가 있기 때문이다. 그런 종교는 인간 사회에 도움을 주지 않고 해악을 주기 때문에 언젠가는 자멸하게 되거나 개혁을 피할 수 없게 될 것이다.

이러한 시각에서 십자군의 역사를 보면, 결국 쌍방 즉 출정을 시

십자군 전쟁의 죄악

1. 거짓 증거한 죄
2. 회교도를 살상한 죄
3. 인종을 차별한 죄
4. 신앙의 자유를 침범한 죄
5. 잘못된 신앙을 육성한 죄

킨 쪽이나 십자군의 침공을 받은 쪽이나 다같이 피해만 보았다는 결론이 나온다. 중간에 일시적인 승리는 있었으나, 결국 약 200년 동안 십자군이 계속 패배한 것을 보면 천주교나 교황도 큰 손해를 보게 되었다고 말할 수 있다. 십자군이 교황들과 많은 천주교인들의 지원과 축복을 받았지만 하나님의 뜻이 아니었기 때문에 전쟁에서 실패한 것이 아닐까? 그렇다면 교황이 그의 교좌에서 선포한 하나님이 원하시는 것이란 무엇을 의미하는 것일까?

결과적으로 십자군 전쟁은 다음과 같은 죄악을 범하고 종결되었다.

첫째, 십자군은 하나님이 원하지 않는 일을 하나님이 원하시는 일이라고 주장한 교황들의 거짓 증언에 의해서 동원된 군대였다.

둘째, 천주교의 독선 배타성이 발휘되어 회교라는 타종교를 적대시하여 회교도들을 살상한 죄를 범하였다.

셋째, 인종을 차별하였다.

넷째, 타종교의 신앙의 자유를 침범하였다.

다섯째, 교황의 명령이라는 미명하에 십자군이 범한 모든 죄악이 하나님께 영광을 돌리기 위한 일이라고 믿는 잘못된 신앙을 육성하였다.

교황과 십자군은 소기의 목적을 달성하지 못했으며, 교황은 그후 얼마 가지 않아서 기독교 역사상 가장 거센 개혁의 바람을 맞게 되어 개신교의 탄생이 불가피하게 되었다. 교황권이 약화되어 중세의 봉건국가들이 교황의 지배에서 벗어나 근대 독립국가로 발전하게 되었다. 결국 오랜 역사를 유지하던 천주교의 절대적인 유럽 지배체제가 무너지게 되었다.

2. 성전(聖戰), 즉 종교전쟁은 불가피한가?

우리가 여기서 제기하고 확인해야 할 문제는 성전이다. 교황이나 천주교에 의해서 야기된 십자군 전쟁이 불가피한 것이었다면, 과연 어떤 전쟁이 불가피한 것이 아니라고 말할 수 있으며, 또 어떤 전쟁을 성전이라고 할 수 있는가 하는 기준을 살펴보아야 한다. 그리고

그 다음에는 누가 그것을 결정해야 하는가가 미래의 인류사회를 놓고 볼 때 가장 중차대한 문제로 남는다.

이 문제가 해결되지 않으면 인류의 미래는 암담하다. 현대사회의 전쟁 대부분은 각국의 헌법에 따라 정치가들이 결정하지만, 만일 일부 국가에서 종교지도자들이 성전을 결정할 여지가 남아 있다면 인류는 파국을 맞게 될 것이다. 특히 그것이 하나님의 뜻이었다고 한다면 더욱 그렇다. 또 상당수의 회교국에서 코란은 헌법보다 상위에 위치한다.

만일 기독교가 성전을 주장할 수 있다면 다른 종교들, 특히 회교나 유대교는 물론 힌두교와 불교도 성전을 주장할 수 있기 때문이다. 우리는 그 현대판의 실례를 보스니아에서 보고 있다.

모든 종교가 다같이 성전은 옳은 것이기 때문에 너나 할 것 없이 자기가 믿는 종교를 위하여 다같이 출전하여 그 정당성을 주장하면서 이교도들을 서로 죽이고, 약탈하고, 강간한다면 수많은 종교가 있는 이 지구촌에 과연 진정한 평화가 실현될 수 있을까? 상상만 해도 소름이 끼친다.

모두가 자기의 종교를 위하여 순교자가 되고자 하는 결심으로 타종교와의 성전을 불사하려고 한다면, 인류는 전멸하거나 혹은 극히 소수의 사람들만이 살아남을 가능성도 없지 않다. 그때 살아남은 자들이 지상의 평화를 즐기면서 그들의 삶을 유지할 수 있을까?

우리는 타종교인을 말살할 수도 없고 또 그것이 가능하다고 해서 말살해서도 안 된다. 그것은 예수의 정신이 아니기 때문이다. 타종교인들도 하나님의 피조물이요, 타인종들도 하나님을 섬기고 있지 않은가? 무엇을 근거로 기독교만이 유일한 구원의 종교라고 고집할 수 있을까?

또는 종교가 성전이란 명목하에 가공할 핵무기와 생화학무기를 사용하여 인류 전체를 말살하는 말세를 자초할 수도 있는데, 그렇게 되면 종교가 인류의 생존을 위하여 존재하는 것이 아니라 도리어 인류의 멸망을 가져오는 원인이 된다. 다시 말하면 적어도 인류가 종교 때문에 멸망할 수도 있다는 가능성을 부정할 수 없게 된다.

인류가 종교전쟁을 막을 수 없다면 성전은 불가피하게 된다. 종교전쟁이 불가피하기 때문에 그 전쟁에서 승리하기 위하여 모든 힘을 다하는 것만이 종교가 걸어나갈 유일한 길인가? 왜 종교는 이런 방향으로 질주하고 있는가? 이제부터라도 모든 종교는 그러한 극단적인 행동을 비인간적이며 비종교적인 것으로 단정하고, 그들의 교리를 수정하고 타종교와 공존공영할 수 있는 방법을 찾아야 한다. 그렇지 않다면 종교의 미래도, 인류의 미래도 결코 존재할 수 없다.

원주민들을 침략하는 과정에서 수많은 백인 성직자들이 침략과 원주민 학살에 협력하였고, 또 침략의 성공과 백인 용사들의 무사를 위하여 하나님의 이름으로 얼마나 열심히 기도하였는가? 또 얼마나 많은 교회가 침략 모의를 위한 집합장소가 되었으며 원주민 약탈과 말살을 축복하는 장소가 되었는가? 그러한 기독교인들의 행동을 하나님께서 과연 축복하고 기뻐하셨을까?

이러한 역사를 보면, 십자군이 유럽과 중동에서 세운 전통을 그 후예들인 기독교인들이 아직도 완전히 포기하였다고 보기 어렵다. 정도의 차이는 있으나 유럽의 기독교인들이 아메리카 원주민들에게 저질렀던 것처럼 아프리카에서도 살인·약탈·파괴·방화·침략·

성전은 결코 하나님의 뜻이 아니다.
각 종교는 타 종교와 공존공영할 수 있는
방법을 모색해야 한다.
그렇지 않으면 인류의 미래는 암담하다.

정복을 수백 년간 계속하여 그들에게 말로 다 표현할 수 없는 고통과 비애를 가져다주었다.

동남아시아나 중동지역도 예외는 아니었다. 식민지 지배하에서 200년 가까이 자기 나라 말까지 구속 받았던 이 지역 사람들은 민족문화까지 상실하고 겨우 목숨만 연명하다가 해방된 것이 사실이다. 그 결과 지구상의 모든 유색인종이나 약소민족은 이미 그 기독교인들의 문화와 문명의 홍수에 휘말려서 자기들의 고유한 문화와 문명을 잃어가고 있는 실정이다.

우리는 이러한 인류역사의 흐름이나 죄악이 하나님의 뜻에 의한 것인가, 혹은 인간이 만들어낸 것인가를 묻지 않을 수 없다. 이 같은 의지와 힘과 실천력을 가진 기독교인들이 단결하여 모든 무기의 제조를 억제하고, 타인종을 예속시키려는 모든 전쟁을 불법화한다면 지구촌에서 일어날 수 있는 거의 모든 전쟁을 사전에 방지할 수 있을 것이다.

다시 말하면 모든 종교인들이 과거의 '성전'은 다 하나님의 뜻에 의한 것이 아니고 인간의 뜻이었다는 사실을 인정하고, 앞으로의 종교전쟁이 종교 자체뿐만 아니라 인류와 지구촌의 동식물까지 멸망시킬 수 있다는 가능성을 실감하게 되면 미친 사람이 아니라면 성전, 즉 종교전쟁을 불가피한 것이라고 방관할 수는 없을 것이다. 그렇기 때문에 우리는 핵무기와 생화학무기가 사용될 미래의 전쟁이 인류를 멸망시킬 수 있다는 현실을 전 인류가 실감하도록 대대적인 전쟁방지운동을 시작해야 한다.

그런 반전운동이 성공할 때 비로소 성전의 가능성이 적어지며 동시에 전쟁으로 모든 신앙문제를 해결하려는 성전 불가피론자들과 맹신적인 말세론자들의 불장난을 저지시킬 수 있을 것이다.

3. 종교가 인류 사회에 평화를 보장할 수 있는가?

종교가 인류 사회를 분열시키고 대립과 분쟁을 일으키는 원인이 되기보다는 도리어 평화와 안전을 기원하고 보장할 수 있는 원동력이 될 수는 없는가? 말로만 주장하는 평화를 위한 집단이 아니고 진정 전쟁을 부인하고 평화를 추구하는 종교가 될 수는 없는가? 예수처럼 십자가를 짊어지는 한이 있더라도 지구촌의 평화를 위하여 예수를 따를 수 있는 기독교인은 없는가? 종교가 솔선해서 전쟁을 억제할 수 있는 도덕적 지침을 인류사회에 제시하고 그 모범을 보일 수는 없을까?

종교는 인류사회에 평화·행복·번영·사랑·구원 등을 가져올 수 있는 신앙을 추구하는 제도인가? 혹은 자기 세력 신장과 권위를 확보하기 위한, 신앙을 가장한 독선적인 이익추구 집단인가? 만일 전쟁을 불가피한 것으로 인정하고 필요할 때는 언제나 타종교와의 전쟁을 일으키고 그것을 성전이라고 정당화하는 종교가 이 지구상에 둘 이상 있다면 인류는 과연 진정한 평화를 기대할 수 있겠는가?

현대의 국제사회에서 종교단체가 현실적으로 평화를 보장할 수는 없다고 하더라도 전쟁이나 살인 등을 부인하고 부정할 수는 없는가? 특히 핵무기와 생화학무기가 사용될 현대전을 사전에 불법화시키고 반대할 수 있는 운동을 전개할 용의는 없는가? 어느 종교가 먼저 성전을 부인할 수 있을 것인가? 모든 종교가 다같이 성전을 부인할 용의는 없는가?

인류가 평화로운 지구촌을 건설하고 화목하고 행복하게 잘 살게 하는데 종교의 의무는 없는가? 지상에 있는 모든 종교의 평화 정착 의무를 확정하기 위하여 세계적인 종교인협회를 구성할 생각은 없는가? 저자는 미래 인류의 평화 정착을 위하여 다음과 같이 다섯 가지를 제안한다.

1) 세계의 모든 종교인들은 종교 간의 대립과 분쟁을 영원히 제거하고 모든 종교인들의 신앙과 생존을 보장하기 위하여 세계종교협의회를 제도화할 것

2) 세계의 모든 종교는 자기 종교만이 절대이고 또 유일한 구원의 종교라는 독선과 배타적인 교리를 버리거나 혹은 수정하고 모든 종교가 서로 공존공영할 수 있는 체제를 확립할 것

3) 모든 나라, 모든 종교, 모든 종파는 성전이란 미명하에 발생할 수 있는 어떠한 종교전쟁도 무조건 불법화하고 반대하는 법적 제도

를 확립할 것

4) 핵무기·생화학무기와 레이저 등 기타 인류를 전멸할 수 있는 살인무기의 제조·판매·소유·운반을 불법화하고 폐기처분할 것

5) 세계의 모든 종교는 다 함께 인류의 미래와 평화와 번영을 위하여 구체적인 공동목표를 설정할 것

종교인들과 정치인들의 인류 전체를 위한 이러한 합의가 없다면 인류의 미래는 예측하기 어려울 정도로 암담할 것 같다. 이러한 합의를 찾아내기 위한 회의가 열린다면, 인류의 미래를 좌우하는 유사(有史) 이래 가장 뜻깊은 토론의 장이 될 것이다.

종교인과 비 종교인이 함께 뜻을 모으면 인류사회에 평화를 정착시킬 수 있을 것이다. 지금까지 여기저기에서 구성되어 온 각종 종교협의회는 각자가 자기의 교리를 그대로 고수하면서 다만 대립분쟁만 하지 말고 평화를 유지하면서 공동 목표를 위하여 서로 잘 지내자는, 거의 외교적인 협의회에 불과하였다. 그들의 동기나 목적의 순수성은 의심할 여지가 없으나, 현존하는 그들의 교리가 그대로 존속되고 있는 한 인류 전체를 위한 합의를 도출하는 데 각자의 배타적인 교리가 장벽이 되지 않을 수 없다. 그렇기 때문에 모든 종교가 그들의 배타적인 교리를 버리거나 수정하여야 공존할 수 있다. 이는 실로 혁명적인 개혁을 뜻한다. 서로가 양보하고 진심으로 협력하여야 한다. 그렇지 않으면 배타적인 교리는 언제나 대립 분쟁으로 나타날 수밖에 없다.

그러한 가능성과 현대전의 위험성을 인식하고 진정한 평화운동에 모든 종교가 협력한다면, 비록 수많은 군경(軍警)과 무기를 통솔 관장하는 현대국가들과 상당수의 테러집단들이 있는 한 종교인들이 단독으로 인류사회에 평화를 보장할 수는 없어도, 적어도 가장 강력한 평화운동의 선봉자가 될 수는 있을 것이다. 그러한 의미에서 인류의 생사가 걸려 있는 미래의 전쟁을 막기 위하여 위에 제시한 다섯 가지 제안을 종교인들은 물론 인류 전체가 신중하게 검토하고 평화정착운동에 동참해 주기 바란다.

4. 종교간의 극한 대립 분쟁은 피할 수 없는가?

십자군의 전쟁은 천주교와 회교와의 전쟁이었다. 즉 여호와 신과 알라 신의 대립이었다. 아직도 그 지역에서 3대 종교(유대교, 기독교, 회교)의 복잡한 대립은 더욱 심화되어 가고 있다. 사실은 어느 하나의 종교도 한치의 양보 없이 대립은 끊임없이 계속되고 있다.

또 하나의 심각한 문제는 이와 같이 세계적으로 대형화되어 가고 격화되어 가는 대립과 분쟁이 각 종교인들이 믿는 신들 간의 대립

성전, 즉 종교 전쟁은 신들 간의 대립인가,
아니면 신도들 간의 대립 분쟁인가?
이유를 불문하고 대립을 종식시키지
않는 한 인류 사회에 평화는 요원하다.

분쟁인가, 혹은 신도들 간의 대립 분쟁인가가 아직 확실하지 않다는 사실이다. 다시 말하면 인간이 신의 의도에 따라 신을 위하여 대리전을 하고 있는 것인가, 아니면 인간이 신의 이름을 빌려서 자기들 마음대로 자기들의 이익을 위하여 대립하고 혹은 전쟁을 하고 있는가가 아직 확실하지 않다는 것이다.

그러나 우리가 확실하게 예측할 수 있는 것은, 만일 모든 종교가 끝까지 자기 주장을 굽히지 않고 성전을 계속한다면 종교가 존속하는 한 인류 사회에는 평화를 기대하기 어렵다는 점이다. 현재와 같이 종교 간의 대립이 점점 더 격화되어 간다면 어느 특정한 종교에 속하지 않은 다수의 인류는 그 어느 쪽을 지지하고 따라가야 하는가? 도대체 어느 쪽이 하나님의 뜻에 충실하단 말인가? 그것을 누가 결정하여야 하는가?

만일 그 많은 종교 집단의 대립 분쟁이 계속된다면 하나의 종교가 모든 타종교나 이교도들을 다 말살하거나 제거하여 전세계를 독점 지배할 때까지 대립 분쟁은 피할 수 없다는 말이 된다. 그때까지 즉 하나의 종교가 인류를 완전히 통제할 수 있을 때까지 인류사회에 진정한 평화는 없다는 말인가? 혹은 그후에도 반드시 나타날 교파 간의 대립 분쟁 때문에 종교가 존속하는 한 전쟁은 불가피하다는 말인가?

기독교가 땅 끝까지 이르러 복음을 전파하여 오직 기독교만으로 온 지구촌을 독점하겠다는 정책은 타종교인, 즉 세계인구의 약 2/3 이상이 되는 비 기독교인들을 모두 부정하고 그들을 완전히 정복할 때까지 대립과 분쟁과 종교전을 서슴지 않고 계속하겠다는 것을 의미하지 않는가? 그러면 기독교는 자기의 목적을 달성하지도 못하

칼로 일어선 자, 반드시 칼로 망하리라.
폭력은 또 다른 폭력을 낳을 뿐
결코 문제 해결의 열쇠는 될 수 없다.

고 오히려 인류의 종말을 재촉하고 가속화하는 결과를 초래할 수 있다는 것을 명심해야 한다.

실제에 있어서 그렇게 할 수도 없을뿐더러 또 그렇게 해서도 안 된다. 세계인구의 2/3를 전멸시킨다는 것은 창조주의 뜻에도 위반되고 예수의 사랑의 교훈과도 정면 충돌이 되며 또 인간으로서 용납할 수 없는 죄악이기 때문이다.

그러나 기독교가 타종교인들을 말살하고 지구촌을 점령하였다고 가정해 보자. 그러면 인류는 기독교라는 종교 통치하에서 평화·희망·행복·번영을 누릴 수 있을까? 반대로 기독교가 복음화 하는 과정에서 또 복음화 시킨 영토 내에서 각 교파 간의 국지전이 계속될 것이며, 저마다 '나는 정통 너는 이단'의 논리가 작용하여 지구촌은 북아일랜드처럼 온통 아수라장이 되어 인류의 종말을 재촉하게 될 것이 아닌가? 25,000여 교파로 분열된 기독교의 역사가 이를 뒷받침하고도 남음이 있다.

다시 말하면 이제 기독교의 밑바닥이 보이기 시작하였다는 것이다. 즉 현 상태의 기독교의 타성이나 힘을 가지고서는 인류의 평화·행복·번영을 이룩할 수 없다는 사실이다. 즉 땅 끝까지 정복할수도 없고, 정복에 성공해서도 안 되고, 해도 문제는 해결되지 않는다는 것이다. 그것이 기독교의 역사가 보여주는 사실(史實)임을 어찌하랴? 그러므로 현재의 기독교의 힘을 가지고 인류를 구원한다는 것은 역부족(力不足)이란 말이 적절하다.

현 상태의 기독교가 인류사회를 위하여 공헌할 수 있는 길은 무엇일까? 만일 있다면 그것은 어떤 것일까? 일대 혁명적인 개혁이 없는 한 더 갈 길이 없지 않은가? 좀더 단적으로 표현한다면 개혁 없는 기독교는 지구촌의 평화·행복·번영을 이룩할 수 없을뿐더러 도리어 인류사회를 대립 분열시키고 분쟁을 일으킬 수 있는 집단이될 수밖에 없다. 독선적인 기독교는 인류에게 사랑과 구원의 손길을 펴지 못하고 도리어 인류의 멸망을 선도하는 집단이 되어 가고 있는 것 같다. 그것은 예수 없는 기독교, 타락한 기독교가 되었기 때문이다. 기독교인들은 예수를 저버리고 목전의 이익을 추구하기 위하여서는 서슴지 않고 위선·기만·사기·약탈·침략 등을 계속하는 살인강도 집단으로 전락했기 때문이다.

앞으로 만일 인류가 북아일랜드와 같이 천주교와 개신교로 분리되어 한치의 양보도 없이 서로 생명을 걸고 분쟁, 즉 성전을 계속한다면 인류는 결코 평화를 누릴 수 없을 것이다. 그렇다면 결국 기독교가 인류에게 무엇을 가져다 줄 수 있겠는가? 분열·대립·전쟁 외에 무엇이 있을 수 있겠는가?

동시에 이스라엘과 팔레스타인의 관계에서 볼 수 있듯이 유대교와 회교 간의 대립은 무엇을 의미하는가? 왜 예루살렘에서 태어난 세 개의 종교가 이렇게 오랫동안 서로 싸우고 살상을 계속하며 인류사회의 평화를 위협하고 있는가? 왜 종교인들이 이렇게 잔인하게 대립을 격화시켜서 서로 피를 흘려야 하는가? 그것도 하나님의 뜻인가? 그렇다면 어떤 신의 뜻인가? 아니면 종교인들 때문인가, 혹은 종교 때문인가? 종교인들 혹은 종교 때문이라고 한다면 하나님의 자손들의 책임이 아닌가? 아니라면 그 책임을 누가 져야 할 것인가? 세 종교의 지도자들 중에서 솔선해서 자기들에게 책임이 있다고 인정할 용기 있는 종교인은 없는가?

이러한 상황에서 인류사회의 모든 전쟁의 최종적인 결정권자가 종교집단이 된다면, 우리는 어떤 미래사회를 전망할 수 있겠는가? 본질적으로 배타적이며 독선적인 종교가 많이 있는 한 공존공영은 불가능하다. 그렇다면 우리는 종교가 인류사회에 유익한 것인가 아닌가, 그리고 반드시 필요한 것인가를 심각하게 물어 보아야 한다. 여기서 종교 무용론자들의 목소리는 한층 높아질 수밖에 없다.

다시 말하면 인류사회에 도덕적인 규범과 자비·관용·사랑·구원, 그리고 희생정신을 가르쳐 온 종교들의 유익성을 인정한다면, 바로 그 종교인들이 만들어낸 종교적 대립 분쟁을 어떻게 조율하여야 하는가? 대립 분쟁은 종교 자체의 속성에서 나온 이율배반적(二律背反的)인 영원한 모순인가? 모든 종교는 이 문제에 대하여 확고한 답을 마련해야 할 것이다. 그것이 인류 전체에 대한, 그리고 신에 대한 종교인들의 의무이다.

문제는 수많은 위대한 종교인들보다는 종교 전체의 방향 설정을 하고 이끌어 가는 편협하고 독선적인 소수의 종교지도자들과 극렬

분자들의 마음과 행동에 있다. 결과적으로 그러한 종교인들의 마음을 변화시키지 않으면 종교의 대립 분쟁뿐만 아니라 특정 민족의 이익만을 앞세우는 인간의 대립 분쟁도 피할 수 없는 숙명적인 것이 된다. 여기서 인류와 종교의 살길을 한마디로 요약한다면, 인류는 성전을 뿌리 뽑아야 한다는 것이다.

5. 십자군이 남긴 교훈과 인류의 미래

십자군에 관한 장(章)을 끝내면서 약 200년 동안 전개되었던 십자군 전쟁사 연구과정에서 얻은 것을 중복되지만 다음과 같은 질문으로 요약할 수 있을 것 같다.

결과적으로 십자군 전쟁은 성지탈환에도 실패하였고, 또 천주교와 회교 쌍방 신앙인들과 지역 주민들에게도 엄청난 비애와 고통을 가져다 주었다. 그러한 십자군 동원이 여러 교황들이 교좌에서 선포한 것과 같이 진정 하나님의 뜻이었는가? 예수의 가르침에 따른 것이었는가? 누구를 위한 전쟁이었는가? 무엇을 위한 전쟁이었는가? 이러한 무모한 전쟁을 일으키도록 장려하고 축복해 준 교황은 진정 신의 대리자였는가?

인류사회에 이러한 전쟁은 불가피한 것일까? 종교가 전쟁의 원인이 되어야 하는가? 그 반대로 종교가 전쟁 방지를 위한 중심세력이 될 수는 없는가? 특히 기독교가 예수의 교훈을 따라 평화와 사랑의 복음을 전달하고 더 이상의 분쟁이나 전쟁을 반대할 수는 없을까?

우리가 다같이 하나님의 피조물이요, 하나님의 자손이라는 데 왜 전쟁은 불가피한 것이란 말인가? 만일 전쟁이나 분열 대립이 인간에 의해 만들어진 것이라면 인간이 해결할 수도 있을 것이며, 또 사전에 방지할 수도 있지 않겠는가? 그렇다면 결국 인류사회의 전쟁은 필연적인 것이 아니라 인간들이 자의로 선택한다는 결론이 되지 않는가?

이제는 평화를 방해하는 독선과 배타성을 버리고 기독교인들이 먼저 평화와 공존을 모색할 수 있는 방법들을 찾아야 한다. 그렇게 하면 기독교도 살고 타종교도 살고 인류 모두가 잘 살 수 있게 될 것이다. 이것이 기독교의 근본인 사랑이며, 예수 정신의 부활이며 재림이 아닐까? 기독교의 참다운 가치는 여기에 있을 것이다.

때문에 예수를 따르는 기독교인들이 중심이 되어 먼저 모든 전쟁을 다 불법화하고 인류사회에 다시는 전쟁이 일어나지 않도록 앞장서야 한다. 이것이 본서를 엮은 목적 가운데 하나이다. 기독교인들이 침략을 위한 출정(出征)이 아니라 평화를 위한 도전을 앞으로 200년 동안에 적어도 아홉 번을 시도한다면 인류의 미래는 크게 변화될 것이다. 이것이 오늘의 인류가 결정해야 할 가장 중요한 선택이며, 동시에 그 선택은 인류 미래의 명암을 좌우할 정도로 결정적

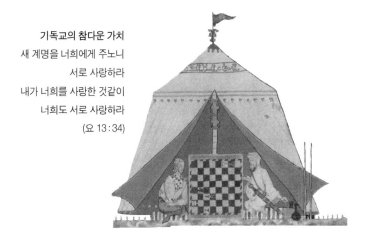

기독교의 참다운 가치
새 계명을 너희에게 주노니
서로 사랑하라
내가 너희를 사랑한 것같이
너희도 서로 사랑하라
(요 13:34)

이다.

인류 전체의 운명과 미래에 관한 이러한 문제를 생각하게 만드는 것이 바로 십자군의 죄악사가 우리에게 가르쳐 준 가장 큰 교훈으로 생각되어 붓을 들었다.[63]

● 십자군 전쟁 : 세계사에서의 의의 ●

십자군 운동이 시작된 이후 오늘날까지 평가는 찬반 양론으로 나뉘어 구구한 학설이 난무하다. 십자군 운동을 단순한 군사 원정으로 볼 것이 아니라 서유럽 중세 후반기의 사회 상황을 반영하는 종합적인 전체상으로 관찰하고, 거기에서 서유럽인의 본질을 발견하려는 시도가 바람직하다. 당시 서유럽은 문화적 고양기로서 지중해 세계에서 수 세기에 걸쳐 지속된 동서 교류의 영향은 매우 현저하며, 연안 여러 민족이 장기적 교류를 통해 정신적·물질적 시야를 넓혀 마침내는 세계적 규모의 「대항해 시대」를 여는 토대가 되었다.

그러나 이는 서양 중심의 역사관으로 바라본 것이다. 이를 인권적 측면에서 세심하게 들여다보면 강한 자가 약한 자에게 저지른 침략과 약탈, 정복으로 얼룩진 수치의 역사이다.

---

63) 여기서는 십자군의 죄악에 초점을 맞추었기 때문에 십자군의 적들이 범한 죄악에 관한 서술은 생략하였다.

제5장

로마 천주교의 존재는 로마 사회에
도움이 되었는가?

서론

 로마 제국의 식민지였던 이스라엘에서 발생한 기독교는 로마의 박해를 받으면서 미미한 맥박을 유지하고 있었다. 그러나 서기 313년 콘스탄티누스 1세(Constantinus I세 : 274?~337)의 밀라노 칙령으로 공인을 받으면서 일약 유럽 전역에서 로마 가톨릭교회(천주교)라는 이름으로 급성장하게 되었다.

 로마 제국의 공인을 받기 전까지 기독교는 외래인들이나 노예들이 믿는 사교(邪敎)요 이단이요 미신 종교로 취급받고 있었다. 약 1,600년 동안 지속적인 발전을 해온 기독교는 지금은 선진국의 대부분을 포함하여 전세계 방방곡곡에 보급된 세계 최대의 종교집단으로 자리잡게 되었다.

 1994년 4월 30일, 발표된 천주교의 통계에 의하면 신도 수 10억 2천 5백만 명, 주교 수 4,196명, 사제 수(신부) 404,641명, 수녀 수 875,322명, 본당 수 405,979개이다.[1] 뿐만 아니라 천주교가 막대한

가톨릭 교회(홈페이지)
크리스트교 최대의 교파로서,
사도 베드로의 후계자인 로마 교황의 권위,
세례·성체 배령 등의 7비적(祕跡)과
성인·성모에 대한 공경을 중히 여긴다.
16세기 이후 대행 종교 개혁에 의하여
전통주의, 반프로테스탄트적 입장을
명확히 하여 오늘에 이르렀다.
현 교황은 제264대 요한 바오로 2세이다.

---

1) 이판석, 「천주교를 알려드립니다」, 1995, p. 40.

조직과 재산을 보유한 세계 최대 최강의 종교단체라는 것은 자타가 공인하는 사실이다.

이처럼 천주교는 막강한 조직력과 재력을 보유하고 있으며 동시에 종교적으로 인류에게 가장 크고 강한 영향을 행사하면서 지난 천 수백 년 동안 인류사회의 상당 부분을 지배해 온 대표적인 종교이다.

개신교 출신의 목사인 저자는 천주교를 역사적인 측면에서 조명·분석하려고 할 때, 먼저 조심성과 미안한 마음이 앞서는 것을 금할 수가 없다. 그러나 성직자로 일생을 보내면서 저자는 세계의 모든 종교는 함께 손에 손을 잡고 공존공영(共存共榮)하여야 하며 또 공동선(共同善)이란 목표를 향하여 화목·단결·협력해 나가야 한다는 것을 평생 주장해 왔다.

그러한 내 인생의 말기에 인류를 위하여 무엇인가를 남기고 가야 한다는 신념으로 저술을 시작했는데, 기독교의 뿌리이자 개신교의 형님 격인 천주교를 주저하는 심정 때문에 본서에서 제외할 수는 없다.[2] 천주교는 '하나의 교회'라는 전통을 유지하고 있는 기독교의 본거지이기 때문이다. 동시에 긴 역사와 조직과 권세 때문에 가장 많은 죄악을 범한 것도 사실이다.

그러한 천주교에 대해서는 더 큰 메스를 가해야 한다는 당위성도 있다. 그러나 저자는 지금 적어도 본서에서는 전술한 바와 같이 개신교의 성직자라는 입장을 초월하여 세계사적인 입장에서 객관적

---

2) 그렇다고 개신교의 역사가 16세기 루터의 종교개혁 이후부터 시작되었다는 것은 아니다. 개신교의 교리상 그 뿌리는 초대교회 시대 때부터 시작되어 박해 속에 숨겨져 지금까지 약 2,000년 동안 자라온 교회라는 것을 부정할 수 없다.

으로 천주교를 조명하려고 한다.

먼저 '이 막강한 로마 천주교는 과연 인류사회를 구원하고 인류사회를 지도하기에 손색이 없는 사랑과 평화의 종교였는가?' 하는 문제의식을 가지고 천주교의 역사적인 행적을 아래와 같이 조명해 보았다.

I. 면죄부(免罪符, Indulgence)는 유효했는가?

1. 배경

하나님의 대리자라는 교황의 요청에 따라 출전한 십자군의 인명 피해와 재정적인 손실은 막대했었다. 그러나 십자군 전쟁이 소기의 목적 달성에 실패하자 하나님을 원망할 수 없었던 유럽 천주교 사회에서 '하나님의 이름으로 십자군을 부른' 교황의 위신이 땅에 떨어지게 되었다.

그후에도 약 300년 동안 많은 타락한 교황들이 오고 가면서 천주교인들에게 더욱 큰 실망을 안겨주었다. 그들의 위신이 떨어지고 권위가 없어진다는 것을 느낀 교황들은 권위와 위신을 지키기 위해 안간힘을 쓰면서 교황청의 독선과 독재를 강화하였다.[3]

---

3) 약 500년 전인 1492년 교황 자리를 돈으로 산 알렉산더 6세(Alexander VI: 1492~1503)는 타락한 생활을 즐기다가 죽고, 피우스 3세(Pius III: 1503)의 26일간의 짧은 교황 생활을 뒤이어, 또 10년 동안 자기 마음대로 어디서나 막대기로 사람을 때리는 난폭한 매독환자였으며 남색을 즐기던 교황 쥴리어스 2세(Julius II: 1503~1513)의 시대가 계속되었다. Cawthorne, N., *Sex Lives of the Popes*, 1996, pp. 50, 160, 178~9, 222~5, 236 참조.

성 베드로 대성당의 건축 기금을
마련하기 위해 레오 10세는
면죄부를 판매했다.

루터의 「95개조 반박문」 중 86조
시골의 졸부들보다 더 졸렬하고 악랄하게
교황은 약탈을 자행하고 있다.
신성 베드로 대성당을 건축하려면
교황 자신의 돈으로 해야지
왜 가난한 신도들의 돈으로 하려 하느냐?

　당시 유럽 전역을 휩쓸었던 병마와 종교 탄압 및 전쟁은 유럽인들에게 큰 재앙이 아닐 수 없었다. 교황청과 국왕들의 대립, 또 국가간·민족간·지역간의 대립, 그리고 산발적으로 계속 터져 나오는 피비린내 나는 종교전쟁과 이단자 숙청 등은 시민들을 공포의 도가니로 몰아넣었다.

　이러한 유럽사회는 종교적인 면에서뿐만 아니라 도덕적·정치적·경제적, 그리고 사회적인 혼란에 허덕이고 있었다. 그러한 환경 속에서 종교개혁의 싹이 트기 시작하였다.[4]

---

4) 낭비벽과 타락한 생활 때문에 전 유럽에서 레오 10세의 위신은 땅에 떨어졌다. 레오 10세가 남긴 가장 중요한 공헌은 그의 본의와는 반대로 그가 시작한 면죄부 제도가 종교개혁운동의 기폭제가 되고 도화선이 된 것이다. 천주교의 타락과 교황들이 만들어내는 불의를 그 이상 참고 견딜 수 없었던 사람들이 로마 천주교의 개혁을 주장하고 나왔다. 그 대표적인 사람의 하나가 당시 독일의 윗덴베르그 대학 교수였던 마틴 루터이다. 그가 중심이 되어 추진한 천주교 개혁운동이 폭발하였으며, 그 개혁의 불길은 프랑스·스위스·영국·네덜란드 등으로 비화하여 일대 종교개혁운동으로 확대되었다. 소위 개신교의 탄생은 그렇게 천주교의 개혁운동으로부터 시작하였다.

면죄부를 판매하는 교황
인간의 죄를 사하는 것은
십자가의 보혈이지
교황의 면죄부가 아니다.

1513년 로마에서는 말썽 많았던 지오바니(*Giovanni de' Medici*)가 레오 10세(Leo X : 1513~1521) 교황으로 선출되었다. 낭비와 호모로 유명했던 그는 호화로운 생활을 즐겼으며 식도락가였던 것으로 알려져 있다.[5]

교황에 취임하여 마음껏 낭비를 일삼던 레오 10세는 1517년 성베드로 대성당 건축기금을 모금한다는 명목으로 사람이 죽은 후에 구원을 받을 수 있다는 속죄의 표라고 선전하면서 면죄부를 팔기 시작하였다. 그렇게 시작한 면죄부는 비록 표면상의 이유나 목적은 그럴 듯하였으나 결국 돈을 모으기 위한 술책에 불과했다.

2. 면죄부의 타락상

역사는 지상 최대의 종교요, 인류 구원의 소리를 높이 외치고 있는 대로마 천주교의 면죄부 판매를 천주교의 타락과 부패의 결과로 기록하고 있다. 그럼에도 불구하고 천주교는 오랫동안 면죄부에 대해서 터무니없는 오해라고 변명을 하고 있으므로, 여기서 천주교

---

5) 그가 외국의 귀빈들과 대사들 및 대주교들과 그들의 부인들을 초대한 연회에는 많게는 65코스의 음식이 나왔는데, 푸딩 속에서 그가 좋아하는 나체의 소년들이 나오는 장관을 이루었다고 전해진다. Cawthorne, op. cit., pp. 170, 180, 224, 225~32 참조.

성 베드로 대성당 (산 피에트로 대성당)
바티칸에 있는 로마 가톨릭 교회의 중심을 이루는
교황 직속의 대성당.
4세기에 콘스탄티누스 대제가
사도 베드로의 묘 위에 건조한 것이 기원이다.
현재의 건물은 1506년에 착공하여
1626년에 준공되었다.

의 설명을 한번 경청해 볼 필요가 있다. 한국 천주교의 저명한 학자인 신부가 전하는 천주교의 변명을 요약해 본다.

면죄부라는 말은 'Indulgence'를 번역한 말인데 그것은 면죄부란 뜻이 아니라 대사부(大赦符), 또는 사면(赦免)이라고 번역하는 것이 더 정확하다. 크게 사함을 받는 증거부란 뜻이다. 그 당시 독일교회의 담당 대주교였던 알베르트(Albert)는 대사부를 받는 방법으로 신도들에게 다음과 같은 세 가지 조건을 제시하였다.

1) 과거의 죄를 회개하고 고해성사를 받을 것

2) 성당을 순례하며 주님의 오상(五傷 : 두 손, 두 발, 옆구리 등 다섯 곳의 상처)을 묵상할 것

3) 베드로 성당 건축비로 헌금할 것

이 세 가지 중에서 처음 두 가지를 행한다는 조건으로 헌금하는 신도에게는 헌금 영수증을 주었는데, 그 영수증이 곧 대사부였다. 이 대사부가 '면죄부'로 잘못 번역되어서 세상을 떠들썩

하게 만들면서 마치 돈만 내면 죄가 없어진다는 식으로 와전되어 천주교는 면죄부 판매라는 누명을 쓰게 되었다. 또 대사부 판매로 입금된 헌금은 물론 전액을 성 베드로 대성당 건축비로만 사용했다. 성당 건축비로 헌금받는 것은 교회의 정당하고 합법적인 방법이다. 개신교에서도 다 그렇게 하지 않는가?[6]

이상은 그 사제의 설명을 요약한 것이지만 천주교의 해명이라고 보아도 큰 차이는 없을 것이다. 그 신부의 설명을 듣고 저자는 아래의 세 가지를 지적하지 않을 수 없다.

첫째, 돈을 내고 대사부(영수증)를 받고 고해성사와 5상을 묵상만 하면 죄사함을 받게 되어 있으니 그것이 곧 면죄부가 아니고 무엇인가? 대사부와 면죄부는 그 의미가 다를 것이 없었다. 즉 면죄부를 사는 돈이 헌금 궤 속에 쩔렁 떨어지는 소리와 함께 면죄된다고 선전하였으니 100% 면죄부였다.

둘째, 대사부 판매금은 전액을 성당 건축비로만 사용하였기 때문에 대사부 판매는 성당 건축을 위한 합법적인 모금방법이라고 해명하였는데, ⓐ성당 건축을 위해서는 대사부를 팔아도 되는가? ⓑ그렇다면 지금도 성당 건축비를 모금할 때 왜 대사부를 팔지 않는가? ⓒ그렇게 합법적인 방법인데 그때는 왜 중단하였는가? 하고 묻지 않을 수 없다.

셋째, 대사부 판매금은 전액을 성당 건축비로만 사용했다고 했는

---

6) 박도식, 「천주교와 개신교」, 1996, pp. 44~49 참조. 학력으로나 경력으로 볼 때 이 책의 필자는 천주교의 저명한 학자들 중의 한 사람이라고 볼 수 있다.

데 사실은 반(半) 이상을 교황과 주교 등이 착복하고 횡령한 것은 역사가 증명하고 세상이 다 아는 사실(史實)인데 이를 아직도 부정하고 있는가? 혹은 모르고 있는가?

대사부도 아니고 면죄부도 아니고 사기부였는데, 그것을 아직도 감추려고 몸부림치는 심정을 우리는 이해하고 동정할 수도 있다. 그러나 그것은 결코 감출 수 없는 역사적인 사실임을 깨닫고 솔직하게 고백해야 한다.

위와 같이 처음 두 가지를 행하는 조건으로 헌금하는 사람에게 대사부를 발행하였다면, 그것은 면죄부가 아니라 사기부이다. '사기꾼들이 만든 사기부'라고 하면 틀렸다고 할 수 있을까? 돈으로 천당길을 살 수 있다고 하였기 때문이다.

로마의 성 베드로대성당은 그때 벌써 백 년 이상을 건축중이었으나 완공하지 못한 상태였다. 이때 남색가이고 매독환자였던 교황 줄리어스 2세(Julius II : 1503~1513)는 성당 건축비를 조달하려고 1506년 교좌에서 면죄부 제작과 판매 포고령을 선포하고 즉시 실천에 들어갔다.[7]

그후 그의 후계자인 교황 레오 10세(Leo X : 1513~1521)가 대대적인 판매를 계획하고 있을 때, 시장조사를 해보고 면죄부의 소비량이 막대할 것을 안 독일 부란덴부르그의 대주교 알베르트(Albert : 1511~1568)는 약삭빠르게 교황에게 거금을 바치고 독일의 세 주교구 내에서 면죄부를 팔 수 있는 소위 면죄부 총판권(總販權)을 독점하였다. 후에 그는 총판권 소유자로서 입금되는 총액의 반(半)을 차

---

7) 柏井 園, 「基督敎史」, 1957, pp. 335~336 참조.

지했다.[8]

이때 면죄부 판매 책임자인 수도사이며 웅변가였던 요한 텟젤(Johann Tetzel : 1465~1519)은 막대한 수입을 올리려고 다음과 같이 설교하였다. 그는 면죄부가 하나님의 고마우신 선물이라고 찬양하였다.

"지금은 맬 수도 있고 풀 수도 있는 권세를 받은 교회가 천국과 지옥문을 열어 놓았다. 면죄부를 사는 사람은 과거·현재·미래의 죄가 이 자리에서 곧 사함을 받을 것이요, 회개의 필요없이 현재 살아 있는 자뿐만 아니라 죽은 자나 또 연옥에 있는 자를 위하여 이 표를 사면 그 돈이 헌금 궤 속에 쩔렁 떨어지는 소리와 함께 그는 곧 천국으로 올라 갈 것이다."[9]

이 설교를 들은 순박한 신도들은 이 사기꾼을 마치 하늘에서 내려온 천사처럼 믿고 하나님을 친히 맞이하는 심정으로 환영하고 다투어가며 가산을 팔아 자기의 죄를 위하여 또 사랑하는 자녀, 친척의 죄를 위하여 면죄부를 사려고 장터를 이루었다.

참으로 황당무계한 사기행각이었으나 누가 감히 이것을 반대하였으랴? 왕도, 황제도 못하였다. 그러나 루터는 단호히 반대하고 나섰다. 자신이 시무하던 성당의 신도들이 면죄부를 사 가지고 와

---

8) Walker, W., *A History of the Christian Church*, 3rd ed., 류형기 역, 1979, p. 369.
9) Ibid.

**교황의 교서와 교회 법령집을
공개적으로 불사르는 마틴 루터**
(종교개혁의 씨를 뿌린 인물)
"우리는 모두 성직자이다. 하나의 믿음과
복음 아래서 함께 예배드리는데,
왜 우리는 신앙에 대해 진실과 거짓을
가름하고 판단할 능력이 없다는 말이냐?"
- 「독일 귀족에게 고함」

서 루터에게 고해성사를 받으러 왔을 때 그는 이를 거절하였다. 아무리 면죄부를 많이 사 가지고 와도 회개하고 변화된 삶이 없으면 멸망할 수밖에 없다고 경고하며 되돌려 보냈다.

신도들은 면죄부를 산 곳으로 되돌아가 루터 신부의 말을 전하며 헌금 반환을 요구하였다. 이에 텟젤은 대노하여 광장에 불을 피워 놓고 "이 대사부(면죄부)를 반대하는 모든 이단자들을 화형에 처하라는 교황 성하의 명령을 받았다."고 협박하면서 그들을 저주하며 쫓아버렸다.

면죄부 판매로 사제들의 재산은 증가하였다. 그들의 화려한 저택과 사치스런 식탁은 백성들을 빈곤하게 만들었다. 이런 사건이 생기기 약 백여 년 전에 이미 영국의 존 위클리프(John Wycliffe)는 그 당시의 천주교를 이렇게 묘사하였다. "로마의 사제들은 암처럼 우리를 좀 먹고 있다. 하나님께서 우리를 구원하시지 않으면 백성들은 멸망할 것이다."[10]

이와 같이 당시의 로마 천주교회는 사회의 암적 존재가 되어 백성들을 괴롭히고 빈곤과 멸망으로 끌고 가는 집단에 불과하였다. 그들은 이런 악한 짓을 감히 하나님의 이름으로 자행했던 것이다.

천주교는 면죄부에 대하여 이제 더 구구한 변명을 중단하는 것이 좋을 것 같다. 그러한 변명은 하면 할수록 더 큰 눈덩어리가 되기 때문이다. 이제 천주교는 종교의 대종가답게 다음과 같은 태도를 취하면 어떨까? "그것은 당시 일부 타락한 성직자들의 실수로 일어났던 부끄러운 사건이었다. 우리는 그것을 깊이 회개하고 있다."라고 솔직하고 겸허한 자세로 인정하는 것이다. 이 간단한 한 구절의 성명으로 충분하다. 이것으로 천주교는 면죄부의 부끄러운 과거를 청산할 수 있을 것이다. 타락한 성직자는 어떤 시대에도, 어떤 종파에도, 또 어디에서나 있을 수 있기 때문이다.

여기에 참고로 루터의 95개 조항문 중에서 중요한 몇 가지만을 소개한다.[11]

　　5번 : 교황은 자기 교회가 만든 법을 범한 죄 이외엔 아무의 죄도 사면할 의지도, 권한도 없다.
　　10번 : 신부가 사망자의 연옥 고를 사죄로 면케 한다는 것은 못된 짓이요, 무식에서 나온 소치이다.

---

10) White, E.G., *The Great Controversy*, 천세원 편, 「各時代의 大爭鬪」上, 1982, p. 131.
11) 변홍규, 「신학원론」, 1953, pp. 324~336 참조.

마틴 루터(Martin Luther, 1483~1546)
비텐베르크 교회 정문에 「95개조의 반박문」을
게시하고 있다.

27번 : 면죄부 판매자들이 설교하기를 돈이 헌금 궤에 쩔렁 떨어질 때마다 영혼이 연옥에서 천국으로 날아온다고 하였다.

36번 : 참된 그리스도인은 살았거나 죽었거나 면죄부가 없어도 고통과 정죄를 면할 수 있다.

86번 : 교황은 거부인데 왜 자기 돈을 쓰지 않고 가난한 신도들의 돈으로 성당을 지으려 하는가?

87번 : 하나님 앞에 회개하고 사죄 받은 사람을 어찌 교황이 또 사죄할 수 있단 말인가?

90번 : 신도들이 질문하면 설명하지 못하고 어찌 폭력으로만 나가는가? 교회는 원수들의 비방거리가 될 것이다.[12]

---

12) 당시 심각하게 교리에 관하여 질문하면 모독죄로 종교재판에 회부되므로 질문도 못하였다. 후에 개신교에서도 그 같은 죄를 범하여 이단이란 명목으로 많은 피해자들을 만들어냈다.

3. 종교의 상업화

종교단체가 영리목적으로 무엇인가를 팔고 돈을 받는 사업체가 되어서는 안 된다. 특히 기독교가 부(富)에 집착하는 집단으로 전락하면 어떠한 설명이나 변명이 있어도 사회적인 비난과 조소의 대상이 될 수밖에 없다. 종교와 신앙을 돈으로 좌우할 수 있다는 비난을 받을 수 있기 때문이다.

만일 돈이 그러한 수단이 된다면 그러한 종교는 돈과 신앙을 동반자로 만들었거나 상호간에 필요한 것을 서로 팔고 사는 고객관계로 만들어 버린다. 권력에 집착하거나 권력에 아부하는 종교나 종교인 역시 이와 별로 다를 바가 없다. 신앙은 타협이나 지배 또는 거래의 대상이 아니기 때문이다.

그러한 종교단체 내에서의 신앙이나 돈·권력·지위·대우를 연결접착(連結接着)시키고 부패시켜 온 주범은 중세기까지 주로 교황을 중심으로 한 성직자들과 권력가들이었다. 그들이 잘못된 전통을 만들어 온 것이다.

그러한 사회에서는 신앙이나 인격의 기준이 계급이나 혹은 돈이

수도사와 교황주의자를 향한 통렬한 풍자

교황은 지옥의 입구에 앉아 있고, 여러 개들이 성직자들을 몰아넣고 있다. '성직자들을 기독교 세계에서 추방하여 지옥으로 쫓아내자'

되어 진리와 진실은 물론 정의감이나 도덕성까지 짓밟게 되며 종교인들이 스스로 시녀 역할을 자청하게 된다.

예수는 그러한 신앙이나 위선·기만을 가르치지 않았다. 생명의 위험이 있어도 권력이나 부에 아부하지 않고 십자가를 두려워하지 않았던 때의 예수는 돈이나 사회적인 지위도 없었다는 것을 기독교인들은 잊어서는 안 된다.

종교단체의 종교적인 의식이나 행사가 상업화·제도화되고, 또 그러한 행사를 주관하는 단체에 돈이 들어오는 한 그러한 종교적인 행사나 의식은 상행위(商行爲)와 구분하기 어려워진다. 때문에 종교적인 행사나 의식은 상행위와 분명하게 구분되어야 한다. 특히 하나님의 이름과 축복을 파는 상행위는 근절되어야 하며 종교단체 내의 지위나 대우를 팔아서도 안 된다.

특히 종교단체가 돈이나 재산을 받고 죄를 면죄해 줄 수 있다는 것은 명백한 사기행위이다. 또한 거기에는 첫째, 돈이 없는 사람들은 면죄를 받을 수 없다는 불공평이 있고 둘째는, 간접적인 강제성이 있을 수 있고 셋째, 과연 누가 누구의 죄를 사할 수 있는가 하는 문제가 발생될 수 있다.

면죄부는 이러한 오류를 범한 것이 아니냐는 지적이다. 적어도 그러한 인상을 남긴 것은 누구도 부정할 수 없는 역사적인 사실이다. 다시 말하면 무력과 기독교를 앞세우고 세계통치를 꿈꾸던 로마제국의 전통에 따라 교권을 장악한 신권전제주의자(神權專制主義者)들이 하나님의 자비와 사랑을 돈으로 분배하거나 팔 수 있다는 실례를 보여주었다. 즉 천당 길도 돈으로 살 수 있다고 주장한 증거를 남긴 것이다. 예수께서 돈을 받고 축복해 주셨는가? 병을

성경을 번역했다는 이유로 화형당하는 신학자
과연 교회만이 성경을 독점 해석할 수 있는가?
예수님의 십자가 보혈로 우리는 하나님과 직접
소통할 수 있게 되지 않았는가?

고쳐 주시고 사례금을 받으셨는가? 그럼에도 불구하고 중세의 로마 천주교는 돈으로 하늘나라도 갈 수 있다고 사기 극을 벌였던 것이다.

　그러면서도 성직자들은 엄숙한 분위기를 자아내는 신비로운 의식과 성스러운 의상(衣裳)으로 장식하고 하나님을 대변이라도 하는 것처럼 성직자라는 직권으로 보신하였다. 그들은 신의 자비와, 사랑과 권위를 강조하는 기도와, 찬송가로 연출된 분위기 속에서 영적 실존(靈的實存)을 외치면서 면죄의 효력과 구원을 주장하면서 종교라는 조직의 힘을 악용하여 뒤에서 사리사욕을 충족시켰다.[13]

---

13) 16세기 트렌트 회의(Council of Trent: 1545～63)에서는 교황의 주도하에 성직자들이 모여 오로지 교회만이 성경을 해석할 수 있다고 단정하고, 자기들 마음대로 성경 해석권을 독점하고 그 누구도 성경을 해석하거나 번역할 수 없게 한 적이 있다. 따라서 성경을 잘못 해석하거나 허가 없이 번역을 하여도 처형당했다.
　Pelikin, J., *The Reformation of the Bible : The Bible of the*

이성을 잃은 오만한 종교인들의 양심을 그들의 야욕과 허영심이 마비시킨 것이다. 면죄부는 목적을 위하여 수단을 가리지 않는 소수의 성직자들이 하나님의 이름과 권위를 악용한 전형적인 예라고 할 수 있다.

만일 천주교처럼 오랜 전통과 강대한 조직을 가진 종교단체가 아니고 작은 종파나 초기의 개신교의 일파가 로마에서 면죄부와 같은 제도를 먼저 만들어서 팔았다면, 사이비 종교 혹은 사교로 몰려 격렬한 규탄을 받고 웃음거리가 되었을 것이며 또 종교재판소에 끌려가 처형을 면하지 못했을 것이다.

이리와 같은 탐심으로 하나님의 이름을 팔고 희생양이신 예수를 미끼로 중세의 백성들을 약탈한 교황과 사제들은 장사치와 하등 다를 바가 없었다.

너희는 사람 앞에서 스스로 옳다 하는 자이나 너희 마음을 하나님께서 아시나니 사람 중에 높임을 받는 그것은 하나님 앞에 미움을 받는 것이니라 (눅16 : 15)

Reformation, 1996, pp. 114~115 ; 예를 들면 존 위클리프(John Wycliffe : pp. 57 & 141)와 윌리엄 틴들(William Tyndale : pp. 52~55 & 143) 같은 사람들은 성경을 영어로 번역하였다고 탄압을 받았다. 틴들은 교수형에 처해진 뒤에 다시 그 시체가 불살라졌다. *The Oxford Companion to the Bible*, 1993, pp. 756~759 참조. 헨리 8세가 타계한 후에도 퀸 메리(Queen Mary)여왕 시대 (1553~1558)에는 영어로 번역된 성경의 출판이 금지되었으며 영국 국교회에서 조차 영어로 번역된 성경을 사용하지 못하게 했을 정도였다.

문제는 신앙의 세계를 중심으로 일어나는 기만과 위선이 만들어 내는 폐단이다. 그러한 기만과 위선은, 양심을 잃은 사람들의 동기 나 목적의 불순성에 기인한 것으로 종교조직 전체의 부패와 타락의 원인이 되어 왔다.

성직자들이 필요에 따라 개인의 생각이나 해석을 하나님의 뜻으 로 오인하도록 신도들을 유도하는 죄보다 더 큰 죄는 없다. 자기 개 인의 뜻을 하나님의 뜻으로 가장하여 신도들을 오도하는 것은 자기 뜻과 신의를 혼돈케 하는 죄악이며, 진실과 진리를 부정하고 종교 를 개인의 영광과 영리 추구를 위한 수단방법으로 하는 비양심적인 종교인들의 기만행위이다.

그러한 교활하고 비겁한 종교인들은 자기들만의 무지, 무식, 무능 과 고의로 범한 그들의 죄악을 종교조직과 성경을 이용하여 비호 (庇護)한다. 그들은 개인의 사리사욕을 하나님의 이름을 빙자하여 충족시키면서 종교를 자기의 의식주와 명예를 확보하는 수단으로 악용하는 기생충과 같은 존재들이다.

불투명하고 불확실한 신앙의 세계이기 때문에 영생불사(永生不 死)를 약속하고 또 모든 죄를 용서받을 수 있게 해주겠다고 돈을 가 로채거나 재산을 갈취하는 종교가 얼마나 많았는가를 보면 알 수 있는 일이다. 중세기 스페인에서 유대인들을 숙청하고 재산을 몰 수한 천주교의 행정처분이나, 종교재판과, 독일의 히틀러가 범한 유대인 학살과 재산몰수도 종교와 민족차별정책의 결탁이 남긴 대 표적인 예이다.

이렇게 사악한 인간성의 발로는 콜럼버스가 증명한 것과 같이 종 교를 앞세우고 세계선교라는 미명으로 나타난 정복의식의 발로인가, 아니면 하나님이나 종교는 성직자들에게 이용만 당한 것인가? 종교의 속성이 아니라면 토인비는 왜 기독교를 암적인 존재라고 하였는가?

그가 지적한 암이란 순한 양과 같은 신도들을 신앙이라는 이름으로 종교적 포로로 만들어 놓고 그들을 종신토록 끌고 다니면서 하나의 국가처럼 정기적으로 재산, 즉 세금까지 헌납하게 하는 것을 의무화할 수 있는 기술과 조직을 말하는가? 아니면 하나님의 이름을 빌려 진리와 진실을 보지 못하게 인간을 마취시키는 암세포와 같은 요소를 기독교 안에서 발견한 것인가? 또는 지구를 분할하고도 만족하지 못하고 전세계를 독점지배하기 위하여 전쟁으로 끌고 가는 배타적인 기독교인들의 호전성이 인간사회에 대립 분쟁을 일으키고 있는 현실을 암적인 존재로 본 것일까?

신앙이나 천국 가는 길을 돈이나 대사부 등으로 살 수 있다고 순박한 신도들을 교묘하게 기만하고 사기치는 위선적인 종교나 종교인들을 용납해서는 안 된다. 인류사회는 너무나 오랫동안 그러한 종교를 가장한 직업적인 사기꾼들을 용인해 왔다. 그러한 사기행위는 지금도 계속되고 있지는 않은가?

천국 가는 길을 팔고 면죄부를 팔고 하나님의 축복을 판다는 것은, 곧 신앙을 팔고 종교를 파는 상행위이며 종교를 시장화 하는 부패된 모습이다.

그러나 참다운 신앙으로 이 어두운 세상을 밝히며 예수의 사랑을 실천한 사람도 있다. 천주교의 수녀 고 테레사(Mother Teresa)가 보여주었듯이 진실한 신앙생활을 추구하는 순수한 천주교도들도 많다. 그들은 개인의 사리사욕을 버리고 오로지 남을 위한 철두철미

테레사(Anges Theresa)
주여, 핍박 받는 생명은
곧 당신이십니다.
유고슬라비아 태생으로
인도에서 활동한 박애가, 수도회장.
캘커타의 빈민가에 살며,
빈민·고아·한센병 환자 등의
구호에 힘썼다.
1979년 노벨 평화상을 수상했다.

한 희생적인 사랑과 헌신적인 봉사정신으로 일생을 살아가는 사람들이다.

테레사 수녀가 1950년에 빈민을 돕기 위하여 시작한 봉사사업 (The Order of Missionaries of Charity)에 동참하고 있는 4,000명 이상의 수녀들과 상당수의 남자들(The Order of Missionary Brothers of Charity)이 전세계의 120개 국가에서 570개의 지역본부(missions)를 만들어 주야로 헌신봉사하고 있는 사실은 널리 알려져 있다. 비록 종교는 다르지만 인도 정부는 그녀의 장례식을 국장으로 거행하였다.[14]

테레사 수녀가 시작한 봉사활동은 그 일에 동참한 수많은 사람들의 끊임없는 노력과 헌신적인 공헌으로 인해서 국경·민족·인종·종교의 장벽을 넘어 극찬을 받아왔으며, 그들의 헌신적인 봉사는 인류에게 희망을 보여주는 빛이 되었다. 그러므로 그녀에게 1979

---

14) *Los Angeles Times*, 1997년 9월 6일, p. A11. *Newsweek*, 1997년 9월 22일, pp. 22~37 참조.

년도 노벨 평화상이 수여된 것은 너무나 당연한 일이었다.

그들은 이 험난한 인류사회에서 누구도 가릴 수 없는 영원한 빛이며 천사와 같은 사람들이다. 그러한 사람들이 살아있는 한, 또 그러한 청렴결백한 인격과 훌륭한 희생정신을 가진 사람들이 계속 태어나는 한 천주교의 미래는 어둡지만은 않다고 할 수 있다.[15]

4. 하나님의 이름을 악용하는 성직자들의 죄악

면죄부는 비록 성 베드로대성당 건축기금을 모으기 위하여 시작하였다고 하나 종교를 가장한 인간의 욕망, 즉 부귀영화를 독점하려는 야욕과 권위주의가 결탁한 산물이다. 그것은 권력과 돈을 장악하고 평화적으로 자기들의 세력 확장을 도모하는 방법의 하나였으며, 교황청의 권위를 과시하는 수단이었다.

면죄부는 종교단체를 구성하고 하나님을 대리한다는 성직자들이

---

15) 천주교 부활책을 찾기 위하여 교황이 소집한 범 북중남미지역 주교회의(233명의 추기경들 및 주교들과 기타 참석자 58명 참석)의 폐막 일이었던 1997년 12월 12일 바티칸에서 채택된 중남미지역의 빈곤한 나라들의 채무(6천 72억 달러 : $ 607.2 billion debt) 면제 내지 구제를 주장한 것은 찬양할 만한 일이다. 어디까지나 채권국가들, 즉 부강한 나라들이 결정할 문제이기 때문에 실천될 현실성은 희박하고 또 그들의 단순한 구제 주장만으로 무슨 구제가 가능한가 하는 의문도 제기되고 있다. 뿐만 아니라 실망만 크게 하는 주장이 아닌가 하는 말도 나오고 있지만 그들의 관심과 주장의 방향은 지지할 만한 일이다.

그들이 앞으로 어느 정도 강력하게 중남미지역의 빈곤국가들을 위하여 자기들의 주장을 밀고 나갈 것인가는 두고 보아야 할 일이다. 그러나 그 주장을, 적어도 그들이 21세기를 향하여 어떻게 천주교의 메시지를 성공적으로 전달하여야 할 것인가 하는 중요한 계획의 하나로 채택한 것은 주목할 만한 일이다. *Los Angeles Times*, 1997년 121월 13일, p. A4.

하나님의 이름으로 범한 독선과 계산된 행동의 소산이었지, 결코 하나님의 뜻이 아니었다. 면죄부는 어디까지나 인간이 만들어낸 인간의 제도였으며 인간의 사업이었다. 권력을 장악한 소수의 인간들이 자기들의 이익을 위하여 하나님의 이름을 팔아서 만든 제도였다.[16]

가장 심각한 문제는 그들이 자신을 위해 행동하면서도 하나님의 이름을 판다는 사실이다. 모든 것을 하나님의 이름과 뜻으로 미화하는 습성은 종교가 인류에게 범하는 가장 큰 죄악이다.

이러한 문제가 상징적으로 보여주는 종교악(宗敎惡)은, 소수의 이기적이며 타락하고 또 위선적인 종교인들이 자기들 마음대로 필요에 따라 하나님의 뜻과 이름을 수시로 들고 나오는 독단적인 사기성이 그 근본 원인이다. 위선적인 기술이 능란한 자는 신령한 성직자로 행세할 수 있으나, 위장술이 약한 양심적인 성직자는 무능한 성직자가 된다. 물론 위장술은 그것에 속아넘어가는 사람들이 있다는 것을 알기 때문에 만들어진 계략이다. 그 수단이나 방법도 시대에 따라 사람에 따라 달라져 왔다. 변하지 않은 것은 하나님의 이

---

16) 현대사회에서 크리스마스의 영리사업화와 같이 점점 더 심해져 가는 종교적인 행사의 상업화 과정이나 성스러운 종교적인 개념이나 이름이 술집이나 향락산업체의 이름으로 변하는 원인과 미래에 대한 영향 등도 검토되어야 할 것이다. 아담 클럽, 이브 클럽, 마리아 클럽, 예수 식당, 할렐루야 회사 등에서 볼 수 있는 것과 같이 영리를 목적으로 상업화된 유흥업소의 이름으로 쓰일 만큼 세속화되어 가는 기독교의 앞날을 우려하지 않을 수 없다. 머지 않아서 '하나님의 식당', '하나님 회사', '기독교인 바', '기독교인 살롱', '성모 마리아 클럽', '예수 클럽', 'XXXXXX' 등등의 간판이 나오지 않는다는 보장이 없기 때문이다. 이유는 분명하지 않으나 아직 '알라 식당'이나 '석가모니 클럽'은 보지 못하였다.

름을 앞세우고 뒤에서는 사리사욕을 추구한다는 것뿐이다.

면죄부뿐만 아니라 교황청의 성경에 관한 태도나 교리해석을 통하여 좀더 구체적으로 이 문제를 관찰할 수 있다. 그들의 성경이나 교리에 대한 태도나 해석이 하나님의 의도가 아니라 인간의 독자적인 판단에 따른 해석이었다는 것을 무엇으로 알 수 있는가? 이는 그들의 해석이 시대와 사람에 따라 달라져 왔다는 사실을 보면 명백하다. 하나님께서 누군가를 통하여 그때그때마다 교황에게 편리한 다른 해석을 전달하였을 것이라고 하는 소위 계시(啓示)라는 거짓말도 현대사회에서는 통하지 않을 것이다.

II. 천주교는 개신교나 타종교와 공존공영할 수 있는가?

천주교 교리문답서에 이런 내용이 있다.

> 문 : 천주교 밖에 구원이 있는가?
> 답 : 천주교 밖에는 구원이 없다.
> 문 : 천주교 밖에 있는 사람은 누구인가?
> 답 : 천주교 밖에 있는 사람은 영세를 받지 않은 비신자들과 천주교의 교리를 일부러 믿지 않는 열교인들과 천주교의 최상 통치권을 배척하는 이교도들과 파문받은 자들이다.

천주교의 교리문답서를 보면 구원은 오직 천주교에만 있다고 주장하고 있기 때문에 개신교와는 물론 타종교와 공존공영할 수 없는 종교라는 것이 명백하게 드러나 있다. 뿐만 아니라 그들이 타종교를 배척하고 있다는 사실도 확인할 수 있다.

"모든 종교는 공존공영(共存共榮)하여야 한다."

이것은 변함없는 저자의 일관된 신념이요 종교관이다. 그것은 모든 종교가 공존공영하지 못할 때 인류의 미래가 암담해지리라는 사실을 부정할 수 없기 때문이다.

10억의 신도를 거느린 세계 최대의 종교, 천주교는 말끝마다 '인류 구원'이란 대 목표를 외치고 있으나 실제에 있어서는 과거에 인류를 전쟁과 종교재판으로 괴롭힌 조직체였다. 사랑이란 간판을 내걸고 뒤로는 잔인무도한 침략과 살상을 자행한 사실을 역사는 말하고 있다.

천주교의 모든 추기경과 주교들이 교황에게 충성을 맹세할 때는 이렇게 한다.

"나는 교황과 그 후계자에 대하여 이단과 분열과 반역을 일으키는 자에게는 최선을 다하여 반대하고 박해하겠나이다."[17]

천주교편에서 볼 때 개신교는 이단이고 또 분열자임이 분명하다. 그러므로 그들의 충성 맹세에는 개신교를 포함한 모든 이단들을 반대하고 박해하겠다는 뜻이 분명히 내포되어 있다.

세인트 루이스 대 주교는 이렇게 말했다.

"이단과 불신은 죄악이다. 예를 들면 이태리와 스페인처럼 국민 모두가 천주교인이며 또 천주교가 그 국가의 중요한 부분을 차지하고 있는 크리스트교 국가에 있어서 이단과 불신은 다른 범죄와 같

---

17) White, 천세원 편 下, op. cit., p. 406.

「바르톨로메오 축일의 대학살」
천주교도들이 개신교도들을 학살한 사건으로,
그들은 개신교도들을 이단자·불신자로
규정하여 범죄자 취급했다.
천주교는 중세에 부활한 '가인'으로
형제를 살인하였다.

이 처벌될 것이다." [18]

이단과 불신에 개신교도가 포함되어 있는 것은 물론이다. 개신교
도는 천주교도가 아니기 때문에 일반 범죄자와 동일하다는 주장이
었다. 즉 개신교도는 곧 범죄자란 뜻이다.

그러므로 만일 천주교가 중세기처럼 막강한 힘만 있으면 언제든
지 개신교는 물론 타종교도 무력으로 잔인무도하게 박해를 가할 가
능성도 있다고 예측하는 식자도 있다.

천주교는 가끔 개신교를 형제교회라고도 하였고, 또 루터가 개혁
을 한 것에 대하여는 자기들에게도 책임이 있었다는 교황의 선포도
있었다. 그러나 그것은 외교적인 하나의 제스처일 뿐이며 실제에
있어서 천주교의 정책은 옛날과 별다른 근본적인 변화를 발견하기

---

18) Ibid., p. 405. 가끔 신부들과 개신교와의 관계에 대하여 대화를 시도하면, 신부
들의 일방적인 개신교에 대한 멸시의 발언으로 대화는 중단될 수밖에 없었다. 이
는 저자의 체험만이 아닐 것이다. 천주교는 지금까지 개신교에 대하여 외교적인
변화는 있으나 실질적인 변화는 발견할 수 없는 것 같다.

어렵다.

  하늘나라의 열쇠를 쥐고 있다는 천주교가 하나님의 말씀인 성경을 들고 지금까지 타민족·타종교·타문화를 말살하는 역할을 해왔다. 즉 천주교도는 복음선교라는 미명하에 중미와 남미에서 인류사에 보기 드문 잔인성을 발휘하여 원주민들과 그들의 고유 문화를 거의 말살하거나 변질시키고 그들의 전통 종교를 탄압하지 않았는가?

  천주교도들 때문에 원주민들은 평등과 자유를 박탈당한 채 고통과 회한 속에서 멸종되어 갔다. 순진하고 결백하였던 중남미의 원주민들을 그렇게까지 멸종시켜야만 했는가? 뿐만 아니라 그들이 수천 년 동안에 걸쳐 쌓아올렸던 찬란한 문화와 문명을 송두리째 파괴하지 않았는가? 실로 천주교는 선교와 복음 전파라는 미명하에 살인단체가 되었고, 문화와 문명 파괴자였던 것을 역사가 증명하고 있다. 하기야 지동설을 주장하던 과학자들까지 종교재판으로 탄압하고 처형한 집단이지 않는가?

  성직자들의 거룩하고 우아한 성의(聖衣) 속에 어쩌면 그런 치떨리는 독성(毒性)이 숨어 있었을까? 또한 비인간적인 잔인무도한 행위가 모두 하나님의 이름으로 자행되었다. 타인종·타문화·타종교를 말살하기 위하여 일으킨 전쟁이 일단 성전이란 이름을 갖게 되면 잔인한 살상도 신의 영광이 되기 때문에 거기에는 양심의 가책이나 죄책감이 있을 수 없다. 그러한 성전을 천주교는 과거 수백 년 동안이나 '종교재판'으로, 또 200년 동안 십자군 출동으로, 또 30년 동안 개신교 박멸전쟁으로, 그리고 계속 여기저기서 수없이 크고 작은 성전을 자행해서 유럽 천지를 공포의 도가니로 만들면서 회교·개신교·유대인 탄압작전을 전개하였다. 천주교는 실로 성전을 위하여 존재하는 종교였는가? 혹은 천주교 역사는 전쟁사였는가? 혹은 천주교의 선교는 살인을 뜻하였는가?

이것은 저자가 외치는 소리가 아니다. 또 누구의 주장도 아니다. 세계사가 우리 귓속에 고막이 터지도록 들려주는 소리이다. 천주교도들이 멸종시킨 망령들의 한에 맺힌 절규일 수도 있다.

천주교에서 풍자한 루터 이단으로 취급 받음.

천주교는 '인류 구원을 위한 하나의 교회'라는 그 독선과 배타성 때문에 그들의 정책에 방해가 되는 타종교를 서슴없이 적대시하고 멸시하며 박해하고, 또한 필요할 때에는 전투를 벌였다. 구원 없는 타종교는 사탄이기 때문에 하나님의 이름으로 박멸시켜야 된다는 믿음에서였을 것이다. 또 이단이나 이교도들을 박해하고 학살하는 것은 교황에 대한 충성심의 표현이기도 했다. 그리고 정복욕도 작용했을지 모른다.

이와 같이 천주교는 오랫동안 인류에게 화평과 행복과 번영은 주지 못하고 반대로 인류에게 불행을 안겨 준 역사를 가지고 있다. "만일 이 지구상에 천주교라는 종교집단이 존재하지 않았더라면 인류는 얼마나 더 많은 행복과 번영과 평화를 누리고 또 자유를 노래하였을까?" 하고 묻는 사람도 있을 정도이다. 실로 천주교는 상당 기간 그들의 목표와는 정반대의 길을 걸어왔음을 겸허하게 시인해야 할 것이다.

다시 말하면 그들은 타종교를 인정하지 않았을뿐더러 공존할 여지는 추호도 보이지 않았고 오직 천주교만이 인류구원의 유일한 종

베드로(Petrus)
예수의 12제자 가운데 하나
예수의 부활 후, 예루살렘 교회의
기초를 굳히고 복음 선교에
전력하였으며, 나중에 로마에서
네로의 박해로 순교하였다.
후대의 가톨릭 교회는 베드로를
사도직의 대표자로 간주하고,
로마 교황을 사도권의 계승자로
보고 있다.

교라는 독선을 가지고 천상천하 유아독존(天上天下 唯我獨尊)을 고집했다.

천주교가 개신교나 또 타종교와 공존하기 어려운 가장 큰 이유 중의 하나는 264대(2000년 현재) 베드로를 계승하였다는 '교황권'의 독선이라고 할 수 있다. 이것 때문에 타종교는 물론 다 같은 성경을 읽고, 다 같은 하나님을 믿으면서도 개신교는 구원이 없는 사교로 취급하여 공존할 수 없는 이단으로 정죄하고, 멸시하고, 배척하여 박멸작전을 전개해 왔다.

그러던 천주교도 세계종교 정세를 관찰하고 타종교와의 공존을 위한 대화의 문을 열기 시작한 증거가 여기저기에 나타나고 있다.

"1960년 바티칸 제2공의회에서, 세계종교 단일화운동을 시작한 이후에 천주교는 타종파와의 강단교류를 시작하였고, 1986년 10월 27일에는 이탈리아의 천주교 성지로 알려진 아씨지(Assisi)에서 전세계 40여 종교지도자들이 모여 국가와 종교를 초월하여 인류 평화

를 위한 기도회를 가졌다." [19]

또 개신교 편에서도 1991년 9월 W.C.C.(세계교회협의회) 중앙위원회에서 2,000년까지 모든 종파를 초월하여 하나의 교회를 세우고 그 명칭을 「거룩한 가톨릭 사도교회」라고 부르며 천주교의 교황이 지도자가 되는 데 반대하지 않겠다는 결정을 하였다. [20]

또 1993년 8월 28일 시카고에서 「세계종교회의」를 열고 불교·힌두교·회교·유대교·뉴에이지교·무당·개신교·천주교 등이 모여 「지구촌 윤리」(Global Ethic)라는 헌장을 채택하였는데, 그 헌장은 세계종교를 하나로 만들기 위하여 각 종교는 각자의 편협한 태도를 버리고 자기 종교의 특성을 희생해야 한다는 점을 강조하였다. [21]

이러한 사실들은 천주교가 과거의 독선·배타성을 청산하고 새 시대의 대종가답게 종교의 공존공영을 주도하고 나왔다는 증거라고 볼 수 있다. 이것은 실로 세계 종교와 인류의 생존을 위한 천주교의 일대 공헌이 아닐 수 없다. 인류는 이제 비로소 새로운 빛을 볼 수 있게 되었으며 이제 우리는 천주교의 주도적인 역할을 기대하면서 찬사를 보내야 할 것이다. [22]

이와 같이 교황청에서는 개신교를 포함한 모든 종교들과의 공존공영을 향하여 힘찬 전진을 하고 있음에도 불구하고 하부 사제들의

---

19) 「미주복음신문」, 1996년 10월 6일, 제915호.

20) Ibid., 1997년 10월 26일, 제963호.

21) Ibid., 제915호. 위에 열거한 종교통합운동에 대하여 기독교 보수계에서는 크게 반발하고 있는 것 같다. 즉 그런 운동은 옷만 바꾸어 입는 것뿐이고, 하나님 없이 인간의 힘으로 세계평화와 안정을 추구하려는 현대판 바벨탑을 건축하려는 인본주의라고 반발하고 있다 ; Ibid., 제963호.

22) 본서의 제10장 '인류 구원의 종교' 중에서 '종교통합의 방향'을 참조할 것

타종교에 대한 태도나 사고방식은 옛날과 별로 다를 바가 없는 것 같다. 하부 사제들의 독선과 우월성은 여전하고 타종교·타종파에 대한 멸시는 조금도 변함이 없다. 무엇 때문일까? 오랜 전통을 하루아침에 바꾸기 어려워서일까?

III. 교황은 진정 베드로의 계승자인가?

1. 베드로가 받은 세 가지 특권은 유효한가?

제1대 교황 베드로(St. Peter)부터 지금까지 로마 천주교는 2000년 현재 264대의 교황체제를 이어왔다고 자부하고 있다. 교황 영도하에서 약 2,000년 동안 '하나의 교회'를 유지하고 있는 교황체제는 실로 천주교 조직의 핵심으로, 교황은 그 통치자이며 또 국가 원수이기도 하다.

그 교황체제를 뒷받침하는 교리의 근거는 「마태복음」 16장 13~20절에 있다(그밖에 막 8:27~30, 눅 9:18~21, 마 18:18~18 등을 참조).

15)가라사대 너희는 나를 누구라 하느냐 16)시몬 베드로가 대답하여 가로되 주는 그리스도시요 살아 계신 하나님의 아들이시니이다. 17)예수께서 대답하며 가라사대 바요나 시몬아 네가 복이 있도다 이를 네게 알게 한 이는 혈육이 아니요 하늘에 계신 내 아버지시니라 18)또 내가 네게 이르노니 너는 베드로라 내가

이 반석 위에 내 교회를 세우리니 음부의 권세가 이기지 못하리라 19)내가 천국 열쇠를 네게 주리니 네가 땅에서 무엇이든지 매면 하늘에서도 매일 것이요 네가 땅에서 무엇이든지 풀면 하늘에서도 풀리리라 하시고 20)이에 제자들을 경계하사 자기가 그리스도인 것을 아무에게도 이르지 말라 하시니라 21)이때로부터 예수 그리스도께서 자기가 예루살렘에 올라가 장로들과 대제사장들과 서기관들에게 많은 고난을 받고 죽임을 당하고 제3일에 살아나야 할 것을 제자들에게 비로소 가르치시니 22)베드로가 예수를 붙들고 간하여 가로되 주여 그리 마옵소서 이 일이 결코 주에게 미치지 아니 하리이다. 예수께서 돌이키시며 베드로에게 이르시되 사탄아 내 뒤로 물러가라 너는 나를 넘어지게 하는 자로다 네가 하나님의 일을 생각지 아니하고 도리어 사람의 일을 생각하는도다 하시고 - 「마태복음」 16:5~23

베드로의 고백(16절)을 들은 예수는 만족하신 듯 그에게 세 가지 특권을 주셨다. 첫째는 베드로라는 반석 위에 교회를 세우는 권리(18절), 둘째는 천국의 열쇠(19절), 셋째는 땅에서 매면 하늘에서도 매고 땅에서 풀면 하늘에서도 푸는 특권(19절)이었다.

베드로가 받은 이 세 가지 특권은 제2대 교황에게로 전승되었고 또 2대는 3대에게로, 3대는 4대 교황에게로 각각 전승되어 현재의 264대 교황에게까지 내려오고 있다는 것이다. 또 이 세 가지 특권을 받은 교황은 그 특권을 자기만 갖고 있지 않고 각국의 주교들에게 전승하여 주었고, 다시 주교들은 자기 수하에 있는 모든 신부들에게 전승하여 주었다고 한다. 그러므로 모든 신부는 베드로가 받은 세 가지 특권을 보유하고 있는 특권자가 되었다는 것이다. 신부가 고해성사에서 신도들의 죄를 사할 수 있는 것은 이러한 논리에서 가능하다고 한다.

또한 「마가복음」 8장 27~33절과 「누가복음」 9장 18~21절은 이를 뒷받침하고 있다. 그러나 예수께서 베드로의 고백을 들은 사건에 대하여 세 복음서는 각기 달리 표현하고 있다. 즉 「마태복음」에는 베드로의 고백에 대하여 예수의 칭찬(16:17~19)과 책망(16:22~23)이 모두 기록되어 있으나, 「마가복음」에는 예수의 책망만 있고 칭찬은 없다. 그리고 「누가복음」에는 칭찬도 책망도 없다.

또 「마태복음」 16장 17~19절은 베드로가 받은 특권을 기록한 핵심부가 되는 중요한 부분인데, 「마태복음」에만 있고 「마가복음」과 「누가복음」에는 없다. 「마태복음」 16장 13~18절까지는 자연스럽고 친근한 대화로 엮어졌으나, 19절은 예수의 말씀이 아닌 것을 초대교회에서 베드로의 우월성을 주장하기 위해 후일 기자가 삽입했다고 뜨루 대학 신학교수 데이비스(Davis)는 주장하고 있다.[23]

그러므로 교황이 베드로의 세 가지 특권을 전승받았다는 것은 성서적 근거가 희박할 뿐만 아니라 그 의미도 천주교에서 주장하는 것과는 차이가 있다고 말할 수 있다. 여기에 그 이유를 열거한다.

첫째, 「마태복음」 16장 19절에 나오는 "땅에서 무엇이든지 매면 하늘에서도 매고 땅에서 풀면 하늘에서도 풀리라"는 말씀은 사람이 땅에서 사람을 판단하고 심판한다는 것인데, 그것은 예수의 정

---

23) *Abingdon Bible Commentary*, 1930, 柳瀅基 編, 單卷, 「聖經註譯」, 1934, p. 747.

신(말씀)과 모순되는 구절이다. 왜냐하면 판단이나 심판은 아버지 하나님의 영역에 속한 것으로 그때는 예수의 영역이 아니었기 때문이다. 예수께서 세상에서 사람을 가르치시고, 감화시키고, 병을 고치시고, 사랑하셨으나 심판은 아버지 하나님의 영역에 속한 것이었다. 그것은 「요한복음」 5장 30절과 8장 15~16절 등에 분명히 나타나 있다. 이와 같이 예수도 사역할 수 없었던 그 높은 영역을 예수께서 베드로에게 주실 리가 있었겠는가? 그러므로 '땅에서 매면'의 구절은 예수의 말씀과 모순된다. 따라서 예수의 말씀도 아닌 것을 베드로의 우월성을 강조하기 위하여 후일에 기자가 삽입하였다는 것이 많은 학자들의 견해이다.

둘째, 아람어(Aramaic)에서 '맨다'는 금지(禁止)를 뜻하고 '푼다'는 허락을 뜻한다. 이것이 후에는 교회에서 신도들을 징계할 때 사용하게 되었다. 즉 맨다는 교회법을 위반한 신도를 교회에서 '출교' 시킬 때 사용한 말이고, 푼다는 '입교'할 때 사용한 말이다. 그러므로 '푼다'는 하나님이 사람의 죄를 사죄한다는 뜻으로, 교회에서 사용한 용어가 아니고 교회의 허입 즉 입교를 의미하였다. 따라서 '맨다'도 그런 방법으로 즉 출교나 입교 금지를 뜻하였다.

다시 말하면 베드로가 받았다는 '맨다', '푼다'의 권리는 교회에서 신도들의 출교와 입교권을 받았다는 뜻이다. 매튜 헨리도 그의 주석서에서 비슷한 해설을 하고 있다. 즉 "그것은 당시 율법의 두루말이를 실이나 끈으로 매고 풀 때에 사용하던 통상적인 용어였다."고 한다. 즉 필요할 때에 백성들을 위하여 복음의 두루말이를 땅에서 풀면 하늘에서도 풀어 복음이 전파되게 할 것이요, 땅에서 매면 하늘에서도 맨다는 의미라고 주석하였다. 윌리엄 바클레이도 위와 같은 해석을 하였으며 또 그는 매고 푸는 특권은 베드로와 제자들만이 받은 것이 아니라 기독교인 모두가 받았다고 하였다.[24]

그러므로 천주교의 신부가 고해성사에서 신도들의 죄를 사한다는 것은 성서적 근거가 없는 반성서적인 행위라고 할 수 있다. 신부가 백 번을 사죄해도 결코 사함을 받을 수는 없다. '푼다', '맨다'라는 뜻은 신부가 교회에서 신도들의 입교와 출교의 권한을 가지고 있다는 뜻이며 사람의 죄를 사할 권리가 있다는 뜻은 아니기 때문이다. 이는 루터의 95개 조항 중 제5번에도 명시되어 있다.

셋째, 「마태복음」 18장 18절에 보면 매고 푸는 권리를 베드로 개인에게만 주지 않고 '너희에게' 라고 복수로 기록되어 있다. 즉 매고 푸는 권리는 제자 모두에게 주신 것이었다. 베드로만 받은 특권이 아니었다(바클레이 주석에는 이 특권은 기독교인 모두가 받은 것이라고 되어 있다.).

넷째, 「마태복음」 16장 17절에는 "이를 네게 알게 한 이는 혈육이 아니고 하늘에 계신 내 아버지시니라"고 기록되어 있다. 이것을 보면 베드로는 자기 자신이 스스로 깨닫고 안 것이 아니라 하늘의 계시로 그런 대답을 하였으나 본인은 참뜻을 모르고 있었다. 다시 말하면 베드로는 예수의 정체를 정확하게 말로 간증할 수 있었으나 이는 스스로의 간증이 아니고 하늘 아버지께서 알려주신 바를 말로 간증하는 도구의 역할만을 하였다는 증거이다. 그러므로 주님의 참뜻을 이해하지도 못하고 사람의 일, 세상일로만 생각하고 있었다

---

24) Ibid., p. 769 ; Henry, M., *Matthew Henry's Commentary, Matthew* vol 2, 고영민 역, 1891, pp. 359~360 ; Barclay, W., *The Gospel of Matthew* vol 2, 1956, 황장욱 역, 1987, pp. 217~219 참조.

는 것이다.

그 증거가 16장 23절에 나타나 있다. "예수께서 돌이키시며 베드로에게 이르시되 사탄아 내 뒤로 물러가라 너는 나를 넘어지게 하는 자로다 네가 하나님의 일을 생각지 아니하고 도리어 사람의 일을 생각하는도다" 베드로는 "사탄아 물러가라"는 저주를 받았다. 왜냐하면 베드로가 "주는 그리스도시요"라고 간증은 하였으나 그리스도의 참뜻을 착각하고 있었기 때문이다. 베드로가 알고 있었던 그리스도는 정치적 승리자요, 무력적 정복자로서 장차 이스라엘을 로마제국으로부터 독립시킬 메시아였다. 그러므로 예수는 제자들에게 자신은 예루살렘에 올라가 고난을 받고 죽임을 당한다고 가르치실 때 베드로는 그것을 거부할 수밖에 없었다. 자기가 알고 있는 그리스도와 예수의 가르침과의 거리가 너무나 컸기 때문이다. 즉 베드로의 신앙고백은 스스로에게서 나온 것이 아니었고, 그는 단지 도구의 역할만 하였다는 증거이다. 그래서 베드로는 "우리가 가진 모든 것을 다 버리고 주님을 따랐는데 받을 보상이 무엇이냐?"(마 19:27)고 물었던 것이다.

이와 같이 베드로는 잠시 세 가지의 특권을 받기는 하였으나 사탄이 되면서부터 즉시 그 특권은 자동적으로 소멸되었다고 보아야 한다. 사람의 일만 생각하고 주님의 사역을 파괴하려는 사탄에게 그 귀중한 특권을 맡길 수가 있었겠는가?

여기서 그 특권이 취소된 증거를 열거해 본다.

(1) 닭 울기 전에 세 번이나 주님을 부인(마 26:69~75)

첫번째 부인 : 70절 - 어떤 비자의 질문에 베드로는 '모든 사람들 앞에서' 예수를 부인했다. '모든 사람들 앞' 이란 것은 공공장소에

서 공식적으로 부인했다는 뜻이다. 그런 부인은 취소도 할 수 없는 절대적인 부정을 의미한다.

두 번째 부인:72절 - 자신은 예수와는 전혀 상관이 없는 사람이라고 '맹세하고' 부인했다. 맹세는 책임지고 하는 말을 뜻한다. 즉 후에라도 지금 내가 한 말과 사실에 차이가 있을 경우에는 어떤 처벌이라도 감수하겠다는 약속이다. 법률적으로 표현한다면 공증된 증언을 뜻한다. 이러한 부인은 번복할 수 없는 것이다.

세 번째 부인:74절 - '저주하고 맹세하며 부인함' 베드로는 자기의 곤궁한 입장에서 벗어나기 위하여 감히 주님을 저주하면서 그를 알지 못한다고 두 번씩이나 맹세하며 부인하였다.

만일 베드로가 그 세 가지 특권을 간직하였더라면 감히 이렇게까지 세 번이나 저주와 맹세를 반복하면서 예수와의 관계를 부인할 수가 있었겠는가? 돌이킬 수도, 취소할 수도 없는 저주를 퍼부으며 맹세하고 예수와 자기와는 아무런 상관도 없다고 한 것을 보면 그가 받은 특권은 소멸되었음이 확실하다. 그렇지 않고 만일 그의 심령 속에 그처럼 확고한 특권이 살아 있었더라면 어떻게 그렇게 세 번이나 부인하며 예수를 저주할 수가 있겠는가?

(2) 「요한복음」 21장 3절에 의하면 베드로는 행동으로 그 특권이 소멸되었음을 보여주고 있다. 시몬 베드로는 "나는 물고기 잡으러 가노라" 하며 낙심하여 동생과 또 다른 제자들까지 데리고 다시 옛날 직업을 찾아 갈릴리호수로 되돌아갔다고 기록되어 있다. 베드로는 예수의 부활을 직접 목격한 자이다. 자기 자신의 눈으로 예수의 부활을 목격하고도 모든 것을 단념하고 다시 어부로 돌아간 것이다.

만일 베드로가 예수님에게 받은 그 세 가지 특권을 간직하고 있었더라면 동지들을 버리고 또 예수와의 3년간의 관계도 청산하고 어떻게 어부로 되돌아갈 수가 있었겠는가? 마음속에서 예수의 형상이 이미 완전히 사라졌기 때문에 베드로는 옛날의 어부생활로 되돌아 갈 수밖에 없었을 것 같다. 그것은 예수와 자신과의 관계는 일단 없었던 것으로 하고, 완전히 종지부를 찍었기 때문일 것으로 볼 수 있다. 즉 예수와의 관계 무효화가 성립된 셈이었다. 예수에게 받은 확고한 세 가지 특권이 베드로의 심령 속에 살아 있었더라면 어떻게 그럴 수가 있었겠는가? 그러므로 베드로가 받았던 세 가지 특권은 소멸되었음이 분명하다.

(3) 예수를 그리스도라고 고백한 믿음으로 말미암아 베드로는 세 가지 권리를 부여받았다. 그런데 천주교에서는 그 믿음 위에 받은 것이 아니라 인격 위에 받았다고 주장한다. 그러면 믿음 위에 받은 것과 인격 위에 받은 것의 차이는 무엇인가? 믿음 위에 받았으면 소멸되고 인격 위에 받았으면 영원토록 계승이 가능한가?

(4) 여기서 더 이상의 성구풀이는 필요가 없다. 예수께서 베드로의 고백을 들으시고 그가 가진 믿음 위에, 혹은 천주교의 주장처럼 인격 위에 세 가지 특권을 주었다고 가정하자. 그런데 그 특권을 받은 베드로는 AD 64년 로마에서 십자가에 거꾸로 달려 순교했다.[25]

---

25) Crystal, D., ed., *The Cambridge Factfinder*, 1993, p. 404; Cawthorne, op. cit., p. 269. 베드로 순교연도에 대하여는 학자에 따라 차이가 있다. 「요한복음」 끝에 보면 놀랍게도 베드로는 부활하신 예수로부터 양을 치라는 분부를 받는다. 그것은 예수의 한없는 관용과 사랑을 보여주는 장면이기도 하다. 그러므로 오순절 사건 속에서 우리는 베드로의 새로운 모습을 볼 수 있다.

십자가에 거꾸로 달려 순교한 베드로

너희가 그리스도의 이름으로 욕을 받으면
복 있는 자로다 영광의 영,
곧 하나님의 영(靈)이 너희 위에 계심이라
(벧 4 : 14)

나를 인하여 너희를 욕(辱)하고
핍박(逼迫)하고 거짓으로 너희를 거스려
모든 악한 말을 할 때에는
너희에게 복이 있나니
(마 5 : 11)

베드로가 순교하였으면 베드로가 받았던 모든 특권도 믿음 위에 받았든지, 인격 위에 받았든지 상관없이 자동적으로 취소되고 소멸되고 마는 것이다. 믿음이나 인격은 세습되거나 인수 인계되는 권리나 물건이 아니기 때문이다.

만일 베드로가 받은 특권 혹은 권한이 봉건주의 국가나 현대의 왕국에서 왕위(王位)나 귀족들의 작위(爵位)처럼 법이나 절차 혹은 전통에 따라 자동적으로 자식들에게 승계(承繼)되는 것이라고 해도, 교황은 혈통이나 가족을 중심으로 한 계승직이 아니었다. 피비린내 나는 투쟁 끝에 교황이 된 사람들도 다수였다.

만일 베드로가 받은 특권이 아주 특별한 권한이며 천주교에서만 특별히 인정하는 계승권이기 때문에 전통적으로 그렇게 인정되어 왔다고 강변해도 문제는 있다. 즉 상당수의 교황들이 다른 사람에 의해 추방되었으며 그 자리를 사고팔 수 있었고 힘으로 현직 교황을 축출하고 그 자리를 빼앗을 수도 있었기 때문이다. 만일 그래도 그것이 합법적이며 올바른 계승이었다고 한다면, 지금이라도 누군가가 힘으로 현 교황을 축출하고 그 자리를 강탈한다면 그 사람이 교황이 될 수 있다는 말이 되지 않는가? 과거에도 교황을 축출한 전례가 있었다는 것을 역사는 증명하고 있다. 즉 힘으로 그 특권을 빼앗을 수 있다는 말이 된다.

앞으로 만일 천주교와 아무런 관계가 없는 사람이 교황 자리에 앉아서 '내가 지금부터 베드로의 특권을 이어받은 교황' 이라고 선언한다면 어떻게 되겠는가? 그가 힘이 있다면 교황이 될 수 있다는 논리이다.

과거나 현대사회에서도 혁명이나 쿠데타는 주로 힘에 의하여 좌우되어 왔다. 또 혁명이나 쿠데타의 합법성과 타당성은 그 힘을 가진 자들의 지혜와 행동에 따라 달라져 왔다. 그리고 민심은 자기들의 이익과 시간에 따라 변하였다.

가옥이나 토지, 혹은 귀중한 보물 등 그런 물질적인 것은 등기 이전하여 자손에게 혹은 누구에게든지 대대로 상속할 수 있다.

교회의 기초는 오직 예수 그리스도
가톨릭은 예수가 베드로에게
천국열쇠 준다는 것을
자의로 해석하여 베드로와 자칭
그 후계자들(교황)에게만
사도의 권한이 주어졌다고
생각하고 있다.

예수 그리스도를 세 번 부인하는 베드로

	마태	마가	누가	요한
해당구절	26:69~75	14:66~72	22:55~62	18:16~18, 25~27
처음 질문자	한 비자(여자종), 너도 갈릴리 사람 예수와 함께 있었도다	대제사장의 비자, 너도 나사렛 예수와 함께 있었도다	한 비자, 이 사람도 그와 함께 있었느니라	문 지키는 여종, 너도 이 사람의 제자 중 하나가 아니냐
베드로	나는 네 말하는 것이 무엇인지 알지 못하겠노라	나는 네 말하는 것이 무엇인지 알지도 못하고 깨닫지도 못하겠노라	이 여자여 내가 저를 알지 못하노라	나는 아니라
둘째 질문자	다른 비자, 이 사람은 나사렛 예수와 함께 있었도다	비자, 이 사람은 그 당이라	다른 사람, 너도 그 당이라	사람들, 너도 그 제자 중 하나가 아니냐
베드로	맹세하면서, 내가 그 사람을 알지 못하노라	(또 부인…)	이 사람아 나는 아니로라	나는 아니라
셋째 질문자	곁에 섰던 사람들, 너도 진실로 그 당이라 네 말소리가 너를 표명한다	곁에 서 있는 사람들, 너는 갈릴리 사람이니 참으로 그 당이니라	또 한 사람, 이는 갈릴리 사람이니 참으로 그와 함께 있었느니라	대제사장의 종 말고의 일가, 네가 그 사람과 함께 동산에 있던 것을 내가 보지 아니하였느냐
베드로	제주, 맹세하면서, 내가 그 사람을 알지 못하노라	저주, 맹세하되, 나는 너희의 말하는 이 사람을 알지 못하노라	이 사람아 나는 너 하는 말을 알지 못하노라	(또 부인…)

그러나 비물질적인 것은, 예를 들면 믿음·지식·능력·명예·인격 등은 등기 이전을 할 수도, 상속할 수도 없다.

아버지의 믿음을 자손에게, 학자의 지식을 제자들에게 가르칠 수는 있으나 상속할 수는 없다.

베드로가 받은 칭찬과 몇 가지 특권(그것도 베드로가 받았다고 할 수 없지만)이 2,000년간 264대의 교황에게 대대로 상속 계승되었다는 것은 있을 수 없는 일이다. 만일 천주교가 이런 해괴망측한 궤변으로 2,000년 동안이나 인류를 기만하여 왔다면 이는 심각한 사건이 아닐 수 없다.

천주교는 이런 궤변을 합리화하여 지금까지 인류를 오도해 온 것이 아닌가? 거기에 더하여 죄 사하는 권리까지 주장하면서 순박한 신도들에게 고해성사에 대한 의무를 강요함으로써 남의 죄를 사한다는 웃지 못할 희극을 연출하면서 천주교의 밧줄로 사람들의 목을 꽁꽁 묶어서 끌고 다닌다. 천주교가 아무리 주장해도 베드로 계승권은 납득하기 어려운 일이다. 인류는 여기에서 해방되어야 한다.

이런 말을 하고 싶은 사람은 과거에도 많았을 것이며 현재도 적지 않을 것이다. 또 미래에도 수없이 나타날 것이다. 그러나 지금까지 천주교의 권력이 무서워 감히 이런 말을 할 수가 없었을 뿐이다. 그것은 마치 세례 요한 당시에 입 가진 사람은 많았으나 죽음이 두려워 헤롯왕에게 그 비행을 말할 수가 없었던 것과 같다. 그러나 요한은 진리를 말하는 용기가 있었다. 그는 그 대가로 목숨을 지불해야만 했다.

저자는 지금 세례 요한의 용기와 심정으로 이 글을 쓰고 있다. 베드로가 받은 특권의 계승이란 비성서적이며, 가짜요 허위요 불가능하기 때문이다. 그 가짜가 지금까지 참신한 신도들을 이단자로 몰아서 학살하며 활개를 쳤다. 그리고 약 2,000년 동안이나 인류를 기만해 왔다.

믿음은 각자의 것으로, 베드로의 것은 베드로에게서 끝나고 타인에게 전승되거나 인계될 수 없다. 베드로의 특권이 264대까지 전승되었다는 교리는 천주교가 아무리 강력하게 주장해도 성립될 수 없는 궤변이다.

개신교에는 하나님께서 임명하신 교회의 수장이 없으나 천주교에는 있다고 자부하는 것도 반성서적이다. 교회의 우두머리는 예수 그리스도이지 결코 교황이 아니다. 교황은 사람들(추기경들)이 모여 선출한 교회의 대표자일 뿐이다.

만일 하나님께서 천주교의 교황을 수장으로 임명하셨다면, 그런 엉터리·난봉꾼·매독환자 교황들을 임명하셨겠는가? 교황직을 돈으로 사기도 하고 팔기도 하였는데, 그래도 하나님이 임명하신 것이라고 우길 것인가? 뿐만 아니라 어떤 때는 일국의 왕이 교황을 교체시킨 적도 있었는데, 그때는 왕이 하나님이 된 것인가? 또 유부녀와 간통하다 발각되어 그 남편에게 맞아 죽은 교황도 하나님께서 임명하신 천주교의 수장인가?

천주교의 수장을 하나님께서 264대까지 임명하셨다는 주장은 하나님께 대한 모독행위가 아닌가? 하나님께서 지능이 부족하여 그런 실수를 저질렀단 말인가? 사람들(추기경들)이 모여 교회의 대표자를 선출해 놓고 그것을 하나님의 임명으로 허위 가장하는 것은 하나님의 이름과 권위를 제멋대로 도용하는 전형적인 종교악이 아닌가? 그런 허위 가장이 중세기에는 통하였으나 지금은 그런 시대가 아니다. 겸허하게 시정하려는 이성적인 사제들의 출현을 기대해 본다.

또 천주교는 264대의 하나의 교회, 교황체제를 유지하기 위하여 이단이란 죄명으로 얼마나 많은 신도들의 고귀한 생명을 처단하였는가? 이는 무죄한 자들의 피 위에 세워지고 유지된 부끄러운 제도이다. 그런 제도를 신성불가침으로 선전하고, 그 제도를 통하여 인류 구원이 가능하다고 주장하는 근거는 무엇인가?

살인자는 분명 계명과 예수의 교훈을 정면으로 거역하였으므로, 구원을 받을 수 없다(계 22:15). 구원도 받지 못할 살인자들이 누구를 구원한다는 말인가? 누가 누구의 죄를 사할 수 있다는 말인가?

만일 베드로가 받은 세 가지 특권을 인정하더라도 매고 푸는 특권은 베드로만 받은 것이 아니다. 열두 제자들이 모두 똑같이 받은 것이다(마 18:18). 물론 가룟 유다도 받았다. 가룟 유다는 마지막 유월절 만찬 때에 책망을 받기는 하였으나 베드로처럼 "사탄아 내 뒤로 물러가라"는 그런 치명적인 저주를 받지는 않았다. 그러므로 베드로가 받은 그 특권은 소멸되었더라도 다른 제자들이 받은 특권은 여전히 살아 있다고 할 수 있다.

베드로의 계승자가 로마 천주교의 교황이 되었다면, 다른 열한 제자들의 세 가지 특권을 계승받은 교황도 있을 수 있고, 또 있어야 한다는 논리도 성립한다. 즉 요한 천주교, 야고보 천주교, 마태 천주교, 가룟 유다 천주교 등 12개의 천주교로 분열되고 분파될 수도 있다. 그러면 천주교가 그처럼 자랑하던 '하나의 교회'의 전통은 깨어져 '하나의 교회'는 '열두 교회'가 될 것이다.

윌리엄 바클레이가 지적했듯이 모든 기독교인들은 그 세 가지 특권을 받았으므로 루터 교회, 칼빈 교회, 웨슬리 교회, 스미스 교회, 김서방 교회, 모라비안 교회도 그 특권을 모두 계승한 교회가 될 수 있다. 이 모든 종류, 즉 전세계 25,000여 개의 교파들은 분열되어 있으나 모든 교회가 다 예수 그리스도를 교회의 머리로 모시고 그의 복음으로 운영·통치되며 선교하므로 이 모든 교회를 총칭하여 '참 하나의 교회' 라 부를 수도 있을 것이다.

마치 40만 개의 성당을 가지고 있는 로마 천주교가 하나의 교황 통치하에 있으므로 '하나의 교회' 라고 불리어지는 것과 같은 논리이다. 또 만일 로마 천주교가 교황의 통치하에만 있지 않고 예수 그리스도의 통치하에도 있다면 천주교도 개신교와 함께 '참 하나의 교회' 를 형성할 수 있을 것이다. 그러나 만일 로마 천주교가 예수 그리스도의 통치와는 상관이 없고 교황의 통치하에만 있는 교회라면 로마 천주교는 위의 '참 하나의 교회' 에서 제외될 수밖에 없다. 천주교의 통치자는 예수 그리스도가 아니고 교황이기 때문이다.

과거 2,000년 동안 천주교는 베드로의 계승으로, 사죄권을 미끼

'참 하나의 교회'
천주교의 참 통치자는 교황이 아니고
바로 예수 그리스도이다.
베드로의 특권을 264대까지 물려받았다는
천주교의 교리는 아전인수요 언어도단이다.
교황은 추기경들이 모여 선출한 교회의
대표자일 뿐이다.

갈릴레이(Galileo Galilei, 1564~1642)
이탈리아 르네상스 말기의 과학자로 근대 자연과학의
시조로 일컬어짐. 코페르니쿠스의 지동설을 인정하여
종교 재판을 받음.
'물체의 낙하법칙', '관성의 법칙' 등 여러 법칙을 발견.
스스로 제작한 망원경으로 '달 표면의 요철', '목성의 위성',
'태양의 흑점' 등을 발견하여 종래의 우주관을
근본적으로 변화시킴.
저서 : 「천문 대화」, 「신과학 대화」

로 하여 온갖 방법으로 인류를 괴롭혔다는 사실을 부인할 수 있을
것인가? 오늘날의 천주교는 지동설을 주장한 과학자들을 처형하고
성경을 자국어로 번역한 학자들을 처형한 사실을 죄악이라고 스스
로 인정하고 있다.[26]

---

26) 윌리엄 틴들(William Tyndale : 1494~1536)은 성경을 영어로 번역한 죄로
  이단으로 몰려 처형당한 순교자이다. 처형당하기 전에 그는 영국을 탈출하여 유
  럽 본토에서 구약의 일부를 영어로 번역하고, 또 라틴어 번역판을 사용하지 않고
  직접 희랍어로 된 신약성경을 영어로 번역하여 출판하였으나 영국의 캔터베리
  대주교가 그 번역서를 매입하여 불에 태워버렸다. 그러나 영국으로 밀반출된 일
  부는 주교들의 탄압에도 불구하고 소수의 사람들이 볼 수 있었다고 한다. 결국
  틴들은 고국에 돌아가지 못하고 숨어살다가 현 부랏쎌 지역 근처에서 천주교 밀
  사들의 계략에 속아 외출하였을 때 붙잡혀 교살당한 후 다시 화형당했다.
  Harris, R.L., *The World of the Bible*, 1995, p. 31; *Reader's Digest The
  Bible Through The Ages*, 1996, pp. 308~309; 319; Castleden, R., *The
  Concise Encyclopedia of World History*, 1996, p. 260; Metzger, B.M.
  and Coogan, M.D., ed., *The Oxford Companion to the Bible*, 1993, pp.
  613, 750, 758~759; McArthur, T., ed., *The Oxford Companion to the
  English Language*, 1992, pp. 1059~11060; Pelikan, J., *The Reformation
  of the Bible/The Bible of the Reformation*, 1996, pp. 35, 42, 44, 52~53, 142
  ~144, 146, 149; Trager, J., revised and updated ed., *The People's
  Chronology*, 1992, p. 174, 179~180 참조.

마틴 루터는 아래와 같이 교황을 적 그리스도라고 비판했다.

"예수는 걸어 다니셨는데 교황은 가마를 타고, 예수는 제자들
의 발을 씻기셨는데 교황은 자기 발에 입맞추라고 하고, 예수는
원수를 사랑하라 하셨는데 교황은 예수의 종들을 이단이라고
화형에 처한다. 그는 가증한 적 그리스도이다."[27] "또 교황이
나를 이단자라 파문한다면 나는 교황을 신의 진리로 파문하리
라. 교황은 그리스도의 목자가 아니다. 악마의 사도이다."[28]

개신교는 천주교에서 떨어져나간 교회이기 때문에 그리스도와
연관이 없는 사교요, 구원이 없는 사탄의 종교이므로 타종교와 함
께 그것들을 지상에서 멸종시켜야 된다는 전통적인 정책을 실천해
온 것이 천주교의 과거사이다. 그러므로 천주교가 이 교황권 교리
를 수정하지 않는 한 개신교와 또 타종교와의 마찰은 그칠 날이 없
을 것이며 따라서 공존도 불가능하며 세계 평화도 기대하기 어려울
것 같다. 다시 말하면 타종교와의 공존이나 세계 평화는 '교황권
교리 수정' 여하에 달려 있다는 논리가 설득력이 있는 것 같다.

이와 같이 루터가, 적 그리스도라고 몰아붙였던 그 교황의 계승자
인 현재의 교황은 이제는 타종교·타종파와의 공존공영을 주도하는
선두자로 나선 것 같다. 악마의 사도가 아니라 성령의 사도, 예수의
사도로서 새롭게 변화하였다. 이는 천주교 지도자들의 현명하고

---

27) Walker, 류형기 역, op. cit., p. 407.
28) Ibid., p. 408.

관대한 협력과 현 교황의 역사적 대 업적의 결과로서, 이는 하나님의 뜻이 실현되고 있음을 의미한다. 그러므로 루터가 지금 생존해 있다면 과거의 주장을 철회할지도 모른다. 이제 세계 종교계에는 밝은 빛이 보이기 시작하고 있다. 아직도 교리상 많은 문제가 있지만 현 교황의 혁명적인 영도력에 찬사를 보내야 할 것이다.

2. 고해성사와 중세 교황들의 실태
A. 고해성사

천주교의 교리문답에는 이런 것이 있다.

　문 : 고해성사란 무엇인가?
　답 : 고해성사란 사제가 하나님을 대신하여 죄를 사해 주는 성례이다.
　문 : 사제는 참으로 죄를 사하는가? 아니면 죄가 사해졌다고

선언하는 것뿐인가?

　답: 사제는 그리스도에 의하여 그에게 부여된 권세로써 죄를 실제로 참으로 사한다.

　문: 고해성사에서 누가 죄 사하는 권세를 가졌는가?

　답: 천주교의 주교와 사제들에게 위임되었다.

천주교가 고해성사를 통하여 사람의 죄를 사할 수 있는 권한을 가지고 있다는 제도는 편리하지만 문제가 많은 제도이다. 성립될 수도 없는 성구와 논리를 근거로 하여 만들어진 '이 천주교회 사죄권은 동방정교회 수준으로 수정되어야 할 것이 아닌가?' 하고 생각해 본다. 즉 "내가 네 죄를 사하노라"가 아니라 동방정교회처럼 "당신의 죄가 사함 받기를 원하노라" 하는 수준이다.

사기를 치거나 살인을 해도 고해성사만 하면 죄 사함을 받을 수 있다는 것은 범죄를 무죄화 혹은 정당화시키는 결과가 되지 않는가? 살인을 하고도 죄 사함을 받을 수 있으니 양심의 가책이나 죄책감은 순간적인 것일 수밖에 없다. 열 번 살인을 하고도 열 번 고해성사만 하면 만사를 용서받게 되어 있으니 편리한 제도이다. 그러므로 그러한 제도는 범죄를 장려하는 것이 될 수도 있다.

동시에 죄 값으로 죽을 수밖에 없는 신도와 꼭 같은 자, 즉 일반 신도와 조금도 다름없는 죄인인 신부 앞에 무릎을 꿇고 심중의 죄를 고백하면, 신도의 인간성은 전락되고 그들의 심령 속의 고상한 믿음은 저하되지 않는가? 하나님 앞에서 자신의 죄를 스스로 인정하고 애끓는 마음으로 통회하고 죄 사함을 받기 위해서 그리스도의 구속의 보혈에 의지하는 대신에, 죄 많은 더러운 인간 앞에 무릎을

성당의 고해성사실
고해(고백)성사 ; 일곱 가지
성사의 하나로, 영세를 받은
신자가 범한 죄를 뉘우치고
하나님의 대리자인 사제에게
고백하여 용서받는 일.

꿇고 사죄를 청하는 것은 반성서적·반신앙적이다. 역시 죄를 짓고
사는 신부가 그런 청을 들어준다는 것은 조물주에 대한 모독이며
하나님보다는 신부라는 자격이나 교회제도를 더 중요시하는 행위
가 아닌가?

또 고해성사를 해 준 신부가 마치 그가 사람의 죄를 사하는 신권
(神權)을 받은 것처럼 행동하는 것은 얼마나 무서운 죄악이며 기만
이고 위선인가? 그 위선과 죄악을 하나님의 이름으로 정당화하고
있으니 그 죄악이 얼마나 큰가?

그러한 위선을 천주교는 약 2,000년 가까이 계속해 왔다. 천주교
의 '신권 대리'가 인류를 기만하고 농락한 씻을 수 없는 죄악 중의
하나라고 주장하는 사람들의 수는 늘어만 가고 있다.

그럼에도 불구하고 이에 마취되어 위선과 기만 앞에 무릎을 꿇고
오직 그 길만이 구원이라고 맹신하고 있는 신도들을 가련하다고 해
야 할까? 길 잃은 양이늑대에게 먹을거리를 구하는 격이다.

더욱 놀라운 것은, 이 지구촌에는 죄를 사함받기 위해서는 반드시

고해성사가 필요하다고 믿고 있는 신도들의 수가 10억이나 된다는 사실이다. 많은 선량한 사람들이 그 위선 앞에 무릎을 꿇고 있다.

여기에서 해방될 길은 없는가? 그 길은 너무나 길고 험난해 보인다. 종교의 위선과 기만으로부터 해방운동을 본격화할 수 있는 용기와 혜안을 가진 정의의 용사는 없는가? 인류는 기만과 위선에서 해방되어야 한다. 우리는 현 교황의 혁명적인 개혁을 기대해 본다.

현재도 상당수의 신부들이나 수녀들이 스스로 지원한 독신의 삶을 제대로 지키지 못하고 있다. 그들은 하나님과의 약속뿐만 아니라 그 길을 선택할 때에 굳게 맹세한 자기 자신과의 약속과 천주교 관계자들 앞에서 천명한 맹세도 지키지 못한 종교인이 된 것이다. 뿐만 아니라 종교인이 되기 이전의 인간으로서의 양심의 가책도 면하지 못하고, 사회인으로서의 약속도 지키지 못하는 가련한 인생을 살게 된 것이다.

그러한 기만과 위선으로 살고 있는 비참한 인간 앞에 무릎을 꿇고 죄 사함을 받으려는 신도들은 얼마나 가련한가? 천주교는 이렇게 모순과 불의 속에서 존재하여야 하는가?

B. 중세 교황들의 실태

기록에 의하면 지금까지의 역대 교황 수는 총 304명인데, 그 중에서 불법교황 혹은 가짜 교황(Anti-Popes 혹은 Illegitimate Popes)의 수는 40명이다. 그 가운데 약 56명은 재위기간(在位期間)이 1년 미만이었는데 이는 그만큼 교황직에 대한 쟁탈전이 치열하였음을 뜻한다. 스티븐(Stephen:752) 2세는 교황으로 선출되었으나 취임하지 못하였고, 베네딕트(Benedict) 9세는 3선 되었고, 존(John) 23

세는 동명이인(同名異人)이었다.[29]

역대 교황들의 행적을 살펴보면 경악을 금할 수 없는 희한한 일들이 비일비재하다. 그 중에서 몇 가지만을 조명해 본다.

우르반 6세(Urban Ⅵ : 1378~1389)와 클레멘트 7세(Clement Ⅶ : 1378~1394)는 거의 동시에 교황으로 선출되어 서로가 자신이 진짜라고 상대방을 파문한 사실이 있었다.[30]

264대 교황을 모두 다룰 수는 없기에 그 중에서 11세기를 전후한 교황 계승의 내막을 살펴보았다. 즉 그 시대의 교황들은 대개 어떤 인물들이었으며 또 어떤 경로를 통하여 선출되었으며, 과연 그들은 베드로의 계승자로서 하나님의 뜻에 따라 264대 교황명부에 등록될 만큼 신앙적인 인물이었는지를 알기 위해서 그 시대의 10여명의 교황을 선별해서 조명해 보았다. 그 일부를 알면 그 전체도 어느 정도 짐작할 수 있기 때문이다. 물론 특수한 사례를 일반화하는 오류를 범할 수도 있다. 그러나 10여명의 수치는 결코 작은 숫자가 아니다. 더구나 교황권이 막강했던(영향력이 지대했던) 중세였기에 이는 일례를 넘어 객관성을 확보하리라고 본다. 또한 중세기 교황들의 실태를 다루는 것은 세계 최대의 종교집단체인 천주교가 자기에게만 구원이 있다고 주장하는 독선과 배타심을 버리고 개신교는 물론 다른 종교들과의 공존공영의 길에 앞장서 주기를 바라는 간절한 염원을 가지고 있기 때문이며, 이는 실로 인류의 미래에 중대한 한 걸음이 될 수 있기 때문이다.

---

29) Crystal, op. cit., pp. 404~406 참조. 264대 교황 중에서 47명을 제외하면 나머지는 모두 이탈리아인들이다.

30) Walker, 류형기역, op. cit., p. 315.

보니페이스 6세(Boniface Ⅵ:896) 교황에서 시작하여 스티븐 7세(Stephen Ⅶ:928~931) 교황에 이르기까지 32년 동안 14명의 교황이 오르내렸는데 그들의 평균 재위 기간은 약 2년 반이다. 이것은 그 당시 교황 지위를 둘러싸고 치열한 쟁탈전이 있었음을 시사한다. 10세기에 특기할 만한 사실은 데오플액트(Theophlact)라는 부유하지만 품행이 단정하지 못했던 부인에 의하여 교황권이 좌우되었던 시기가 있었다는 사실이다. 그에게 악명 높은 두 딸이 있었는데, 그 두 딸이 모두 교황을 데리고 살았다는 기록이 있다.[31]

1) 교황 세루기우스 3세(Sergius Ⅲ:904~911)는 그의 작은 딸 마로지아(Marozia)의 남자 첩이었다.

2) 교황 존 10세(John Ⅹ:914~928)는 그의 큰 딸 데오도라(Theodora)의 남자 첩이었다.

3) 교황 존 12세(John Ⅻ:955~964)는 18세에 교황이 되어 유치한 행각을 벌이다가 유부녀와 통정 중에 발각되어 그 남편에게 맞아 죽었다.

4) 교황 베네딕트 7세(Benedict Ⅶ:974~983)와 교황 존 14세(John ⅩⅣ:983~984)는 형무소 복역 중에 암살당했다.

5) 교황 그레고리 5세(Gregory Ⅴ:996~999)는 독일인으로 처음 교황이 되었다. 그러나 다시 존 16세(John ⅩⅥ:997~998)가 교황이 되어 그를 축출해 버렸기 때문에 독일 황제 오토 3세는 대노하여 대군을 이끌고 로마에 진군하여 존 16세를 체포하여 그의 귀, 코,

---

31) 柏井, op. cit., p. 231.

혀를 자르고 눈알을 파내고 죽을 때까지 투옥하였다.

6) 교황 베네딕트 8세(Benedict VIII : 1012~1024)와 교황 존 19세 (John XIX : 1024~1032)는 모두 공공연하게 돈으로 교황직을 매입하였다.

7) 12세에 교황이 된 베네딕트 9세(Benedict IX : 1032~1044)는 문란한 행동을 일삼았는데 이를 더 이상 참을 수 없었던 로마인들에 의해서 교황직에서 축출당하게 되자, 실베스터 3세(Sylvester III : 1045)에게 교황직을 매각하고 그후 또 그레고리 6세(Gregory VI : 1045~6)에게도 은(銀) 천 파운드를 받고 매각하였다가 자기 자신도 교황으로 복귀하였다. 그래서 교황청에는 세 명이 교황이 교황청을 치리하여 로마는 무정부상태가 되었다. 이 광경을 보고 참다못한 황제 하인리히 3세(Heinrich III)는 무력으로 이들 세 교황을 축출하고, 1046년 새 교황 클레멘트 2세(Clement II : 1046~1047)를 세웠다. 이것은 하나님이 교황을 임명한 것이 아니라 황제가 교황을 임명한 예이다.

8) 클레멘트 2세(Clement II : 1046~1047)는 교황이 된 지 9개월 만에 독살되었다.

9) 교황 필립(philip : 768)은 7월 31일에 즉위하고 그날로 물러나서 1일 교황이 되었고, 교황 스티븐 2세(Stephen II : 752)는 3월 23일에 선출되었으나 즉위하지 못하고 25일 물러나서 3일 교황이 되었고, 교황 우르반 7세(Urban VII : 1590)는 9월 15일에 즉위하여 27일에 물러나서 13일 교황이 되었고, 교황 다마서스 2세(Damasus II : 1048)는 23일 간 재위 후에 독살되었고, 교황 피우스 3세(Pius III : 1503)는 26일 간 재위하였고, 교황 레오11세(Leo XI : 1605)는 27일

간 재위하였다. 마치 초등학교의 줄 반장을 연상케 한다.

재위 기간 1년 미만인 56명의 교황 중에서 24명은 재위 기간이 2개월 미만으로 나타나 있다.[32]

10) 현 교황의 전임자였던 263대 교황 존 바오로 1세(John Paul I)는 1978년 8월 26일에 교황으로 선출되어 1978년 9월 29일에 운명하였으니 재위기간은 33일 간이었다. 그도 독살당하지 않았나 하는 의문이 제기된 적이 있었다.[33]

우리는 위에서 10~11세기에 있었던 교황들의 타락상을 잠시 살펴보았다. 그 교황들은 교황청에 들어앉아 사치와 낭비를 계속하였으며 수입을 늘리기 위하여 잔인한 방법도 썼다. 즉 성직자에게 '취임세'(Annates)를 부과하였다. 이것은 성직자가 교황령으로 어떤 교구에 취임하면 교황령에 대한 감사의 뜻으로 취임 첫해 일 년

---

32) Ibid., pp. 231~232 ; Cawthorne, op. cit., pp. 222, 269~273 참조.

33) 「한국일보」 1997년 11월 12일 발행, p. C16에 의하면 그는 독살되었을 가능성이 있어서 로마의 검찰이 조사에 나섰다고 보도되고 있다. 그가 새벽 5시경에 침실 의자에 앉아서 운명한 것을 한 수녀가 발견했는데 교황 침실에 여성이 침범했다는 사실을 은폐하기 위하여 교황의 개인비서 존 마가가 그의 시신을 처음 발견한 것으로 발표했다고 하였다.

　그는 즉위한 후에 수세기 전부터 교황들이 타고 다니던, 교황의 권위를 상징하던 가마를 없애 버리고 권위보다는 겸손과 미소로 대하여 '인간적인 교황'이란 찬사를 받아왔다고 한다. 그러나 바티칸 일부에서는 '시골뜨기 우스꽝스런 괴짜' 교황이란 평도 받고 있었다.

　그가 운명한 후에 몇 고위 성직자 중에는 안도의 숨을 쉬는 자도 있었고 또 어떤 성직자는 '성령께서 우리를 해방시켜 주었다.'고도 하였다. 이런 점 등으로 보아 교황의 죽음에 의문을 품고 검찰이 독살 여부를 수사하게 되었다 ; Cawthorne, op. cit., pp. 222, 269~273 참조.

간 수입의 전액을 교황에게 바치는 제도였다.

성직자 임명권을 가졌던 교황은 자기의 수입을 늘리기 위하여 성직자들의 시무처를 자주 이동 발령하였다. 또 교황청에 제출되는 모든 문서에도 세금이 부과되어 성직자들은 물론 결국 그 피해는 신도들에게로 내려갔다. 만일 이런 일에 성의가 없는 체납자들에게는 파문으로 중벌을 내렸다.[34]

그러기 위하여 교황들은 아래와 같이 교황권을 지상권(至上權)으로 제정하는 일에 게으르지 않았다.

"모든 국왕은 교황 아래에 있으며 교황은 그들을 마음대로 옮길 수 있다. 국법도 교황에게는 구속력이 없다. 아무도 교황을 재판할 수 없으며 교황의 판결은 신의 판결과 법정의 판결과 같다."고 주장하였다.[35]

카노사의 굴욕
1077년 독일 황제 하인리히 4세(Heinrich Ⅳ)가 성직 서임권을 둘러싸고 교황 그레고리우스 7세(Gregorius Ⅶ)와 다투다가 파문을 당하자, 교황이 머물러 있던 북이탈리아의 카노사 성(城) 앞에서 사흘 밤낮을 서서 빌어서 용서받은 사건

---

34) Walker, 류형기 역, op. cit., p. 313.
35) Ibid., p. 312.

아비뇽 유수(Avignon 幽囚)
교황 클레멘트 5세 때인 1309년부터
1377년까지 7대에 걸쳐 교황청을
프랑스의 아비뇽으로 옮긴 사건.
교황권이 프랑스왕의 간섭하에 놓였다.
사진은 현재의 아비뇽으로,
아비뇽 유수 때 교황이 거주하던
성이다.

이와 같이 죄로 얼룩진 교황들이 하나님의 이름으로 지상 최고의 권력을 제정해 놓고, 사치·방탕·간음·살인·음모·부정·낭비·세금 과중 등으로 타락한 생활을 한다고 비난의 대상이 되어가면서 종교 개혁의 때는 무르익고 있었다.

IV. 역대 교황 명단

(*표는 불법 혹은 가짜 교황이다.)

until c. 64	Peter	251-3	Cornelius
c. 64 - c. 76	Linus	251-258	* Novatian
c. 76 - c. 90	Anacletus	253-4	Lucius I
c. 90 - c. 99	Clement I	254-7	Stephen I
c. 99 - c. 105	Evaristus	257-8	Sixtus II
c. 105 - c. 117	Alexander I	259-68	Dionysius
c. 117 - c. 127	Sixtus I	269-74	Felix I
c. 127 - c. 137	Telesphorus	275-83	Eutychianus
c. 137 - c. 140	Hyginus	283-96	Caius
c. 140 - c. 154	Pius I	296-304	Marcellinus
c. 154 - c. 166	Anicetus	308-9	Marcellus I
c. 166 - c. 175	Soter	310	Eusebius
175-89	Eleutherius	311-14	Miltiades
189-98	Victor I	314-35	Sylvester I
198-217	Zephyrinus	336	Mark
217-22	Callistus I	337-52	Julius I
217-235	* Hippolytus	352-66	Liberius
222-30	Urban I	355-65	* Felix II
230-5	Pontian	366-84	Damasus I
235-6	Anterus	366-7	* Ursinus
236-50	Fabian	384-99	Siricius

399-401	Anastasius I	536-7	Silverius
402-17	Innocent I	537-55	Vigilius
417-18	Zosimus	556-61	Pelagius I
418-22	Boniface I	561-74	John III
418-19	* Eulalius	575-9	Benedict I
422-32	Celestine I	579-90	Pelagius II
432-40	Sixtus III	590-604	Gregory I 'the Great'
440-61	Leo I 'the Great'	604-6	Sabinianus
461-8	Hilarus	607	Boniface III
468-83	Simplicius	608-15	Boniface IV
483-92	Felix III(II)	615-18	Deusdedit(Adeodatus I)
492-6	Gelasius I	619-25	Boniface V
496-8	Anastasius II	625-38	Honorius I
498-514	Symmachus	640	Severinus
498	* Laurentius	640-2	John IV
501-5		642-9	Theodore I
514-23	Hormisdas	649-55	Martin I
523-6	John I	654-7	Eugenius I@
526-30	Felix IV(III)	657-72	Vitalian
530-2	Boniface II	672-6	Adeodatus II
530	* Dioscorus	676-8	Donus
533-5	John II	678-81	Agatho
535-6	Agapetus I	682-3	Leo II

684-5	Benedict II	824-7	Eugenius II
685-6	John V	827	Valentine
686-7	Cono	827-44	Gregory IV
687	* Theodore	844	* John
687-92	* Paschal	844-7	Sergius II
687-701	Sergius I	847-55	Leo IV
701-5	John VI	855-8	Benedict III
705-7	John VII	855	* Anastasius Bibliothecarius
708	Sisinnius	858-67	Nicholas I 'the Great'
708-15	Constantine	867-72	Adrian II
715- 31	Gregory II	872-82	John VIII
731-41	Gregory III	882-4	Marinus I
741-52	Zacharias	884-5	Adrian III
752	Stephen II(not consecrated)	885-91	Stephen V(VI)
752-7	Stephen II(III)	891-6	Formosus
757-67	Paul I	896	Boniface VI
767-9	* Constantine II	896-7	Stephen VI(VII)
768	* Philip	897	Romanus
768-72	Stephen III(IV)	897	Theodore II
772-95	Adrian I	898-900	John IX
795-816	Leo III	900-3	Benedict IV
816-17	Stephen IV(V)	903	Leo V
817-24	Paschal I	903-4	* Christopher

904-11	Sergius III	999-1003	Sylvester II
911-13	Anastasius III	1003	John XVII
913-14	Lando	1004-9	John XVIII
914-28	JohnX	1009-12	Sergius IV
928	Leo VI	1012-24	Benedict VIII
928-31	Stephen VII(VIII)	1012	* Gregory
931-5	John XI	1024-32	John XIX
936-9	Leo VII	1032-44	Benedict IX
939-42	Stephen IX	1045	Sylvester III
942-6	Marinus II	1045 Benedict IX(second reign)	
946- 55	Agapetus II	1045-6	Gregory VI
955-64	John XII	1046-7	Clement II
963-5	Leo VIII	1047-8 Benedict IX(third reign)	
964-6	Benedict V	1048	Damasus II
965-72	John XIII	1048-54	Leo IX
973-4	Benedict VI	1055-7	Victor II
974	* Boniface VII	1057-8	Stephen IX
984-5		1058-9	* Benedict X
974-83	Benedict VII	1059-61	Nicholas II
983-4	John XIV	1061-73	Alexander II
985-96	John XV	1061-72	* Honorius II
996-9	Gregory V	1073-85	Gregory VII
997-8	* John XVI	1080	* Clement III

1084-1100		1168-78	* Callistus III
1086-7	Victor III	1179-80	Innocent III
1088-99	Urban II	1181-5	Lucius III
1099-1118	Paschal II	1185-7	Urban III
1100-2	* Theodoric	1187	Gregory VIII
1102	* Albert	1187-91	Clement III
1105-11	* Sylvester IV	1191-8	Celestine III
1118-19	Gelasius II	1198-1216	Innocent III
1118-21	* Gregory VIII	1216-27	Honorius III
1119-24	Callistus II	1227-41	Gregory IX
1124-30	Honorius II	1241	Celestine IV
1124	* Celestine II	1243-54	Innocent IV
1130-43	Innocent II	1254-61	Alexander IV
1130-8	* Anacletus II	1261-4	Urban IV
1138	* Victor IVⓑ	1265-8	Clement IV
1143-4	Celestine II	1271-6	Gregory X
1144-5	Lucius II	1276	Innocent V
1145-53	Eugenius III	1276	Adrian V
1153-4	Anastasius IV	1276-7	John XXIⓒ
1154-9	Adrian IV	1277-80	Nicholas III
1159-81	Alexander III	1281-5	Martin IV
1159-64	* Victor IVⓑ	1285-7	Honorius IV
1164-8	* Paschal III	1288-92	Nicholas IV

1294	Celestine V	1439-49	* Felix V
1303-4	Benedict XI	1447-55	Nicholas V
1294-1303	Boniface VIII	1455-8	Callistus III
1305-14	Clement V	1458-64	Pius II
1316-34	John XXII	1464-71	Paul II
1328-30	* Nicholas V	1471-84	Sixtus IV
1334-42	Benedict XII	1484-92	Innocent VIII
1342-52	Clement VI	1492-1503	Alexander VI
1352-62	Innocent VI	1503	Pius III
1362-70	Urban V	1503-13	Julius II
1370-8	Gregory XI	1513-21	Leo X
1378-89	Urban VI	1522-3	Adrian VI
1378-94	* Clement VII	1523-34	Clemont VII
1389-1404	Boniface IX	1534-49	Paul III
1394-1423	* Benedict XIII	1550-5	Julius III
1404-6	Innocent VII	1555	Marcellus II
1406-15	Gregory XII	1555-9	Paul IV
1409-10	* Alexander V	1559-65	Pius IV
1410-15	* John XXIII	1566-72	Pius V
1417-31	Martin V	1572-85	Gregory XIII
1423-9	* Clement VIII	1585-90	Sixtus V
1425-30	* Benedict XIV	1590	Urban VII
1431-47	Eugenius IV	1590-1	Gregory XIV

1591	Innocent IX	1740-58	Benedict XIV
1592-1605	Clement VIII	1758-69	Clement XIII
1605	Leo XI	1769-74	Clement XIV
1605-21	Paul V	1775-99	Pius VI
1621-3	Gregory XV	1800-23	Pius VII
1623-44	Urban VIII	1823-9	Leo XII
1644-55	Innocent X	1829-30	Pius VIII
1655-67	Alexander VII	1831-46	Gregory XVI
1667-9	Clement IX	1846-78	Pius IX
1670-6	Clement X	1878-1903	Leo XIII
1676-89	Innocent XI	1903-14	Pius X
1689-91	Alexander VIII	1914-22	Benedict XV
1691-1700	Innocent XII	1922-39	Pius XI
1700-21	Clement XI	1939-58	Pius XII
1721-4	Innocent XIII	1958-63	John XXIII
1724-30	Benedict XIII	1963-78	Paul VI
1730-40	Clement XII	1978	John Paul I
		1978-	John Paul II

참고서적

1. The Cambridge Factfinder, Crytal, D., ed., 1993, Cambridge Univ. Press. pp. 404-406

2. Cawthorne, Sex Lives of the Popes, N., 1996, London, pp. 269-273

3. 1997 Information Please Almanac, Johnson, O., ed., 50th edtion, Houghton Mifflin Co., pp. 417-419

＊책에 따라 연대와 순서가 다르게 기록된 곳도 있으나 이것은 주로 "The Cambridge Factfinder" 에 근거하였음.

V. 교황무류설(敎皇無謬說, Papal Infallibility)

천주교에는 '교황무류설'이라는 것이 있다. 이는 교황이 하는 일은 모든 일에 잘못이나 실수가 없고 항상 만사가 정확하다는 뜻이아니다. '교황무류설'의 참뜻은 교황이 교좌(敎座)에서 행한 신앙이나 도덕 또는 교리에 관한 설교나 선포한 교서의 내용이 틀림이없다는 것이다. '교좌'에서 행했다는 것은, 교황의 권위를 가지고공식적으로 선포했다. 즉 "교황이 교황으로서 공식적으로 신앙이나 도덕 또는 교리에 관하여 선포한 내용은 절대로 틀림이 없다."는 뜻이다.

천주교 역사에서 가장 위대한 교황 중의 하나인 힐데부란트(Hildebrand), 즉 그레고리 7세(Gregory VII : 1073~85)는 "로마 가톨릭 교회는 완전하다. 성경에 비추어 교회는 한 번도 오류를 범한일이 없었고 또 장래에도 잘못될 수 없다."[36]고 선포하였다.

교황은 전세계 그리스도 교회의 눈에 보이는 우두머리이며 세계각처에 있는 주교·사제들을 지도할 최상권을 가졌다고 주장하였다.[37] 또 이 교황무류설은 지난 800년 동안 계속되어 왔는데, 19세기에는 이전보다 더욱 확고해졌으며 20세기는 물론 세상 끝날까지변함없이 존속될 것이라고 한다. 아직 현 교황이나 교황청의 입장을 공식으로 명백하게 발표한 적은 없으나 교황 스스로가 과거에천주교가 범한 죄악을 94회나 솔직하게 인정하면서 용서를 구하고

---

36) White, 천세원 편, op. cit., p. 91.
37) Ibid., p. 81.

유감을 표시한 것을 보면 현 교황은 거의
틀림없이 '교황무류설'을 인정하지 않을
것이라고 추측하는 학자도 적지않은 것
같다.

존경과 비난

현 교황 요한 바오로 2세

과거 천주교가 교황무류설을 주장했던
몇 가지 증언을 살펴보자.

피우스 6세

1) 1894년 교황 레오 13세(Leo
XIII : 1878~1903)는 "우리는 지상에서
전능하신 하나님의 지위를 보전하는 자
들이다."[38]라고 선포했다. 즉 교황은 지
상에 있는 신의 대리자라는 뜻이다.

피우스 12세

2) 추기경 베이룬(Bayloone)은 "교황
은 하나님의 영을 볼 수 있도록 변화된
인간이다."라고 하였다. 교황은 예수 그
리스도의 대리자일 뿐만 아니라 육신으
로 나타나신 예수 그리스도 그 자체이
며, 교황의 말씀은 곧 예수의 말씀이라
는 것이다.

알렉산더 6세

3) 교황 이노센트 3세(Innocent III : 1198~1216)는 "나는 예

---

38) Ibid., p. 531.

수 그리스도보다 더욱 자비롭다. 예수는 죄인들의 영혼을 연옥에 버려 두었지만 나는 연옥에 있는 영혼들을 건져냈기 때문이다."라고 선포하였다.

4) 1512년 크리스토퍼 마셀루스(Christopher Marcellus)는 제5 라테란 회의에서 행한 교황권에 관한 연설에서 "당신은 유일한 목자요, 유일한 의사요, 유일한 지휘자요, 유일한 농부입니다. 뿐만 아니라 당신은 지상에 있어서 또 하나의 하나님이십니다."[39]라고 주장했다. 그는 교황을 지상의 하나님이라고까지 주장했다. 기가 막힐 정도로 어이없는 주장이다. 이러한 아부배들이 교황을 지상에서 인조신(人造神)으로 등장시켜 후세에 웃음거리로 만들었다.

5) "교황은 단순한 사람이 아니요, 하나님 혹은 하나님의 대리자와도 같은 위엄 있는 분이다. 그는 하나님과 같은 왕이요, 지극히 높은 황제요, 왕이다. 그러므로 교황은 천상·지상·지하의 왕으로서 삼 층으로 된 면류관을 쓰고 있다."[40]

즉 교황은 하나님과 동등한 지위에 있는 지상의 하나님이요, 또 하나님의 대리자로서 하나님의 역할을 담당하여 천상·지상·지하

---

39) Ibid. 뉴욕 교리문답서의 끝에도 이런 말이 나온다. "또 교황은 하늘과 땅에서 최고의 사법권을 가진 땅에 있는 하나님 자신이다."
40) Ibid., p. 532. 교황이 쓰고 있는 모자가 삼 층으로 되어 있는 것은 그런 의미를 담고 있다.

까지 통치하시는 신이라는 뜻이다. 다시 말하면 교황은 지상에 존재하는 신이란 뜻이며 한 분은 천상에, 또 한 분은 지상에 계신 교황이란 것이다.

이것은 놀라운 주장일 뿐만 아니라 치떨리고 소름 돋는 무서운 말이 아닐 수 없다.

뿐만 아니라 로마 교황의 권력과 위세는 천상·지상·지하의 사물에만 그치지 않고 천사들에게까지도 미친다고 되어 있다. 만일 천사들이라도 범죄하면 교황은 그 천사들까지도 심판하고 처형할 수 있다. 교황은 그처럼 그리스도와 동일한 자요, 그리스도와 같은 심판관[41]이라고도 하였다. 교황은 그리스도와 동등하게 인류 심판의 권한까지 가진 분이라는 것이다.

위의 주장들을 종합해 보면 교황 제도가 과거에 얼마나 부정부패했던가를 짐작할 수 있다. 교황을 지상에 거주하는 하나님이라고 인조신(人造神)으로 만들어 놓고 그 권위와 제도 앞에 맹종을 강요하면서 2,000년 동안이나 인류를 농락하였다. 인류는 이 농락 밑에서 계속 숨을 죽이고 살아야 하는가? 언제 이 치떨리는 기만에서 해방될 수 있을 것인가? 양심 있는 천주교 사제들은 그 답을 알고 있을 것이다. 이제 인류는 눈을 뜰 때가 되었다.

가장 위대했던 교황으로 알려진 그레고리 7세가 교회의 기강을 바로잡고 교황권의 절대화를 위하여 천하에 호령한 그 유명한 교회

---

41) Ibid., p. 531~532 참조. 교황은 천군 천사들까지도 통치하는 권리를 가진 분이라는 뜻이다.

법(Canon law) 중에서 중요한 부분만을 발췌하였다.

1) 교황과 주교와의 관계

교황과 주교는 전혀 별종이다. 교황은 하나님과 그리스도의 대리자(Vicar)이다. 주교는 교황의 대리자이다. 교황은 주교를 임명할 권리와 파면할 권리를 가지고 있다. 그러므로 교황은 주교가 하는 일에 간섭하지 못할 것이 없다.[42]

2) 교황과 입법권(立法權)

교황은 낡은 법률을 폐지하고 새 법을 제정할 권리가 있으며 교회회의는 교황권에 속하기 때문에 교황이 소집할 때만 유효하다. 그러므로 교회회의에서의 의결사항은 교황의 이름으로 발표되어야 한다.[43]

3) 교황과 국왕과의 관계

모든 국왕은 교황의 봉신(封臣)이기 때문에 교황은 그들을 마음대로 옮길 수 있다. 교황이 불가하다면 국법도 구속력이 없다. 아무도 교황을 재판할 수 없다. 교황을 하나님께 고소할 수도 없다. 하나님의 판결과 법정의 판결은 교황의 판결과 동일하다. 교황이 이단에 빠지면 그의 교황직은 박탈될 것이다.[44]

이와 같이 교황이 절대적인 권력을 장악했을 때, 소위 중세기의 암흑시대는 시작되었다. 그리고 그 권력이 강해지면 강해질수록

---

42) 柏井, op. cit., p. 291.

43) Ibid.

44) Walker, 류형기 역, op. cit., p. 312.

암흑의 도는 깊어만 갔다.

그러나 '하나님과 그리스도의 대리자로서 전세계 교회의 우두머리인 교황은 실수나 틀린 것이 없다'고 믿고 있었던 순진한 신도들은, 믿음의 기초를 하나님과 예수 그리스도보다는 눈에 보이는 그의 대리자인 교황과 그에게 권력을 이어 받은 신부 사제들에게 두게 되었다.

즉 신도들은 죄의 사면과 영원한 구원을 하나님과 그리스도에게 의뢰하기보다 교황과 사제들에게 구하게 되었다는 것이다.

「창세기」 6장 5~7절을 보면 여호와 하나님도 실수하였다는 기록이 있다. 즉 여호와께서 인간 지으신 것을 한탄하시고 노아의 식구를 제외한 전 인류를 홍수로 몰살시키셨다. 하나님도 이렇게 실수하시는데 인간인 교황이 교좌에서 선포한 내용이 "완전하고 틀림이 없다."고 하는 것은 믿을 수도 없고 또한 가능한 일도 아니다. 교황이 교좌에서 선포한 것 가운데 잘못된 것이 수없이 많음을 역사가 증명하고 있지 않은가?

노아의 방주
여호와께서 사람의 죄악이 세상에 관영(貫盈)함과 그 마음의 생각의 모든 계획이 항상 악할 뿐임을 보시고 땅 위에 사람 지으셨음을 한탄하사 마음에 근심하시고(창 6:5~6)

저자는 여기서 몇 가지의 질문을 통하여 교황무류설이 성립될 수 있는가의 문제를 제기하면서 이 허무맹랑한 의도적인 거짓말을 조명하려고 한다.

첫째, 지동설(地動說)

갈릴레이
'…그래도 지구는 돈다.'
1997년 교황령으로 사면(赦免, 죄를 용서하여 형벌을 면제함.)했는데, 이는 가당치도 않다. 교황은 사죄하고 용서를 구했어야 마땅하다.

지구가 태양의 둘레를 돌고 있다는 지동설을 지지한 과학자였던 브루노(Giordano Bruno : 1548?~1600)를 종교재판에서 이단으로 판정하고 화형에 처하였다. 이것도 무류인가? 또 갈릴레이(Galileo Galilei : 1564~1642)를 종교재판에서 죄인으로 규정한 것도 옳은 일인가? 옳은 일이라면 왜 363년 전에(1997년부터 계산) 유죄판결 받은 갈릴레이를 1997년도에는 교황령으로 사면시켜 주었는가? 그것은 교황 스스로가 교황무류설을 부정한 것이 아닌가?

둘째, 교황직 쟁탈전

교황이 같은 시대에 동시에 2명, 3명, 4명까지 나타나서 각자 자기가 진짜 교황이고 상대는 가짜라고 서로 파문하였는데, 이런 것도 교황무류설이 잘못된 설임을 교황들 스스로가 증명하는 것이 아닐까? 교황이 교좌에서 교황의 권위를 가지고 공식적으로 서로 상대방을 파문 선포하였기 때문이다.

셋째, 종교재판

이단을 색출한다는 명목으로 교황령으로 종교재판소를 설치하고 유대인과 회교도들은 물론 개신교도들과 부자들을 짐승 사냥하듯 붙잡아서 잔인하게 수백만 명이나 학살하고 그들의 재산을 몰수하였는데 교황무류설은 그래도 유효한가?[45] 그것은 종교재판소의 실수이기에 교황의 무류와는 상관이 없다고 변명할 것인가?

넷째, 잔 다르크 (Jeanne d'Arc)

1431년 19세였던 프랑스의 성소녀 잔 다르크를 이단으로 몰아서 죽여버리고 24년 후, 즉 1456년에 교황령으로 그녀를 사면해 주고, 또 1920년도에는 교황 베네딕트 15세가 그녀에게 성자(聖者) 칭호를 주었으니 그것은 교황 스스로가 전(前) 교황들의 실수를 인정하고 무류설을 부정한 것이 아닐까? 만일 교황이 무류한 존재라면 왜 죄 없는 성소녀를 죽이는 실수를 범하고 24년 후에 교황이 교좌에서 무죄를 선포하고 또 그로부터 489년 만에 교황령으로 성자로 선포하였는가? 이래도 무류설은 유효한 것일까?[46] 무죄한 소녀를 유죄판결로 죽이고 후에 무죄를 선언하고 또 그후에 성자를 만들어 놓은 것은 무류인가, 유류인가? 그것은 종교재판소의 오류이지 교

---

45) Ibid., pp.263, 352.
46) Ibid., pp. 332~333 참조.

잔 다르크(1412~1431)의 화형
프랑스의 애국 소녀.
13세기경 '프랑스를 구하라'는
신탁을 받고 출전하여
오를레앙을 해방시켜
사를 7세를 대관시켰다.
백년 전쟁을 승리로 이끌었지만
후에 종교재판에서 이단으로 선고받아
화형당했다.

황의 오류는 아니라고 할 수 있을까? 그런 변명이 성립될 수 있을까? 그것은 교황이 교좌에서 교황의 무류설을 스스로 부정한 것이 아닌가?

다섯째, 파리에서의 개신교도 대학살 사건

1572년 8월 24일 성 바르톨로메오(St. Bartholomew) 축제일 심야에 파리 시내의 성당에서는 일제히 종소리가 울려 퍼졌다. 이 종소리를 신호로 하여 천주교 신도들은 손에 무기를 들고 개신교도의 집을 닥치는 대로 습격하여 주야 7일 동안에 7만 명의 개신교도들을 학살하였다. 그리고 그레고리 13세 교황은 그 학살에 만족하여 프랑스 왕에게 훈장을 보냈으니 여기에서도 무류설은 유효한가?[47]

교황이 교좌에서 교황령으로 선포하면 살인을 해도 옳은 것인가? 교황이 교좌에서 살인을 선포한 것은 이때만이 아니었음을 역사는

---

47) White, 천세원 上편, op. cit., pp. 450~453 참조.

바르톨로메오 축일의 대학살
천주교 신도에 의해
주야 7일 동안에 7만명의 개신교도가 학살되었다.
파리 시내는 '피바다' 로 돌변해서
지상에서 지옥이 구현되었다.

증언하고 있다.

무류설이 지금도 유효하다면 현 교황 요한 바오로 2세는 1997년 8월 23일에 왜 파리에서 이 학살 사건의 잘못을 인정하였는가?[48] 그것은 교황 스스로가 교황무류설을 부정하였다는 증거가 아닐까?

여섯째, 성경 금지령

1229년 툴루즈(Toulouse) 회의에서, 신도들은 성경을 소유할 수도 없고 읽을 수도 없고 또 각국어로 번역할 수도 없다는 금지령을 내렸다. 후에 성경을 번역하거나 또는 소유하거나 읽는 신도들은 종교재판에 회부되어 엄벌을 받거나 화형을 당하였다.

뿐만 아니라 성경이 숨겨져 있다고 의심되는 곳이 있으면 주택이나 숲이나 동굴 속까지 거침없이 수색하였다. 신도가 성경을 소유하는 것은, 곧 사형을 뜻하였다. 이런 상태가 약 500년 동안이나 계

---

48) 1997년 8월 25일, 「한국일보」

제자들에게
독일어 성경을
구술하고 있는
마틴 루터

속되어 신도들은 성경을 구경조차 할 수 없었다. 즉 신도가 성경을 소유하는 것은 죄악 중의 죄악이었다. 이것도 교황이 교좌에서 교황의 권위를 가지고 공식적으로 선포한 명령이었다. 그런데 그 선포는 후에 무효화되었고 반대로 성경을 권하게 되었으니 교황무류설은 지금도 유효한가?[49]

일곱째, 신앙인의 처형

신앙과 정의의 용사였던 틴달 (Tyndale), 후스(Huss), 제롬(Jerom), 츠빙글리(Zwingli) 등을 교좌에서 교황령으로 화형에 처했는데 이것도 종교재판소의 실수이고 교황무류설과 상관이 없는가? 교황이 교좌에서 살인을 선포하였으니 교황은 구원의 사자인가, 멸망의 사자인가?

화형당하는 보헤미아의 사제 얀 후스

---

49) White, 천세원 上 편, op. cit., p. 535; Walker, 류형기 역, op. cit., p. 263.

여덟째, 교황의 타락

전술한 바와 같이 교황들이 돈으로 교황직을 사고 팔았으며 또 어떤 교황은 유부녀를 강간하다가 그 남편에게 잡혀 맞아 죽기도 했는데, 과연 교황은 무류한가?[50]

아홉째, 면죄부와 십자군

교황들이 교좌에서 교황령으로 면죄부 제도를 선포하였고, 또 교좌에서 교황령으로 면죄부의 판매를 선포하여 막대한 부정 수입을 올렸다. 또 여러 교황들이 수차에 걸쳐 교좌에서 교황령으로 하나님의 뜻도 아닌 것을 하나님의 뜻이라고 선포하여 십자군을 모병하여 200년 동안이나 젊은 신도들을 전쟁터의 이슬로 사라지게 하였는데, 이래도 무류설은 유효한가[51] 하고 묻는다면 양심 있는 정의의 사제들은 무엇이라고 답할 것인가?

열째, 중남미아메리카 선교

무력으로 중남미를 침략하고 6,000만 내지 8,000만 명의 원주민들을 학살하고 원주민들의 고유문화와 전통종교까지 말살하고 영토와 재산의 약탈을 지지한 것[52]도 옳은 일이며, 무류인가? 다시 말하면 교황 성하께서 중남미지역을 스페인과 포르투갈의 양대 천주교 국가들이 분할하여 점령하도록 선포한 것도 무류인가?

---

50) 柏井, op. cit., p. 232.
51) White, 천세원 上 편, op. cit., p. 93.
52) Stannard, op. cit., pp. 95, 305 참조.

열한째, 십자군 파문

제4회 십자군 때의 일이다. 교황 이노센트 3세(Innocent Ⅲ : 1198 ~1216)는 탈선한 십자군에 노발대발하여 교좌에서 집단적으로 파문을 선포하고, 후에 그 파문당한 십자군들이 귀국할 때는 교황 스스로가 환영·영접하여 주었으니 그의 파문 선포는 무류인가, 유류인가?

교황무류설을 몇 가지 측면에서 검토해 왔는데 그것을 다음과 같은 질문형식으로 요약할 수 있을 것 같다.

만일 교황이 전지전능하신 지상의 신이요, 또 신의 대리자요, 예수와 동격이며 무류의 교회 우두머리라면 교황이 교좌에서 임명하고 파송한 성직자들의 잘못(유류)에 대한 책임은 교황의 무류설을 무효화시키지는 않는가? 무류자이신 교황께서 적재적소(適材適所)를 판단하여 교좌에서 교황령으로 그들을 파송하였으니 말이다.

그런 경우에 그 임명받은 자가 죄를 범하였다면 무류설의 무효화를 증거하는 것이 아닐까? 그것은 교좌에서 선포한 것이 아니기 때문에 무류설과는 무관하다고 할 수 있을까? 사제 개인의 실수로 돌리기만 하면 끝나는가?

또 교황 스스로가 창안하고 교황령으로 교좌에서 선포하여 창설된 종교재판소가 범한 죄악, 또 후세에 웃음거리가 되어버린 면죄부 판매 등은 모두 무류설과는 상관이 없는 것일까?

이만하면 역사가 교황무류설의 성립이 불가능하다는 것을 충분히 증명하고 있는 것 같다. 특히 현명한 현 교황의 사고방식에서는 무류설을 찾아볼 수 없다고 주장하는 학자도 있으나 아직은 명확하지 않다.

현인신(現人神)이었던 일본의 왕은 제2차세계대전 후에 자기는 신이 아니고 인간이라고 '인간선언'을 한 적이 있다. 웃기는 이야기였다. 그처럼 교황도 신의 대리자가 아니라 인간이라고 '인간선언'을 할 필요는 없을까? 더 이상 '신의 대리자' 또는 '무류설' 등을 주장할 수가 있지 않을까? 현 교황은 1998년 3월 12일 성명에서 진실을 발표하였으므로 종교인들은 그 일에 경의를 표한다(다음 Ⅵ 참조).

1998년 3월 1일자로 발행된 「파수대」(*The Watchtower*, pp. 3~7 참조)에 의하면 천주교 신학자인 한스 큉은 "인간 세상과 동떨어진 이상적인 교회는 없다. 즉 고백할 죄가 없는 교회는 존재하지 않는다."라고 지적했는데 이는 너무나도 정상적이고 타당한 주장이다.

그러므로 바티칸의 해설자인 아나톨리는 그의 저서 「교황이 용서를 구할 때」(*Quado il Papa Chiede Perdono*)에서, 현 교황 요한 바오로 2세는 1980년부터 1996년까지 94회에 걸쳐서 "역사 속의 교회의 잘못을 시인하거나 용서를 구하였다."고 지적하고 있다. 그것은 교황만이 천주교의 과실을 자인할 수 있기 때문이라고 하였다.

또 현 교황은 1994년 추기경들에게 보내는 문서 「교황직에 관한 가장 중요한 문서」에서 "이번 천년기에 저지른 모든 죄에 대하여 모두가 고백할 것을 제안하였다."고 한다.

위의 사실들은 현 교황 스스로가 교황무류설을 인정하고 있지 않음을 암시하고 있다.

인간은 불완전하며 거짓되고 또 미완성의 존재라는 사실을 모르는 사람은 없을 것이다. 이 불완전한 존재들이 모여서 하는 일이 한

치의 오차 없이 세상 끝날 때까지 완전하다고 믿는다면 정상적인 사고일까? 만일 전능하신 하나님의 도우심으로 무류가 가능하다고 주장한다면 그것은 하나님의 이름을 악용하는 종교악이 될 것이다.

1997년 12월 25일자 「로스 앤젤레스 타임스」(p. A4)에 의하면 77세의 현 교황 요한 바오로 2세는 성탄절 미사에서 인류에게 구세주 예수를 보내 준 하나님이 선택하신 백성인 유대민족에게 찬양과 사의를 표명하면서 '기독교인들이 유대인들을 박해하게 된 것은 신약성경에 대한 잘못된 해석 때문'이라고 하였다. 전세계 인류에게 보내는 교황의 이 성탄절 메시지는 역사적으로 다음과 같은 중요성을 내포하고 있다.

첫째, 신약 성경에 대한 해석의 오류를 정식으로 인정했다.

둘째, 과거에 천주교인들이 범한 죄, 즉 유대인들에 대한 박해를 솔직하게 인정했다.

이것은 현 교황이 과거의 교황무류설을 부정한, 역사적인 성명서라고 할 수 있다.

VI. 천주교와 유대인들과의 관계 개선

1998년 3월 16일 월요일자 「뉴욕 타임스」에 의하면 바티칸은 제2차세계대전 중에 학살당한 유대인들을 돕지 못한 로마 천주교인들의 잘못(errors)을 뉘우친다는 성명을 발표했다.

그러나 바티칸은 당시의 교황이었던 피우스 12세(Pius XII)의 침

아우슈비츠(Auschwitz)
폴란드 남부에 있는 도시로,
제2차세계대전 때
나치스의 강제 수용소가 설치되어
400만 명 이상의 유대인 · 폴란드인이
학살되었다.

묵을 강력하게 변호하였다. 이에 대하여 유대인 지도자들은 유대
인 대학살에 관한 바티칸의 입장 표명은 미흡하다는 반응을 보였
다. 그들은 바티칸이 자기 잘못을 솔직하게 인정하지 않고 '뉘우친
다' 는 정도의 성명을 낸 것에 대경실색하지 않을 수 없다고 하였
다. 유대인들은 바티칸의 그 성명이 프랑스의 천주교 주교들의 솔
직한 사과 성명과 같지 않다고 지적하면서 이 보고서는 천주교의
과거의 가르침이나 행동에 대한 자성(自省)을 기록한 또 하나의 장
(Chapter)이 될 것이라고 평하였다.[53]

---

53) 제2차세계대전 당시 나치 독일의 유대인 살해를 적극적으로 반대하지 않고 묵
시한 죄를 늦게나마 솔직하게 사죄한 프랑스의 천주교 주교들(Bishops)의 솔직
성과 용기를 찬양하지 않을 수 없다. 57년이란 세월이 지났지만 하나님과 유대인
들의 용서를 비는 프랑스의 천주교 주교들의 용기 있는 통회(痛悔: repentance)
성명은 천주교인들의 위대한 신앙심과 인간으로서의 양심을 선언한 것 같아서
우리들의 마음을 움직이고도 남음이 있다.
　그들은 용감하게도 1962년 교황 존 23세가 바티칸을 개선할 때까지 바티칸의 천
주교 교리, 교육, 설교, 미사 등의 반유대인 전통에 잘못이 있었다고 지적하면서
그러한 전통이 천주교의 유대인들에 대한 악의에 가득 찬 증오심의 뿌리가 자랄
수 있는 토양을 제공하였다고 인정했다. *Los Angeles Times*, October 1, 1997,
pp. A1 & A11A 참조.

'반면 600만의 유대인들이 학살당하고 있을 때 적극적으로 반대하지 않고 침묵을 지키고 있었던 당시의 많은 천주교인들의 행동을 유감으로 생각한다.' 는 12페이지의 보고서를 작성한 바티칸의 종교관계위원회의 책임자였던 에드워드 카씨디 호주의 추기경은 기자회견에서 이 보고서는 사과 이상의 것이라고 말했다(「뉴욕 타임스」).

같은 날짜의 「뉴욕 타임스」에 보도된 교황 바오로 2세의 1998년 3월 12일자 cover-letter는 다음과 같다.

경애하는 나의 형제 에드워드 카씨디 추기경(Edward Idris Cardinal Cassidy)에게,

교황으로 재직하고 있으면서 나는 자주 매우 슬픈 마음으로 제2차세계대전 중에 있었던 유대민족의 고통을 회상하곤 합니다. Shoah라고 알려진 그 죄악은 저물어 가는 20세기의 역사상 지울 수 없는 오점으로 남아 있습니다.

우리가 기독교의 3천년대의 시작을 준비하고 있는 이 시기에 요베루(안식)의 해의 기쁨은, 죄악에 대한 용서와 하나님과 이웃과의 화해에 근거를 둔 모든 기쁨보다 더하다는 것을 교회는 알고 있습니다. 그러므로 교회는 지난날의 과오와 비 신앙적인 행위들에 대한 회개를 통해서 교회의 자녀들이 그들의 마음을 정화할 수 있도록 그들을 격려합니다. 교회는 그들이 자기 자신들을 주님 앞에서 겸허하게 하고 또 우리 시대의 악에 대한

그들의 책임을 반성할 것을 호소합니다.

'유대인들과의 종교적 관련성을 위한 위원회'가 당신의 지도 하에 준비한 '우리는 기억한다:Shoah에 대한 소감'이라는 문서가 과거의 제반 오해와 부정의에 기인한 상처들을 실제로 치유하게 되기를 열망합니다. 그리고 그것이 이루 말할 수 없는 Shoah의 비행이 다시는 일어날 수 없는 미래를 만들기 위한 과정에 중요한 역할을 할 수 있는 기억이 되기를 바랍니다.

모든 사람은 하나님의 형상과 유사성에 따라 지음을 받았으므로 각자의 삶과 존엄성이 진실로 존중되는 세상을 위해 천주교인과 유대인과 선의의 모든 남녀가 함께 일할 때, 역사의 주님이 그들의 노력이 성공하도록 인도해 주시기를 바랍니다.

바티칸으로부터, 1998년 3월 12일

요한 바오로 2세 서명

다음은 위에 인용한 교황의 영문 cover-letter이다.

"To My Venerable Brother Edward Idris Cardinal Cassidy,

On Numerous occasions during my Pontificate I have recalled with a sense of deep sorrow the sufferings of the Jewish people during the Second World War. The crime which has become known as the Shoah remains as indelible stain on the history of the century that is coming to a close.

As we prepare for the beginning of the Third Millennium of Christianity, the Church is aware that the joy of a Jubilee is above all the joy that is based on the forgiveness of sins and reconciliation with God and neighbor. Therefore she encourages her sons and daughters to purity their hearts, through repentance of past errors and infidelities. She calls them to place themselves humbly before the Lord and examine themselves on the responsibility which they too have for the evils of our time.

It is my fervent hope that the document 'We Remember : A Reflection on the Shoah,' which 'the Commission for Religious Reflections With the Jews' has prepared under your direction, will indeed help to heal the wounds of past misunderstandings and injustices. May it enable memory to play its necessary part in the process of shaping a future in which the unspeakable iniquity of the Shoah will never again be possible.

May the Lord of history guide the efforts of Catholics and Jews and all men and women of good will as they work together for a world of true respect for the life and dignity of every human being, for all have been created in the image and likeness of God.

From the Vatican, March 12, 1998.
John Paul II (Signed as Joannes Paulus II)" [54]

---

54) *New York Times*, 1998년 3월 17일, pp. A1. A11~12; *Los Angeles Times*, 1998년 3월 17일, pp. A1 & A8 참조.

VII. 교황과 측근들의 부패한 성생활
- 알렉산더 6세 교황을 중심으로 -

교황 알렉산더 6세(Alexander VI)
타락한 성직자의 표본인 알렉산더 6세는
특히 황음(荒淫)으로 유명했다.

이제부터는 교황의 권위와 무류설을 다른 측면에서 조명하면서 진실을 밝혀 보려고 한다. 교황들의 생활을 보면 무류설의 무효성을 짐작하고도 남음이 있다.

천주교는 교황 알렉산더 3세(1159~1181) 때 사제들의 독신제가 확정되었으나 실제로 실행되지는 못하여 성직자나 교황들은 16세기까지 결혼도 하고 자녀도 가지고 오입도 하며 살았다. 때로는 교황청으로 고급매춘부들을 불러들였다고도 한다. 또 일부의 교황들은 많은 첩들을 거느리고 호화스러운 방탕생활을 계속하였다. 그에 대한 많은 믿을 만한 기록이 남아 있는데, 특히 교황청 내에서 시종(侍從)으로 있었거나 기타 교황을 돕는 일을 하던 성직자들의 기록이기 때문에 신빙성이 크다. 그들이 남긴 기록을 모아서 출판

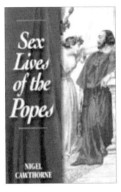

『교황들의 성생활』(Sex lives of the Popes)

성(性)을 포기하고 성(聖)을 추구해야 할 교황이 성(聖)을 포기하고 성(性)을 추구했다.

중세의 타락한 교황들은 성전(性戰)에서 패배하였다.

St(Saint). 교황에서 Sex. 교황으로 전락한 천주교사의 수치를 기록했다.

된 서적도 다수 나와 있다.

다음은 그 가운데서 특히 널리 알려진 『교황들의 성생활』(Sex lives of the Popes)[55]에서 한두 가지를 발췌 요약해 본다. 이것은 당시의 교황들과 교황청을 중심으로 한 권력 남용과 교황무류설의 근거 및 가치를 이해하기 위하여서는 빼놓을 수 없는 장면이기 때문이다.

교황 알렉산더 6세(Alexander Ⅵ : 1492~1503)는 1431년에 탄생한 스페인 출신이다. 그는, 발렌시아의 대주교였던 알폰소 보르하(Alfonso de Borja)와 그의 친여동생 호아나(Joana)와의 사이에서 태어난 사생아로서 이름은 로드리고(Rodrigo)였다. 로드리고의 어머니 호아나는 친오빠인 알폰소 보르하와의 사이에서 아들 로드리고를 낳았으니 로드리고의 친아버지는 부친이면서 외삼촌도 되는 셈이다.

---

55) *Cawthorne*, op. cit., pp. 171~223 참조. 1641년 영국 울스터(Ulster)에서도 천주교는 이와 같은 방법으로 3,000명의 개신교도들을 학살하였는데, 그들은 개신교도들의 귀 · 손 · 손가락을 자르고 눈알을 파냈으며, 부모가 보는 앞에서 어린애들을 끓는 물에다 삶았고, 여인들은 알몸으로 사지를 찢어서 죽였다고 한다.

로드리고는 어렸을 때부터 난폭한 아이로 자라나 12세 때에 친구를 칼로 살해하였고, 또 혼잡한 성관계로 젊어서 적어도 여섯 명 이상의 사생아의 아버지가 되었다고 한다.

그의 친아버지인 발렌시아의 대주교였던 알폰소 보르하는 후에 칼리스터스 3세(Callistus III : 1455~1458)로 불리어지는 교황이 된 후, 당시 25세에[56] 불과한 젊은 아들 로드리고를 발렌시아의 대주교로 임명한다.

이때 로드리고는 스페인의 미인 과부와 그녀의 두 딸까지 농락한 후, 과부가 죽자 큰딸을 강제로 수도원에 보내고 더 귀엽고 아름다운 어린 동생을 데리고 살았다.[57]

또 그는 1461년 로마에서 18세의 아름다운 소녀 로사(Rosa)를 자기 여자로 만들었다. 그러나 로드리고는 교황을 두려워하여 로사를 베니스로 이주시킨 후 약 20년간 왕복하면서 그녀에게서 네 아

---

56) 후일에 교황이 되는 레오 10세(Leo X : 1513~1521)는 13살 때 최연소 추기경이 된 기록을 세웠다. 그러나 교황 베네딕트 9세(Benedict IX : 1032~1044, 1045, 1047~1048))는 1032년에 12세의 최연소 소년 교황이 된 기록을 세웠으며, 그는 또 세 번이나 교황으로 선출되는 기록을 남겼다. 12세의 소년이 교황의 직무를 어떻게 수행하였을까? 궁금하다.

무능한 교황이 자기의 잘못을 하나님의 이름으로 변명하고 그의 권력을 유지하기 위하여 거짓말을 한 것도 이해할 수 있으며 또 어려서 아무것도 모르고 매일 시종이나 첩들과 어울려서 놀고 권력이나 남용하는 교황을 주위에서 잘못 보좌하는 자들을 핑계로 한 무류설 주장도 이해할 수 있다. 그러나 인간의 이성뿐만 아니라 하나님을 기만하는 봉건시대의 잘못된 무류설을 현대 사회에서 주장한다면 그것을 믿는 사람이 있을까?

57) 그 과부의 둘째 딸이 1462년에 로드리고의 아들 페드로 루이스 (Pedro Luis)를 낳고 1467년에 딸 이사벨라(Isabella)를, 그리고 1471년에 지로라마 (Girolama)를 낳았다.

이를 낳았다.

교황 이노센트 8세(1484~1492)가 죽었을 때, 로드리고는 막대한 돈·궁전·성·보석·땅 등을 다 팔고 그 돈으로 교황 자리를 사려고 하였으나 마지막 한 표가 모자랐다. 그는 한 표를 돈으로 사려고 하였는데 그 한 표의 주인공은 다름 아닌 베니스의 한 수도사였다. 그 수도사는 5,000크라운과 로드리고의 12살 된 딸 루크레씨아(Lucrezia)와 하룻밤만 자는 조건을 제시하였다. 로드리고는 그 조건을 받아들여 22명의 추기경들의 지지를 받고 교황이 되었다. 즉 돈과 12살 된 자신의 어린 딸 루크레씨아를 하룻밤 빌려주고 로드리고는 드디어 교황 자리에 오른 것이다.

이렇게 하여 1492년에 교황이 된 로드리고, 즉 알렉산더 6세(1492~1503)는 이제 로마에서는 더 이상 무서운 사람이 없게 되어 그의 성생활은 더욱 문란해졌다. 믿기 어려운 다음의 삽화적(揷話的)인 이야기가 이를 증명하고 있다.

플로렌스 출신인 15세의 소녀가 교황과 하룻밤에 11번의 성교를 하고 난 후 열을 내고 쓰러져 죽었다는 이야기도 있다. 교황은 뻔뻔스럽게도 그 장례식에 가서 소녀의 명복을 빌었다고 한다.

뿐만 아니라 로드리고는 자기가 교황이 된 직후에 로사와의 사이에 태어난 17세의 자기 아들 세사레(Cesare)를 발렌시아의 대주교로 임명하고, 후일 15살 된 둘째아들 후안(Juan)을 또 추기경으로 임명하였다. 교황이 된 로드리고는 누구의 말도 듣지 않고, 자기의 체면이나 성스러운 교황의 직책에 별로 관심 없이 바티칸 궁전으로 첩들과 딸 루크레씨아를 불러들였다.

그는 교황이 되기 위하여 쓴 많은 돈과 궁전 및 성들을 회수하기 위하여 여러 가지 수단과 방법을 동원하였다. 몇 가지 예를 들면 첫째, 하루에 평균 14건의 살인사건이 일어났는데 살인범들을 사형에 처하지 않는 조건으로 돈을 받았다. 둘째, 성직(聖職)과 성물(聖物)을 매매하였다. 셋째, 돈을 받고 근친상간을 눈감아 주었다. 한 귀족은 24,000개의 금판을 주고 자기 여동생과의 성교를 허가받았다. 발렌시아의 추기경 피터 멘도자는 교황에게 돈을 주고 미동(美童)을 입양할 수 있는 허가를 받았다.

로사의 나이가 많아지자 교황은 또 미소녀로 이름 난 15세의 귤리아 화르네스(Giulia Farnese)를, 위조죄로 걸린 그녀의 오빠 알렛싼드로 화르네스(Alessandro Farnese)를 용서해 주는 대가로, 손에 넣었다. 교황 로드리고는 귤리아와 오르시노 오르시니(Orsino Orsini)의 결혼식 주례를 해주고 신부를 자기 방으로 데리고 갔다. 교황이 초야권을 행사한 것이다. 그녀의 오빠가 교황과 사전에 합의한 변칙을 그녀의 남편 오르시노도 어쩔 수 없이 받아들였다. 그녀의 오빠 알렛싼드로(19세의 소년)는 추기경으로 임명되었는데, 후일에 그는 교황 바오로 3세(Paul III : 1534~1549)가 되었다.

귤리아는 그리스도의 신부 때로는 교황의 창녀로 알려진 절세의 미인이었는데, 그녀를 한번이라도 본 로마사람들은 그녀의 미에 반한 교황을 이해할 수 있다고 했다. 교황과 귤리아 사이에 난 첫딸을 교황은 오르시노의 딸이라고 하였으나, 그 아이를 본 플로렌스에서 온 대사는 그 딸이 너무나 교황과 닮아서 '그녀는 교황의 딸임에 틀림이 없다' 고 자기 집으로 보낸 편지에서 기록하고 있다.

귤리아는 자연히 궁중에 사는 교황의 딸 루크레씨아와 친해졌다. 루크레씨아는 아버지 덕택으로 12살 때부터 남자를 알게 되어 자기

아버지 못지않게 남성 편력이 심했다. 두 미녀들이 다른 남자들과 어울려 노는 것을 볼 수 없었던 교황은 딸을 결혼시키기로 하였다.

아버지의 뜻에 따라 수차의 약혼을 했으나 더 좋은 신랑감이 나타나면 교황은 주저없이 파혼하고 딸을 새로운 신랑감과 약혼시켰다. 일방적으로 파혼당한 스페인의 돈 가스파로(Don Gasparo de Procia)는 이에 승복하지 않고 반격에 나섰다. 교황은 3,000더컷 (Ducats) 금화를 주고 돈 가스파로를 설득한 후 페사로(Pesaro)의 귀족 출신 지오바니 스포르싸(Giovanni Sforza)와 결혼 시켰다.

성대한 결혼식을 마치고 집으로 들어온 루크레씨아와 신랑을, 교황과 오빠 추기경 세사레(Cesare)가 가세하여 온 가족이 보는 데서 결합시키고 그것을 구경할 정도로 문란한 생활을 하였다.

결혼 후에도 루크레씨아는 신랑을 따라가지 않고 바티칸에 남아서 밤이고 낮이고 외출도 하지 않고 아버지의 집에서 함께 살다가 얼마 후 귤리아와 같이 남편의 집을 찾아갔다고 한다. 그 동안을 참지 못한 교황은 그들을 불러오기 위하여 교황령을 내렸다. 귤리아의 오빠와 사위는 군대에 가 있다가 잠시 귀가했다. 교황은 자기 아내를 보고 싶어서 부른 귤리아의 남편 오르시노까지 협박하는 소동을 벌였다.

교황은 자기의 소유물이었던 두 미녀들, 즉 귤리아와 딸 루크레씨아가 새로운 애인들을 만난다든가 그들의 남편들과 재결합하는 것을 용납할 수 없었던 것이다.

그녀들이 돌아와서 교황과 결합했는데도 불구하고, 교황은 일주일 이내에 또 다른 세 여자를 불러들였다. 그 중의 하나는 발렌시아에서 온 수녀였으며, 또 하나는 캬스틸에서 왔고, 세번째는 베니스에서 온 15~16세의 소녀였다.

이때 프랑스 왕 챨스 8세가 이끄는 프랑스군이 로마의 성 밖에 도착하여 교황을 간통, 근친상간, 살인 및 기타의 죄로 퇴위시키고 교황청에서 쫓아내겠다고 협박하였다. 아들 세사레 추기경이 저항하다가 생포되자 어쩔 수 없이 교황은 로마를 개방하고 프랑스군이 자유롭게 통과할 수 있도록 하였다. 그러나 챨스 왕은 안전을 이유로 교황의 아들 세사레를 인질로 끌고 갔다.

이 시대에 매독이 유럽 전역에 퍼져 1494년에는 교황청까지 침략하였는데, 당시의 유럽사람들은 그것을 하나님께서 주신 벌이라고 하였다.[58] 교황과 교황의 젊은 아들 추기경 세사레는 물론 교황의 가족 및 첩들까지 총 17명이 2개월 이내에 매독에 걸렸다.

지롤라모 사보나롤라(Girolamo Savonarola) 수도사가 플로렌스에서 이것을 지적하고 교회와 성직자들을 비난하고 나서자 교황은 함구령을 내렸다. 지롤라모가 듣지 않자 교황은 그에게 추기경 자리를 주겠다고 설득하였다. 그것마저 거절당한 교황은 지롤라모를 이단으로 몰아 화형에 처하고, 그의 죽음을 축하하면서 귤리아와의 사이에서 태어난 아이의 세례식을 가졌다.

또한 교황은 그 동안 수녀원에 가있던 루크레씨아를 교황청으로 불러들여 교황이 임명한 조사위원회에서 자기가 처녀라고 선서하

---

58) 프랑스 사람들은 매독을 나폴리 병이라고 부르고 이탈리아 사람들은 프랑스 병이라고 불렀다. 제2차세계대전 후부터는 서양사람들은 새로운 병이나 독감이 나타나면 대부분 동양사람의 성이나 지명 또는 나라 이름을 써서 동양 사람들이나 특정 지역과 병을 연결시켜서 많은 사람들, 특히 어린이들의 잠재의식에 좋지 않은 인상을 심어왔다. 홍콩 감기니 마오(毛) 감기 등이 그러한 예이다.

게 하였다. 그런데 조사위원회의 대다수가 루크레씨아의 아버지, 즉 교황과의 근친상간이나 기타 많은 남성들과의 남성 편력을 잘 알고 있었기 때문에 모두가 난처한 입장에 빠졌다.

그러나 결국 교황의 압력에 이기지 못한 위원회는 그 혼인을 무효 처리했다. 그런데 그후 얼마 가지 않아 루크레씨아가 임신했다는 사실이 알려졌다. 교황의 계획이 실패로 돌아갈 것을 우려한 그녀 의 오빠 세사레는 루크레씨아를 임신시킨 것은, 교황이 가장 아끼 던 스페인에서 온 교황청 내의 시종(侍從)인 페롯도 칼데로니 (Perotto Calderoni)라고 믿고 그를 칼로 찔러 살해한 후 시체를 티 베르(Tiber) 강에 던져 버렸다.

시종이 죽은 후, 1497년에 그 시종의 처는 교황과의 사이에서 아 이를 낳았다. 또 4년 후인 1501년에 루크레씨아가 세 살 된 아들을 데리고 나타났다. 오빠 세사레는 자기가 죽인 칼데로니가 여동생 루크레씨아가 난 아이의 아빠라고 생각했겠지만, 곧 두 개의 교서 가 그 아이의 친부가 세 사람 중의 하나가 아니라 두 사람 중의 하 나라고 제안했다. 하나의 교서는 아이의 아빠를 루크레씨아의 오 빠인 세사레로 기록하고 있고, 다른 하나의 교서는 교황 알렉산더 6세로 기록하고 있다.

이것은 곧 루크레씨아가, 아버지인 교황 알렉산더 6세는 물론 추 기경인 오빠 세사레와도 근친상간을 했다는 기록이라고 볼 수 있 다. 누가 진짜 아버지인지 알 수 없어서 부자가 서로 아버지라고 기 록에 남긴 것이라고밖에 볼 수 없다. 아마 DNA 테스트가 가능한 시대라고 하여도 부자간이기 때문에 누가 진짜 아버지인지 확인하 기 어려웠을 것이다.

사실 그 아이가 교황, 즉 자기 어머니의 아버지가 자기의 친부라는 것을 알았다면 아이는 교황을 할아버지라고 불러야 하는가, 혹은 아버지라고 불러야 하는가? 또 자기 어머니의 오빠가, 즉 자기의 외숙부가 자기의 친부라면 그를 어떻게 불러야 옳은가 하는 현실적인 문제도 있었을 것 같다. 할아버지 겸 아버지도 될 수 있고 외숙부 겸 아버지도 될 수 있기 때문이다.

교황과 세사레가 아버지라고 기록한 교황의 두 개의 교서가 이를 한층 혼란스럽게 하고 있다.

만일 교황이 소문처럼 아름다운 루크레씨아와 근친상간을 했다면 3대에 이르는 한 집안 여자들을 할머니에서 시작하여, 큰 이모, 어머니 그리고 딸까지 네 여자를 다 범한 유일한 교황이 된다. 아무리 중세기라고 하여도 이 얼마나 지독한 짐승과 같은 인간의 이야기인가?

아버지의 덕택으로 간디아의 군주(Duke of Gandia)가 된 교황의 둘째아들 후안(Juan)은 12살 되던 해인 1493년에 스페인의 공주와 결혼했다. 비록 나이는 어렸지만 후안은 자기의 지위를 이용하고 또 아버지의 이름을 팔아서 미녀들을 모아 아버지에게 제공하였다. 형보다 더 많은 미인들을 아버지에게 제공할 뿐만 아니라 아버지의 마음을 사로잡은 스페인의 귀여운 미소녀를 소개한 것이, 아버지의 사랑을 독점하고 후계자가 되려던 형 세사레의 질투를 사고 말았다.

두 형제가 자기들의 어머니 집에서 있었던 파티에 참석하고 귀가하는 길에 동생이 살해당했다. 그것도 목에 8번이나 칼에 맞아 죽은 시체로 나타났다

마키아벨리가 저술한 「군주론」
「군주론」에 나오는 무자비한 정치가는
세사레를 모델로 삼았다고 한다.
군주론 ; 군주의 통치 기술을 논한 것으로,
혼란한 이탈리아를 구하기 위해서는 강한 결단력을
가지고 권모술수의 수단을 취해야 한다는
주장을 담고 있다.

　귀가 길에 형에게 좀더 재미있는 곳에 들렀다가 간다고 헤어졌다는데, 누가 그를 살해한 후 손을 묶고 목에 돌을 달아 강에 던져 버린 것이다. 로마 사람들은 질투심이 강한 세사레가 죽였을 것으로 추측했다고 한다.

　당시 플로렌스의 정치학자였던 유명한 마키아벨리(Niccolo di Bernardo Machiavelli : 1469~1527)가 국가의 이익과 통치자의 권위를 유지하기 위해서는 부도덕한 수단·방법도 정당화되어야 한다는 국가권력론, 다시 말하면 국가통치에는 권모술수도 필요하다는 논리를 전개한, 그의 유명한 저서 군주론(Del Principe : The Prince)에 나오는 무자비한 정치가는 세사레가 모델이었다고 한다.

　그는 다음과 같이 쓰고 있다.

　"이탈리아 사람들은 로마 천주교와 그 성직자들에게 큰 빚을 지고 있다. 그들이 하는 것을 보고 우리는 참다운 종교를 잃었으며 완전히 신을 믿지 않는 사람들이 되어 버렸다. 어느 나라든 로마 교황청에 가까우면 가까울수록 그만큼 더 종교가 없다는 것을 원칙으로 생각하는 것이 좋다."

　박카드(Buchard)의 기록에 의하면 피 보기를 즐긴 세사레는 자기의 용맹을 자랑하기 위하여 성 베드로 성당 앞에 울타리를 치게 하고, 남녀 죄인들과 어린아이들까지 끌고 나오라고 한 후에 완전무장하고 말을 타고 질주하면서 칼로 찌르고, 또 일부는 총으로 쏘고 그래도 모자라서 말로 짓밟았다. 이를 교황과 여동생인 루크레씨아는 성당의 발코니에서 보면서 즐겼다고 한다.

세사레는 남편이 있는 부인들을 납치하여 강간하고 죽인 후에 타이버 강에 던져 버렸다. 운이 좋은 여자들만 죽지 않고 남편에게 돌아갈 수 있었다.

세사레는 매독 중세가 얼굴에 나타나서 검은 반점이 여기저기 보였다. 그러나 교황의 큰아들이며 또 군의 총사령관이라는 직위를 이용하여, 1499년 5월 12일 프랑스의 왕의 소개로 게인(Gueynne)이라는 작은 나라의 군주(Duke of Guyenne)의 딸 샬롯(Charlotte d' Albret, 당시 17세)과 결혼하였다.

세사레는 매독이 점점 더 악화되어 가는데도 불구하고 계속 여자들을 정복하는 과정에서, 1501년 전(全) 이탈리아에서 가장 아름다운 여자의 하나라고 소문난 미인을 납치했다. 그런데 그녀는 당시 막강한 세력을 자랑하던 베니스 왕국의 군장교의 부인이었다. 그녀를 가두어 두고 성의 장난감으로 데리고 놀다가 2년 후에 남편에게 돌려보냈다.[59]

그렇게 하는 와중에도 교황 부자는 중부 이탈리아를 완전히 점령하여 교황청의 직할 영토로 만들려고 총력을 다하였다. 그들은 목

---

59) 당시의 로마에서는 만일 유대인이 천주교 여인과 성교하면 목을 잘라 죽였다. 그리고 북중남미에서는 원주민이나 흑인이 백인 여자와 성교를 하면 잔인하게 살해했다.

적을 달성하기 위하여 성물·성직을 가리지 않고 팔 수 있는 것은 모두 팔아서 돈을 모았으며, 또 자기들이 하는 일에 방해가 되는 사람들은 모두 암살하고 재산을 몰수했다.

교황은 자기는 물론 아들과 다른 추기경들을 대접하기 위하여 매일 밤 25명 정도의 창녀들을 교황청으로 불러들였다(당시 로마의 외교 소식통).

1503년 8월에 교황 알렉산더 6세가 죽었다. 교황 부자는 자기들이 싫어하는 추기경을 저녁에 초대하여 독살하려고 하였는데, 잘못되어 그 독약을 자신들이 먹게 되었다.

세사레는 운 좋게 살았으나, 독약을 먹은 교황의 배는 불덩어리가 되고 눈은 새빨갛게 충혈되었으며 피부색은 노랗게 변했다. 아무것도 마시지 못하고 몇 시간을 누워 있던 교황의 얼굴은 자줏빛으로 변하면서 피부가 벗겨지기 시작했다. 얼마 후에 배 양쪽에서 출혈이 일어나면서 사망했다.

만성 매독에 걸려 있다가 독약을 먹고 죽은 교황의 시체는 옆구리가 부어서 몸이 사각형으로 보일 정도였다고 한다. 교황이 살아있을 때는 아부하고 그의 손발에 키스하려는 사람들도 많았는데, 죽은 후에는 누구도 그의 발이나 손에 키스하려 하지 않았다.

누구도 죽은 교황의 명복을 빌지 않았다. 뿐만 아니라 줄리어스 2세(Julius II)가 교황으로 선임되자마자 "로드리고는 그 누구보다도 천주교회를 더럽혔다."고 하면서 그가 살던 방에서 살지 않겠다고 선언하고, 지옥에 떨어져 영원히 구제받지 못할 영혼을 위하여 명복을 비는 것은 모독죄에 해당한다는 교령을 내렸다. 그리고 앞으로 누구라도 두 번 다시 로드리고의 이야기를 하거나 생각하면 파문시키겠다고 하며 그의 이름을 잊어버리라고 하였다.

이것이 짐승 같은 방탕아 교황 알렉산더 6세의 일생이다. 이러한 교황이 한둘이 아니라는 것을 역사가 말해 주고 있다. 1998년 3월 1일자 「파수대」(The Watchtower, pp. 3~7 참조)에 의하면, 교황 아드리안 6세(Adrian Ⅵ : 1522~1523)는 1523년 의회에 보낸 교서에서 "우리는 혐오할 만한 일들이 교황청에서 집중적으로 일어났다는 것을 알고 있다. 교황청은 어쩌면 이 모든 사악함의 근원지일 수도 있기 때문이다."라고 교황청의 죄악을 인정하고 있다.

이러한 교황을 지상에 존재하는 하나님의 대리자요 교회의 최고의 우두머리로 믿고 따랐던 천주교도들은 얼마나 가련한 신도들이었을까?

그러한 교황이 교좌에서 선포한 교리는 결코 틀림이 없다는 무류설을 주장하던 사람들의 양심과 철면피한 기만을 무엇으로 묘사할 수 있을까? 교황무류설을 가지고 약 1,600년 동안이나 인류를 기만하고 농락한 죄를 무엇으로 갚을 수 있을까? 그 허무맹랑한 거짓말을 철석같이 믿고 따라간 순진한 신도들의 잘못된 신앙을 누가 책임져야 할 것인가?

이래도 교황을 베드로의 신성한 특권을 계승받은 자라고 주장할 수 있을까? 이런데도 개신교와 타종교는 모두 가짜요 사교이고, 천주교만이 인류를 구원할 수 있는 유일한 종교라고 고집할 수 있을까? 이런데도 교황은 하나님이 임명한 교회의 우두머리인가? 이런데도 교황은 하나님의 영을 볼 수 있도록 '변화된 인간'이라고 주장할 수 있을까? 이런데도 교황은 예수보다 더욱 자비로워서 연옥에 있는 영까지 구원할 수 있다고 주장할 수 있을까? 이런데도 교황은 사람의 죄를 사할 수 있는 특권을 가졌다고 주장할 수 있는가?

과거 교황들의 사생활이나 종교적인 행동을 연구해 보면, 상당수의 교황들이 순수한 종교인이 아니고 사탄·악마와 같은 인간들이었으며 인간 사회에 도저히 용납할 수 없는 타락한 인간들이었다는 것이 확실하게 기록으로 나타나 있다. 천주교는 과거의 수치스러운 전통을 그대로 답습할 것인가? 또 '하나의 교회' 만이 인류 구원을 위한 유일한 것이라는 독선적이고 배타적인 교리를 계속 고집할 것인가? 아니면 혁명적인 개혁을 모색할 것인가?

그러면 앞으로 어떻게 할 것인가? 맑은 신앙과 양심 있는 용감한 새시대의 투사 사제들의 출현을 기대할 수밖에 없다. 천주교의 갈길은 있다. 그것은 혁명적인 개혁의 길이다. 앞으로 천주교와 인류의 밝은 미래를 위해서는 혁명적인 투사 사제의 출현은 불가피하다. 현 교황은 그 가운데 선두주자인 것 같다.

이미 지적한 바와 같이 그때까지는 교황청이 사제들의 독신제를 강요하지 않았다. 신부들의 성생활에 관한 기록을 보면 신부들도 교황과 같이 첩들을 두었고 창녀들을 마음대로 찾아다녔다. 물론 아이들도 낳아서 길렀으며 그들의 출세의 길을 보장하기도 하고 도왔다. 또 동성연애를 하는 신부들도 있었다.[60]

---

60) *Los Angeles Times*, 1997년 10월 1일, p. A20. 미국 천주교 주교들 (Bishops)은 1997년 9월에 전국주교총회의 행정위원회(Administrative Board of the National Conference of Catholic Bishops)에서 중요한 교리의 하나를 부정하는 결의를 하였다. 즉 지금까지 동성연애를 금지하는 천주교의 교리를 강력하게 지지하고, 동성연애를 도덕적으로 사악한 행동이라고 규정하여

마치 반천주교적이며 비인간적인 죄를 진 것처럼 동성연애자들을 비난하고 차별해 온 천주교 주교들이 동성연애자들에 대한 그들의 견해를 번복하였다. 교황청이 어떻게 나올 것인가 하는 것이 주목되는 일이지만 천주교 교리상의 혁명적인 변화임에는 틀림이 없다.

미국의 천주교 주교들은 하나님은 어떤 사람이 동성연애자라고 하여 그 사람을 더 적게 사랑하시지 않는다고 주장하면서, 부모들에게 동성연애를 하는 자녀들을 사랑하고 도와주라고 그들의 관할구역에 보내는 교서를 통해서 밝히고 있다. 이 천주교 교리상의 혁명적인 전환은 무엇을 의미하는가? 여러 가지 뜻이 있겠지만 하나님의 뜻으로 알려져 온 천주교의 교리를 인간이 필요에 따라 마음대로 바꿀 수 있다는 증거이다.

천주교의 교리가 하나님의 뜻에 따라 만들어진 것이라고 하여도 결국은 인간에 의하여 마음대로 바꿀 수 있다는 증거이며, 또 천주교가 생긴 이래 계속 하나님의 뜻과는 관계없이 인간에 의하여 교리가 바꾸어져 왔다는 것도 역사적인 사실이다. 교황이나 교황청뿐만 아니라 주교들이 마음대로 바꾸는 천주교의 그러한 교리가 어떻게 하나님의 뜻이 될 수 있단 말인가? 장소와 시기에 따라 하나님께서 그렇게 천주교의 성직자들만을 통하여 바꾸어진다는 것인가, 혹은 비록 선의이겠지만 인간이 하나님의 이름으로 자기들 마음대로 교리를 바꾸고 그것을 하나님의 뜻이라고 주장하면서 일반인은 잔소리 말고 자기들의 결정에 무조건 따르라고 강요하는 것이 아닌가? 만일 그것이 사실이라면 도대체 누가 그들에게 그러한 어마어마한 권한을 주었단 말인가? 옛날 같으면 생명이 걸려 있는 교리의 수정이 아닌가? 우리 모두 다시 생각해 보고 엄연한 진실을 밝혀야 하지 않겠는가?

받아야만 했다. 이러한 유곽은 그 어느 것이나 교회, 영주, 시의 소유이며 유곽 경영자는 소유자에게 상납금을 주지 않으면 안 되었다. 창녀들은 노예 이하의 생활을 할 수밖에 없었다.

●성(聖)을 성(性)으로 교체한 중세 수도원●

16세기경 베네딕트파 수도원인 쇼텐에는 9명의 수도승이 7명의 첩, 두 사람의 본처, 8명의 아들을 데리고 있다. 가루스텐의 베네딕트파 18명의 수도승들은 12명의 첩, 12명의 본처, 19명의 아이를, 그리고 크로스타노이부르그의 수도원에는 승려 7명이 7명의 첩, 3명의 본처, 14명의 아이들을 각각 갖고 있었다. 또한 아그랄 여수도원에서는 40명의 수녀들이 19명의 아이들과 함께 살고 있었다. 이러한 사례는 당시 로마 가톨릭 수도원이나 여 수도원 곳곳에 있었다. 즉 이 여 수도원은 귀족들의 매춘굴과도 같은 곳이었다.

원래 수도승은 신과 자기의 영혼을 일치시키기 위해 스스로가 엄격한 계율을 부과하며 금욕 생활을 하였으나, 16세기 경에는 로마 가톨릭 자체가 타락하여 풍속이 문란해졌으며 신앙에 대한 열기도 희박해져 세속적인 인간이 되어 버렸다. 또한 원래의 수도승은 속세와 결별하고 하나님을 숭상했으나, 16세기 수도승들은 거의가 유산 상속권을 갖지 않은 귀족들의 차남이나 삼남으로서 식구를 줄이기 위해 하나님께 봉사하는 신세가 되었다. 그들은 세속적인 냄새가 물씬 풍기는 자들이었다. 그들은 참회실에서 고백하는 처녀나 부인들의 성적인 고백을 듣고 자신도 모르는 사이에 성적인 욕구 불만이 쌓이게 되었다. 물론 수도승은 결혼할 수 없었기에 성적인 탈출구는 전혀 없었다. 1538년 헨리 8세 치하의 영국에서도 수도원에서 남창이 나타나고 있었다.

이러한 당시의 세태는 고모라의 도시가 그럴 것이라고 생각될 정도였다라고 신학자인 토마스 리의 당시 조사보고서는 탄식하며 기록하고 있을 정도로 유럽의 수많은 수도원에서는 음탕함이 극에 달해 있었다.

여 수도원도 이에 뒤지지 않았다. 수도원의 변소는 낙태 장소로 변해 죽은 영아가 피투성이로 뒹굴고 있었다. 마치 상반신은 성모 마리아요, 하반신은 거리의 창녀로 풍자할 수 있을 정도로 방종했다.

— 오스트리아 영토인 다섯 군데의 수도원을 조사, 보고서 기재 사항

VIII. 천주교의 '혼인무효'제도는 정당한가?

천주교에는, 이혼은 인정하지 않으면서도 결혼한 사실을 무효화시키는 '혼인무효제도'라는 변칙적인 제도가 있다.

정식으로 결혼한 부부가 결혼했던 사실을 부인하고 헤어지게 되면 그들의 자녀는 부모가 없는 아이들이 된다. 이처럼 혼인무효제도는 부모들의 잘못에도 불구하고 주로 자녀들이 희생양이 된다.

때문에 이탈리아에서도 1971년에 이혼법을 만들었으며 많은 기독교 국가에서도 합법적인 이혼을 인정하는데, 천주교만은 여전히 이혼을 인정하지 않고 있다. 그런데 그 제도가 야기하는 문제 가운데서 가장 심각한 것을 다음과 같이 요약할 수 있다.

첫째, 엄연한 진실을 부정하기 때문에 이 제도에 대한 신뢰성이 훼손된다.

둘째, 언제라도 혼인무효 판정신청을 할 수 있다면 그러한 혼인무효제도에 대한 불신감과 불안감이 상존할 수 있다. 이혼을 인정하지 않으면서 실질적으로 이혼과 같은 혼인무효제도를 둔다는 것이 문제이다.

셋째, 결혼이라는 제도의 정의(定義)와 순수성까지 의심받게 하고 많은 사람들을 혼동시킬 수 있다.

넷째, 남자들에게 유리하고 여자들에게 불리한 결과를 초래한다.

다섯째, 혼인무효판정을 받은 가정에서 태어난 아이들이 그 나라의 법에 따라서 갑자기 사생아가 될 수 있다. 적어도 천주교 내에서 그들은 사생아가 된다.

여섯째, 돈과 힘있는 자들에게 유리한 제도이다.

일곱째, 그러한 제도를 이용하려는 교활하고도 이기적이며 무책임한 이중인격자들을 해방시켜 주고 축복해 주는 제도가 될 수 있다.[61]

---

61) 이 혼인무효제도는 현재도 많은 힘있는 천주교인들이 이용하여 정식으로 결혼해서 아이까지 낳고 살던 부인들과 헤어지고 다시 결혼한다. 혼인무효 판정을 받은 사람들에게는 새로운 결혼이지 재혼이 아니다.

최근에 일어난 유명한 예로 정식으로 결혼해서 12년 동안이나 잘 살고 두 쌍둥이 아들(16세)까지 낳은 48세의 남자 죠셉 케네디 2세(Joseph P. Kennedy II)는 보스톤 천주교 대주교구에 '혼인무효' 판정을 신청하였다. 그는 미연방 국회 하원의원이며, 고 로버트 케네디 상원의원의 장남이며, 고 케네디 대통령의 조카이기도 하다. 그러나 48세의 전 부인 실라(Sheila R. Kennedy)는 이에 반대하고 「산산조각이 난 신앙」(Shattered Faith)이라는 책까지 써서 "어느 누가 우리의 결혼을 처음부터 무효였다고 주장할 수 있는지 나는 이해할 수 없다."고 천주교가 내린 그들의 혼인무효 판정을 강력하게 반대하고 텔레비전에까지 나와서 천주교가 혼인무효를 인정한 것은 도리가 아니라고 항의한 적이 있다. 그녀는 바티칸으로 상고하겠다고 하였으나 결국 그녀의 남편은 법정에서 이혼을 인정받고 또 천주교로부터 혼인무효를 인정받았다. 그는 즉시 자기의 비서 베스 켈리(Beth Kelly)와 결혼하여 잘 살고 있다고 한다. 미국은 천주교 국가가 아니지만 천주교에서 매년 6만 명의 혼인무효 판정이 나온다고 보도되고 있다. *Los Angeles Times*, April 29, 1997, pp. E1 & E6 참조 ; 「한국일보」, 1997년 5월 1일 p.10.

건강한 독신남녀가 아무런 하자 없이 정식으로 결혼하여 아이들까지 낳고 잘 살았는데 어떻게 그 결혼이 처음부터 무효였다고 할 수 있단 말인가? 엄연한 사실을 부인하는 제도가 아닌가? 눈 감고 아웅하는 식의 이 천주교의 결혼무효제도는 무엇을 의미하는가? 또 그 때문에 얼마나 많은 여성들이 희생을 당해 왔는가 생각해 보아야 할 일이다.

●부부의 침실에 침입한 교황 ●

교황 그레고리우스 1세(재위 590~604)는 캔터베리의 성 아우구스티누스 앞으로 보낸 편지에서 부부간에 일어나는 쾌락의 추악함에 대해서 말하고 있다. 부부간의 성 행위도 간음으로 변용될 수 있다는 것이다.

12세기 전반이 되자 파리의 신학자 유구 드 생 빅토르는 이렇게 말했다.

양친의 결합은 육욕 없이 이루어지지 않기 때문에 자녀의 임신도 죄 없이 이루어지지 않는다.

●Sex의 체위까지 간섭하는 천주교! ●

11세기 독일 교회법학자인 보룸스의 부르하르트가 저술한 『법령집』은 결혼에서의 과오에 대해서 상당한 반응을 불러일으킨 작품이다. 다음의 인용문을 보면 전통과 레위기에 기록된 금기를 이어받았음을 알 수 있다.

당신은 아내나 다른 여자와 개처럼 뒤에서 결합(후배위)하지 않았는가? 만약 그렇게 했다면 당신은 빵과 물만으로 10일간 고행해야 한다. 당신은 아내가 월경을 할 때 결합하지 않았는가? 만약 그렇게 했다면 당신은 빵과 물만으로 10일간 고행해야 한다. 만약 당신의 아내가 출산 후에 피에서 깨끗해지기 전에 교회에 발을 들여놓았다면 그녀는 교회에서 멀리 떨어져 있어야 했던 날 만큼 고행해야 한다. 또한 그 기간에 당신이 아내와 결합을 했다면 당신은 빵과 물만으로 20일간 고행해야 한다.

당신은 태아가 움직인 다음에 결합하지 않았는가? 또는 출산하기 40일 전에 결합하지 않았는가? 만약 그렇게 했다면 당신은 빵과 물만으로 25일간 고행해

행복한 결혼식을 올리고 사랑스러운 가정을 만들어서 잘 살다가 갑자기 천주교 관구의 혼인무효 판정이 내려지면 그녀는 그날부터 한 번도 결혼한 적이 없는 처녀로 돌아간다고 하지만, 이미 아이들도 있고 나이도 많은 여자들이 얼마나 더 행복한 신혼(사실상 재혼)생활을 시작할 수 있을까 하는 현실적인 문제가 있다.

천주교의 특별한 배려로, 아니 사실을 사실로 인정하지 않고 부정하는 천주교의 요술과 같은 제도의 덕택으로 갑자기 결혼을 한 번도 하지 않은 총각이 되는 남편들은 헤어진 부인보다 대개 젊은 여자들과 결혼한다. 한때 하나님을 대리하고 유럽의 천하를 호령하던 교황들이나 유력한 천주교인 남성들이 좋아하던 이 혼인무효제도의 참뜻이 어디에 있는가를 짐작할 수 있을 것 같다.

야 한다.

당신은 임신이 확인된 다음에 아내와 결합하지 않았는가? 그렇다면 당신은 빵과 물만으로 4일간 고행해야 한다.

사순절 기간에 당신은 아내와 음란한 행위를 하지 않았는가? 그렇다면 당신은 빵과 물만으로 40일간 고행하거나, 아니면 26수(당시의 화폐 단위)를 베풀어야 한다. 만약 그 일이 취중에 일어났다면 당신은 빵과 물만으로 20일간 고행해야 한다. 당신은 크리스마스 전 20일간, 주일마다 법에 따라 정해진 모든 제일, 12 사도의 탄생 기념일, 중요한 제례일, 그리고 공적인 자리에서는 순결을 지켜야 한다. 만약 그것을 지키지 않는다면 당신은 빵과 물만으로 40일 동안 고행해야 한다.

이러한 성생활 통제는 결혼한 대다수 남녀의 일상 생활을 무겁게 짓눌렀다.

봉건시대 교회 시각으로는 성의 영역에서도 사회적·문화적인 경계가 있었다. 귀족을 포함한 성직자와 세속인 사이에, 그리고 성직자와 기사의 두 신분과 노동자 - 특히 농민 - 신분 사이에 존재했다. 특히 나병의 존재를 정당화하기 위해 중세 사회가 흔히 갖다붙이던 설명에 뚜렷이 나타나 있다. 죄를 저지르기 쉬운 사람들이 나병에 걸린다는 생각은 실제로 중세의 몇몇 신학자들에 의해 사회의 지배층과 피지배층은 성적 행동 양식이 다르다고 하는 사고 방식과 결합되었다. 과연 엘리트들의 성행위와 거칠고 촌스러운 사람들의 성행위는 별개의 것이었을까? 어쨌든 평민에 대한 경멸은 성 안에서도 고스란히 드러나고 있다.

6세기 전반 아를의 사제 세제르는 한 설교 속에서 이렇게 말했다.

금욕을 지키지 않는 부부가 갖게 되는 아기는 나병이나 간질에 걸리거나 악마에 홀리게 될 것이다. 대개 정해진 날과 제례일에 순결을 지키는 학식 있는 사람은 나병에 걸리지 않으나, 금욕을 모르는 천박한 사람들은 걸리게 된다.

여기에서 중세를 지배하는 두 가지 사고 방식이 나타난다. 그 하나는 강박 관념으로 작용한 나병으로서, 결과적으로 사람들의 마음에 죄의식을 초래했다. 14 세기 중반에는 페스트가 나병의 자리를 대신한다. 이 병의 원인은 죄가 되는 성행위 - 부부간의 성행위도 포함 - 에 있는데, 더러운 간음죄가 신체의 표면에 나타나는 것이라고 해석되었다.

이러한 성 규제는, 육체 자체가 원죄를 품고 있기 때문에 자녀들은 부모가 저지른 과오의 빚을 지불할 수밖에 없다는 어둠에 싸인 중세의 성의식에 토대한다.

IX. 과거의 로마 가톨릭 천주교는 살인교였는가?
- 개신교 박해사(迫害史) -

종교 개혁의 발전 과정

어둠을 밝히기 위해
진리의 불꽃을 켜고 있는
위클리프

진리의 방을 환하게
하려고 양초에 불을
붙이는 후스

진리의 횃불로
세상 구석구석을
밝히는 루터

1. 프랑스의 개신교도 학살사건

개신교는 중세기 천주교의 무서운 박해 속에서도 믿음으로 투쟁하여 승리하였다. 이 고귀한 승리를 위하여 순교한 신앙의 용사들, 즉 틴달(Tyndale)·후스(Huss)·제롬(Jerom)·츠빙글리(Zwingli) 등과 같은 개혁자들은 화형단에서, 혹은 단두대에서 장엄한 순교의 피를 흘렸다. 참으로 믿기 어려운 사실이지만 중세기에 천주교인들이 중남미에서 처형한 원주민 수는 약 6,000만에서 8,000만 명으로 추산된다.[62]

---

62) *Stannard*, op. cit., pp. 95, 305 참조.

종교개혁자들

P. 에버, J. 포스터, G. 슈팔라틴,
마틴 루터, J. 부겐하겐, 에라스무스,
J. 요나스, C. 크루키거, P. 멜란히톤
종교개혁자들은 성직자들에게 성서로
복귀하라고 줄기차게 비판했다.

유럽에서도 천주교의 피비린내 나는 박해 속에서 살아남으려고 왈덴스인들(Waldenses)과 위그노(Huguenot : 프랑스의 개신교도)와 알비주아파(Albigeois)들은 험난한 알프스 산악지대에서 오랜 세월 은둔하면서 눈물과 피로 신앙의 자유를 찾고 수호해야만 했었다.[63] 이와 같이 개신교는 피와 박해와 순교 속에서 자라났다.

1525년 교황 클레멘트 7세(Clement VII : 1523~1534)는 프랑스 섭정에게 다음과 같은 교서를 하달하였다.

"이 종교광(개신교를 말함.)들은 종교계를 혼란케 하고 파괴할 뿐만 아니라 나라의 통치권, 귀족계급, 법률질서, 계급 등을 파괴하는 자들이다."[64]

또 수년 후에 교황은 프랑스 황제에게 아래와 같은 교서를 하달하였다.

"황제여, 속지 마십시오. 개신교도들은 종교의 질서는 물론이요,

---

63) *White*, 천세원 편 上, , op. cit., pp. 103~117 참조.
64) Ibid., p. 459.

국가의 질서까지도 전복시킬 것입니다. 황제의 지위도 천주교와 마찬가지로 위험합니다. 새 종교가 들어오면 새 정부도 반드시 들어오게 될 것입니다."[65]

또 천주교의 학자들도 개신교에 대해 아래와 같이 비판하였다.

"사람들을 유인하여 신기한 것과 어리석은 일을 하게 하며, 왕에게 신하들의 충성심을 의심하게 하여 교회와 나라를 함께 파괴시키는 자들이다."[66]

이와 같은 비판으로 천주교는 백성들의 편견을 조장하였다. 즉 프랑스가 개혁운동을 저지하는 방법은, 왕위를 지탱할 수 있게 하고 귀족을 보호하며 또 법률을 유지한다는 명목으로 개신교 박해운동을 일으켰던 것이다.

프랑스 개혁운동의 선구자인 레페브르(Leifevre)는 1512년에, 아직도 루터나 츠빙글리가 개혁에 착수하기도 전에 이미 "믿음으로 말미암아 은혜로 살리라."고 주장하였다. 그리고 천주교의 종교재판으로 수많은 선량한 신도들이 처형당하는 광경을 보면서 그는 아래와 같이 한탄하였다.

"아아 이 얼마나 말할 수 없이 놀라운 모순이냐? 무죄한 자가 죄인으로 선고받고 죄인이 자유의 몸이 된다. 축복받은 자가 교회에서 저주를 받고 하나님의 저주를 받은 자가 교회에서 축복을 받는다. 생명의 임금이 죽고 하나님 앞에 죽은 자가 교회

---

65) Ibid.
66) Ibid., p. 460.

에서 살아난다. 영광이 암흑에게 눌리우고 허물과 치욕밖에 알
지 못하는 자가 교회에서 그 얼굴에 영광을 나타내게 된다.[67]

이것은 실로 온몸에 소름이 돋는 절규이다. 레페브르가 번역한
프랑스어 신약성경은 루터가 번역한 독일어 성경과 비슷한 때에 출
판되었다. 이것을 본 그 지방 천주교의 주교 모오(Meaux)는 만족하
여 자기 교구 내에 성경을 보급시키려 최선의 노력을 다하고 비용
까지 부담하면서 모든 신도들이 거의 다 성경을 소유할 수 있게 하
였다.[68]

성경이 보급되면서부터 그 지방 일대에 커다란 변화가 일어나기
시작했다. 마치 갈증으로 죽어가던 자가 생명수를 받아 마신 것처
럼 그들의 영혼은 하늘의 영광을 맛보게 되었다. 들에서 일하던 농
부들 소작인들은 밤이면 술집에 가는 대신 이웃집에 모여 성경을
읽고 기도하며 찬송을 불렀다. 그때부터 그들의 생활에 개혁이 일
어나게 되어 회개하는 사람이 날로 많아졌다고 한다.[69]

그러나 이 소식이 천주교 상부에 보고되었을 때, 주교는 금지되어
있던 성경을 보급시켰다는 죄명을 쓰고 화형과 성경을 보급하는 일
가운데서 하나를 택하라고 강요받게 되었다. 이때 믿음이 약했던
주교는 성경의 보급을 취소하고 화형을 면하게 되었다. 그러나 성
경을 읽고 심령의 변화를 일으켜 신앙의 영웅이 된 농부들과 주민
들은 성경을 포기할 수가 없었다. 그들은 너도나도 하나 같이 확고

---

67) Ibid., pp. 351~35 참조.
68) Ibid., pp. 354~355 참조.
69) Ibid., p. 355.

똥 묻은 개가 겨 묻은 개 나무란다

루터의 풍자화, 가톨릭은 루터(종교개혁)를 이단
으로 규정하여 파문했다.

맥주를 즐겨 마셔 배가 나온 루터가 종교개혁
자인 츠빙글리·멜란히톤·칼뱅의 머리와 책
이 담긴 수레를 밀고 있다. 수녀복을 입은
루터의 처는 그들의 사생아인 딸을 가
슴에 안고 뒤를 따르는데, 등 뒤에는
독일어 성경(루터가 번역)을 메고 있다.

한 신앙을 가지고 화형대의 불꽃 가운데서 순교당함으로써 자기들
의 신앙을 증명하였다. 이 광경을 바라본 많은 사람들에게 복음은
전파되었다.[70]

천주교는 입버릇처럼 '인류 구원을 위한 종교'라고 주장하고 있
다. 그런데 기독교의 역사를 보면, 천주교는 인류 구원을 위하여 존
재하는 종교인지, 혹은 자기들만 살고 이교도들을 말살하기 위한
살인 종교인지 분간하기 어렵다. '하나의 교회'를 유지하기 위하여
1,600년 동안 '이단자 처단'이란 명목으로 신도들의 생명을 초개
처럼 경시하고 무시하여 살인으로 건설한 교회가 천주교라는 사실
을 역사가 증명하고 있다.

전술한 바와 같이 중세기에서만 해도 6,000만 내지 8,000만 명을
학살하였으니,[71] 천주교의 목표는 '인류 구원'이 아니라 '인류 학
살'이 된 셈이다. 천주교가 '살인교'였다는 불명예를 벗을 길이 있

---

70) Ibid., pp. 354~355 참조.
71) *Stannard*, op. cit., pp. 95, 305 참조.

을까? 이것은 실로 과거의 천주교가 인류에게 범한 용서받기 어려운 죄악이다. 천주교가 인류사에 나타났던 최대의 살인집단이었음을 부정할 길이 있을까? 차라리 '하나의 교회'가 없었더라면 인류는 이러한 고통에서 벗어났을 것이 아닌가? 천주교 성직자들의 다정하고, 우아하고, 찬란하고, 성스럽고, 친절한 그 모습 속에 어쩌면 그런 잔인성이 숨어 있었는가? 실로 알 수 없는 수수께끼이다.

천주교가 살인종교의 역할을 담당했던 과거의 모습을 몇 가지만 간략하게 소개하면서 종교인으로서 피차의 참회를 기대해 본다.

첫째, 프로빈스(Province) 시의 학살사건

1544년 프랑스 남쪽에 위치한 프로빈스 시와 그 지방의 주민들이 개신교 신앙에 접근한다는 이유로 천주교는 그 지방 일대의 22개 마을을 방화하여 4,000명의 개신교도들을 학살하였다.[72]

천주교인만 살고 개신교인은 다 죽여버려야 한다는 독선이었다.

둘째, 베지엘(Beziers)의 학살사건

프랑스의 남쪽 베지엘 시와 그 지역 일대의 주민들이 천주교 교리를 반대하고 개신교의 신앙체제를 지지한다는 이유로, 교황 이노센트 3세(Innocent III : 1198~1216)는 개신교도들을 토벌하고 그 지방 귀족들의 세력을 분쇄하기 위하여 십자군을 동원하였다.

당시 인구 3만 명이었던 베지엘 시는 십자군에 의하여 철저하게 파괴되었고 6,000명의 시민이 칼로 학살당하고 살아남은 자들은

---

72) 柏井, op. cit., p. 305.

체포되어 이단으로 몰려 화형당하였다.

이후로도 20년간 그 잔인했던 학살작전을 계속하여 귀족들과 위그노의 세력을 근절했다.[73]

이때 십자군에 입대하여 이단자들을 죽이는 일에 가담하면 모든 죄에서 사함을 받을 수 있었고, 또 비합법적으로 얻은 재산도 합법적으로 인정받았다.[74]

셋째, 성 바르톨로메오(St. Bartholemew) 축제일의 학살 사건[75]

예수께서는 무조건적인 사랑의 가르침을 주셨는데, 그들은 이단이란 명목으로 무조건적인 살육을 저질렀다. 예수의 사랑 없는 교회가 바로 이단이다. 그렇다면 누가 이단인가?

---

73) Ibid., p. 306; Walker, 류형기 역, op. cit., p. 263. 이것을 일명 「20년 전쟁」이라고도 한다.

74) *White*, 천세원 편 上, op. cit., p. 123.

75) Ibid., pp. 450~453 참조.

천주교가 개신교도들을 학살한 것은 수백 건에 이르며 셀 수도 없을 정도이지만, 그 중에서도 가장 대표적인 잔인한 사건은 1572년 8월 24일 밤에 프랑스의 파리 시에서 발생하였던 대학살 사건이다. 이것을 「바르톨로메오 축제일 대학살 사건」이라 칭한다.

당시의 프랑스 왕은 천주교의 강요에 의하여 마지못해 이 잔인한 사건을 묵인해 주는 연극을 연출한 셈이다.

개신교도들을 학살하라는 신호는 심야에 울려 퍼지는 성당의 종소리였다. 파리 시내 성당의 거룩한 종소리가 은은히 울려 퍼지자 사전에 미리 준비하고 있던 천주교 신도들은 손에 손에 흉기를 들고 일제히 일어나 깊이 잠들어 있던 개신교도들의 집으로 쳐들어가 닥치는 대로 학살하였다. 주야를 가리지 않고 7일간이나 계속되었다고 한다. 개신교도들은 낱낱이 색출되어 살해되었다.

그들은 국법의 보호권 안에서 제외되어 들짐승처럼 사냥의 대상이 되었다.

처음에는 파리 시에 국한되었으나 왕권을 배경으로 학살은 전국적으로 확산되었다. 남녀노소의 구별도 없이 개신교도란 냄새만 나도 살해되었다. 살육은 2개월 동안 계속되어 7만 명의 목숨을 앗아갔다. 개신교도들의 피는 세느 강을 붉게 물들였고 한여름에 썩은 시신의 냄새는 파리 시민들의 코를 잡게 하였다.

이 소식이 로마 본부에 전달되자 천주교 성직자들의 기쁨은 충천하였다고 한다. 모든 교회에서 승리의 종소리는 일제히 울려 퍼지고 축포를 쏘며 축하했다.

그러는 동안 성직자들은 축하행진을 하였고, 학살기념 메달이 만들어지고, 바티칸 궁에서는 학살되는 모습을 담은 기념벽화가 그려

졌다. 그리고 교황은 교좌에서 프랑스 왕에게 그 빛나는 공적을 찬양하는 훈장을 보내라고 선포하였다.[76]

그와 같은 방법으로 개신교를 박해한 것이 과연 하나님의 뜻이었을까? 그들이 밤이 새도록 축하한 것처럼 하나님께서도 그 학살을 기뻐하셨을까? 예수는 어떻게 가르쳤는가?

"인자는 사람의 생명을 멸하러 온 것이 아니요 구하러 왔노라"(눅 9:55 난외)고 하지 않았는가?

똑같은 하나님을 믿으면서 믿는 방식이 동일하지 않다는 이유로 이단자로 취급하여 모두 죽여버려야 하는가? 교황이 그의 교좌에서 그들을 그렇게 몰살시키라는 교서를 선포하였는가? 그것이 천주교의 정체였는가? 천주교의 하나님은 그렇게 하는 것을 기뻐하셨을까? 천주교의 교리서에 이단자는 남김없이 몰살시키라고 가르치고 있었는가? 이와 같이 천주교는 놀랍게도 '살인단체'가 되었던 것이다.

예수는 사람의 생명을 구하러 왔는데 천주교도들은 구하여야 할 생명을 멸하여 버렸다. 똑같은 성경을 읽고 똑같은 하나님을 믿는 개신교도들을 전멸시켜 버렸다. 그리고 기쁨에 넘쳐 밤이 새도록 축하잔치를 벌였다. 양심이 있는 자는 말해 보라. 그것이 인류 구원을 위하여 하나밖에 없다는 천주교의 정체인가? 그러면 천주교는 예수와는 어떤 관계인가? 예수의 교훈과 정신을 반대하는 살인단

---

76) Ibid., pp. 450~453 참조. 영국 울스터(Ulster)에서도 1641년에 천주교는 이와 같은 방법으로 개신교도 약 3,000명을 학살하였는데, 그들은 개신교도들의 귀·손·손가락을 자르고 눈알을 파내고, 어린애들은 그 부모 앞에서 끓는 물에 삶았고, 여인들은 알몸으로 사지를 찢어 죽였다.

체인가? 마귀사탄의 집단체인가? 성령의 집단체인가? 분명한 것은 예수 없는 천주교였다. 그 천주교가 지금은 이러한 진실을 겸허하게 받아들이는 것 같다. 현 교황이 이 죄악을 인정하였으니 말이다.

오늘날 프랑스가 천주교 국가가 되어 있다는 사실은, 당시의 천주교도들이 개신교도들을 잔인하게 학살한 증거라는 것을 잊어서는 안 될 것이다.

2. 종교재판소(Inquisition)

로마 천주교 2,000년의 역사 속에서 결코 씻을 수 없는 오점이자 인류역사상 최고 최대의 죄악이었던 무섭고 끔찍하고 몸서리나는, 인간으로서는 차마 할 수 없었던 죄악의 제도가 있었다. 그것이 바로 '거룩한 재판소'라고 불렸던 「종교재판소」였다.

이것은 천주교가 표면상으로는 이단자 숙청을 합법화하기 위하여 만들어낸 제도였으나 실제는 다른 목적도 있었던 것 같다. 교황 이노센트 3세(Innocent III : 1198~1216)는 입버릇처럼 주장했다.

"이단은 신께 대한 반역이므로 왕께 대한 반역보다 더 흉악한 죄이다."[77]

이 종교재판소는 교황 그레고리 9세(Gregory IX : 1227~1241)가 1227년에 조직하여 1232년부터 도미닉(Dominic) 교단에 그 실천을 위임하였다. 그후 약 수백 년 동안이나 유럽 전역에서 공공연한 공적 행사로서 종교재판이 계속되었다.[78]

---

77) *Walker*, 류형기 역, op. cit., p. 263.
78) Ibid., p. 254.

종교재판의 절차를 간단히 설명하면 다음과 같다.

첫째, 모든 절차는 일체 비밀이었다.

둘째, 죄수(이단자)에게 밀고자를 알리지 않았다.

셋째, 어떤 잔인무도한 고문도 가능했다.

넷째, 기결수의 재산은 재판소와 밀고자들이 서로 분배하여 착복할 수 있었다.

그러므로 이 제도는 점차 양상을 달리하여 이단자 처형이란 미명하에 유대인·이교도·회교도·개신교도·재산가 등을 학살하고 그들의 재산을 몰수해 가는 쪽으로 확대되어 갔다.[79]

물욕으로 타락한 천주교 사제들과, 또 그들을 업고 남의 재산에 눈독을 들여 일확천금을 노리는 잔인한 신도들은 전 유럽 방방곡곡에서 재산 있는 이단자들을 색출하느라 여념이 없었다. 재산을 가진 이단자의 발견은 마치 광맥을 발견한 것과 흡사했다. 한 사람만 발견하여 밀고하면 평생 팔자를 고칠 수도 있었기 때문이다.

타락한 천주교도들 때문에 이 무섭고 추악했던 재판은 그칠 줄을 몰랐다. 수많은 죄 없는 신도들이 여기에 걸려 생명과 처자와 가산을 잃어버렸다.

종교재판소 중에서도 잔인하기로 악명이 높았던 곳이 스페인의 종교재판소였다. 종교재판소에서의 처형 결과 2,000만 명이었던 스페인의 인구가 200년 후에는 600만 명으로 감소되었다고 하니 종교재판소의 횡포가 가히 어떠했는지를 짐작할 수 있다.

종교재판에 걸려든 피고인은 5세에서 85세까지 있었다. 일단 피

---

79) Ibid., p.263.

에스파냐의 종교 재판소 ; 이단자의 화형식(우측)

고인이 되면 잔인한 고문이 자행되고 고통을 견디지 못해 허위 자백을 하면 이단자로 낙인 찍혀 대체로 대중 앞에서 공개 화형에 처해졌다. 그 밖에 처형과 고문방법을 몇 가지만 살펴보자.

1) 뾰족하고 날카로운 칼과 송곳들이 박혀 있는 둥근 나무 통 속에 이단자를 나체 로 집어넣고 굴려서 온몸이 찔려 피투성이가 되게 하는 방법

2) 길고 뾰족한 못과 칼을 수없이 박아 놓은 판자를 땅바닥에 깔아 놓고 나체가 된 이단자들을 높은 곳에서 밀어서 떨어뜨려 전신이 찔려서 고통스럽게 즉사시키는 방법

3) 이단자의 자녀들을 잡아서 부모들이 보는 앞에서 살해하거나 끓는 물 속에 던져서 삶아버리는 방법

4) 끓는 납을 이단자의 귓속이나 입 속에 부어 넣는 방법

5) 등 뒤에 묶은 두 팔에 밧줄을 매어 공중에 매달아 올렸다가 갑자기 땅으로 떨어뜨리는 방법

6) 눈알을 파내고 혀를 자르는 방법

7) 이단자들을 나체로 거꾸로 매달아 놓고 말려 죽이는 방법

8) 사지(四肢)를 찢어 죽이는 방법. 네 마리의 말이나 소가 사방으로 달려가면 사지는 찢기고 몸통은 산산조각이 난다.

이런 끔찍스러운 방법이 실행되는 동안에 사제들은 성의를 입고 십자가를 들고 지켜보면서 "내가 네 영혼을 마귀에게 주노라."는 말을 엄숙한 음성으로 선포한다. 그리고 승리의 찬송가를 불렀다.

이와 같이 종교재판과 개신교 박해를 통해서 순교당한 신도 수는 천주교 당국의 발표가 없어서 정확히 알 수는 없으나 「재림뉴스」 1987년 11월 10일자(p. 2)는 약 5,000만 명으로 발표하였다. 이것을 보면 천주교라는 종교가 어떤 존재였을까를 짐작할 수 있다. 이런 일들을 자행한 중세기의 천주교는 예수와는 아무런 관계가 없는 '살인단체'였다고 말하면 틀린 표현일까? 이런 집단이 '인류 구원'을 위한 유일한 종교라고 인류를 기만해 왔다. 이것은 저자의 판단이나 주장이 아니다. 역사가 증명하고 또 천주교 자체가 지금은 그것을 인정하고 있는 역사적 사실이다.

3. 학살당한 학자들

종교개혁 시대에 천주교에 의하여 학살당한 의로운 믿음의 용사들이 수없이 많다. 세상이 다 알게 혹은 모르게 박해에 시달린 사람들과 학살당한 용사 중에서 잊을 수 없는 몇 사람만을 골라서 그들의 순교 상황을 여기에 소개한다.

존 위클리프(John Wycliffe : 1320~1384)

옥스퍼드(Oxford)대학 철학교수였던 그가 종교개혁을 위하여 비판한 천주교의 교리는 다음과 같은데, 천주교의 교리를 성경으로 부정하였기 때문에 박해를 받았다.

(A) 화체설(化體說 : The Doctrine of Transubstantiation)의 부정 : 이것은 미사 때에 떡과 포도주를 놓고 사제가 기도하면 그 순간 떡과 포도주는 참 진품의 예수의 살과 피로 변화된다는 설이다. 위클리프는 이를 부정하였다.

(B) 신앙의 기준 : 신도들의 신앙과 행실의 유일한 기준은 교황이나 성직자나 교회가 만든 교리가 아니라 성경이며, 또 그 성경은 누구나 자기들의 언어로 읽고 자기 스스로가 해석할 권리가 있다고 주장하였다.

(C) 교회의 머리 : 교회의 확실하고 유일한 머리는 교황이 아니고 그리스도이다. 교황은 택함받지 못할 수도 있다.

(D) 위클리프는 1382~1384년 사이에 라틴어 성경 벌게이트(Vulgates)를 처음으로 영어로 번역했다는 죄로 박해를 받았다.[80]

그는 위의 조항을 계속 주장하면 틀림없이 화형당할 것을 알고 있

---

80) Ibid., pp. 316~320, 柏井, op. cit., p. 307.

었다. 그러나 그는 조금도 용기를 잃지 않고 후배들에게 다음과 같이 권하였다.

"너희들은 순교자의 면류관을 왜 멀리서 찾으려 하는가? 그리스도의 복음을 저 교만한 주교들에게 전하라. 그리하면 틀림없이 순교당할 것이다. 살기 위하여 침묵을 지키려는가? 안 될 말! 탄압? 나는 그것을 기다리고 있다."[81]

결국 그는 압력에 이기지 못하고 옥스퍼드대학을 떠나야 했으나, 여생을 천주교 교황권의 부패를 비판하는 글을 쓰며 보냈다. 그가 죽은 지 44년 후인 1428년, 천주교는 그의 무덤을 파헤치고 대중 앞에서 유골을 화형시켰다.

이 얼마나 그악스런 짓인가? 천주교는 44년 전에 죽은 자의 유골까지 파헤쳐서 화형시키는 천상천하에 없는 잔인한 죄악을 저지른 집단이었음을 사실(史實)이 보여주고 있다.[82]

그의 저서와 또 두 번에 걸쳐서 번역된 영어성경은 소각당하였으나, 현재 200여 권의 원고 복사판이 남아 있다고 한다.

존 후스 (John Huss : 1369~1415)

보헤미아(Bohemia) 대학의 총장이었던 그는 청년시절에 영국유

---

81) *White*, 천세원 편 上, op. cit., p. 145.
82) Ibid., p. 150; Metzger, B.M. and Coogan, M.D., *The Oxford Companion to the Bible*, 1993, p. 758.

학생들을 통하여 존 위클리프의 저서를 읽고 감화를 받아 신학적으로 그의 제자가 되었다. 그는 "교회의 머리는 교황이 아니라 그리스도이며, 교회법은 신약성경이요, 교회생활은 그리스도의 삶과 같은 청빈의 생활이 되어야 한다."고 주장하였다.[83]

보헤미아 지방에서 자국어로 예배를 드렸는데, 이는 교황령을 위반한 불법행위였다. 그레고리 7세 교황령에 의하면, "전능하신 하나님께서는 알아듣지 못하는 방언으로 예배 드리기를 원하신다. 이 법칙을 따르지 않기 때문에 많은 악과 이단이 생기게 되었다."[84]고 하였다. 이와 같이 교황은 신도들을 하나님의 말씀을 모르는 허수아비로 만들려고 하였다.

천주교는 후스를 처치하려는 계획을 세우고 그를 콘스탄티노플 회의에 초청하였다. 혹 그가 눈치채고 참석하지 않을까 하여 시지스문트(Sigismund) 황제가 그에게 신변안전 보증서를 보냈는데, 보증서에는 교황의 보증까지 첨부되어 있었다. 이를 믿고 안심하고 회의에 참석한 후스는 회의중에 체포되어 감금되었다. 교황의 간교한 음모에 넘어간 것이다. 이는 교황이 그의 목적을 달성하는데 수단방법을 가리지 않았다는 증거 가운데 하나이다.[85]

여기에 웃지 못할 사건이 있었다. 즉 후스를 체포한 교황 존 23세(John XXIII : 1410~1415)는 회의중에 그의 약점인 성직 매매, 간음, 살인사건 등으로 자기에게 불리한 회의가 진행되자 회의 도중에 도

---

83) Walker, 류형기 역, op. cit., p.321.
84) White, 천세원 편, 上, p. cit., p. 153.
85) Ibid., pp. 164~167 참조.

망하였으나 도중에 체포되어 교황직에서 축출당하고 후스가 감금되어 있는 바로 그 감옥에 감금되었다.[86]

후스의 최후 재판 광경은 너무나 유명하다. 그때 후스는 신변안전을 보증한 황제를 뚫어지게 응시하면서 "나는 여기에 임석한 황제의 신의와 공적인 보호하에 내 자유의사로 이 회의에 참석하였다."고 말했을 때 황제의 얼굴은 붉어졌다고 한다.[87]

곧 이어 후스에게 화형선고가 언도되고 지위는 박탈당하였다. 이때 재판관이 후스에게 지금이라도 그 주장을 취소하면 형을 면케 될 것이라고 권고하자 그는 군중을 향하여 이렇게 외쳤다.

"내 주장을 취소하면 내가 무슨 낯으로 하늘을 바라볼 수 있으리오. 또 그 동안 내가 전한 복음을 믿고 따르는 신도들을 무슨 낯으로 바라보오리까? 나는 그들의 구원을 화형당하는 나 자신보다 더 귀중하게 생각하고 있소."

그에게 씌운 모자에는 '대 이단자'라고 쓰여 있었다. 재판관, 주교들은 후스에게 저주를 퍼부었다.[88]

후스가 법정에서 최후로 "주 예수여, 이 종은 더할 수 없는 기쁨으로 당신을 위하여 치욕의 관을 쓰나이다. 나를 위하여 가시관을 쓰신 주 예수여!"라고 말할 때 주교는 "네 영혼을 마귀에게 주노

---

86) Ibid., p. 168.
87) Ibid., p. 171.
88) Ibid., p. 172.

라." 하고 선언했다. 그때 후스는 "오, 주여! 당신이 나를 구원하였으니 나는 내 영혼을 당신의 손에 맡기나이다."라고 말했다. 그리고 처형장으로 끌려나갔다.[89]

재판관이 후스에게 지금이라도 취소하면 살 길이 있다고 권고할 때, 그는 "나는 죄지은 일이 없다. 내가 저술하고 전파한 것은 모두 죄와 멸망에서 사람들을 구원하기 위한 것임을 하나님의 이름으로 증거한다. 그러므로 나는 그것을 나의 피로써 확인하는 것을 기쁨으로 생각한다."고 말했다. 처형장에서 불길이 올라올 때 그는 "다윗의 자손 예수여! 나를 불쌍히 여기소서."라는 찬송을 숨이 끊어질 때까지 불렀다. 그때 그의 나이 꽃다운 43세였다.[90]

프라그의 제롬(Jerom of Prague : 1370~1416)

또 한 사람의 순교자가 나타나 정의와 진리를 외쳤으니, 그가 곧 제롬이다. 그는 후스의 영향으로 위클리프의 서적을 읽고 크게 영향을 받은 것 같다. 후스가 콘스탄티노플 시에서 투옥되었다는 소식을 듣고 그를 구해 주려고 콘스탄티노플 시에 갔다가 도리어 자신이 체포되어 1년간이나 투옥당하게 되었다.

천주교로부터 그의 주장을 취소하면 보상이 클 것이라는 유혹을 받았을 때, 그는 "성경으로 나의 오류를 지적해 준다면 나는 그것을 거리낌없이 포기하겠다."고 하였다.[91]

---

89) Ibid.
90) Ibid., pp. 172~173 참조.
91) Ibid., p. 180.

드디어 그도 화형 언도를 받고 전에 후스가 처형된 바로 그 자리에 끌려나갔다. 사형집행자가 그의 뒤에서 불을 붙이려고 하자 제롬은 "내 눈앞에서 붙여라."고 호통쳤다. 화염이 그를 휩쓸었을 때 그는 마지막 기도를 드렸다. "주여! 나를 불쌍히 여기사 내 죄를 사하여 주옵소서. 내가 당신의 진리를 사랑하는 줄을 당신이 아시나이다." 하고 외쳤다. 그리고 그의 기도소리는 끝났으나 기도하는 입술은 그치지 않고 움직이고 있었다.[92]

이와 같이 후스와 제롬, 두 사람의 순교 모습을 바라본 천주교 사제들까지도 그들의 영웅적인 태도에 감동하였다고 한다. 화형장으로 나가는 두 사람의 엄숙하고 장렬한 모습은 마치 결혼식장으로 나가는 것 같았다고 한다. 그들은 불길 속에서도 찬송을 불렀는데, 불길도 그들의 찬송을 저지하지는 못하였다.

이 얼마나 억울하고 비정하며 간교한 살인사건인가? 동시에 자기의 생명보다도 더 소중히 여긴 신앙과 신념이 얼마나 아름다운 것인가를 보여주는 장엄한 장면이기도 하다. 용감한 사람들의 숭고한 최후는 진정한 사도의 모습이다.

천주교는 살인교였는가?

천주교는 이 사건에 대하여 지금까지 일언반구 참회의 성명도 없다. 그것은 무엇을 뜻하는가? 천주교는, 아직도 그들의 숭고한 행위를 마귀 사탄의 역사로 취급하고 있다는 증거인가? 개신교는 구원이 없는 사교란 뜻인가? 혹은 지금도 보이지 않는 종교재판을 계속하겠다는 뜻인가?

---

92) Ibid., p. 181.

앞으로 천주교에서 스스로를 저울질하고 혁명적인 개혁을 주도하는 정의의 투사, 참 사제들의 출현을 기대해 보면서 본장을 맺는다.[93]

---

93) 현재 천주교는 삼위일체가 아니라 사위일체 교리를 만들려는 준비를 진행하고 있는 것으로 알려졌다. 즉 성모 마리아를 신격화(神格化)하여 예수와 동등하게 '공동 구세주'로 추앙하려는 움직임이 있다는 사실을 1997년도 8월 25일자 「뉴스위크」(News Week)지가 전했는데 이는 세기적인 뉴스가 아닐 수 없다.

전세계 157개국에서 300여만 명의 천주교도들이 '마리아 신격화'를 위하여 교황청에 탄원서를 올리고 있으며 그 중에는 500여 명의 주교들과 42명의 추기경도 포함되어 있다고 한다. 또 교황청의 6명의 추기경도 포함된 것을 보면 사전에 교황청의 계획과 밀지가 있었던 것 같다.

지금까지 성모의 존재는 인간과 신과의 중간 정도였는데 이제 그것을 신격화하자는 것이다. 그렇게 되면 인간이 드리는 모든 기도는 성모를 통하여 신께 상달될 것이고, 또 신이 인간에게 내리시는 모든 은혜와 축복도 성모를 통하여 하달되게 될 것이다. 그렇게 되면 우리는 '예수의 이름' 대신 '마리아의 이름'으로 기도를 끝내야 할 것인가?

이와 같이 천주교는 마리아를 신격화하여 인조신(人造神)으로 만들어 놓고 인류를 농락하려는 또 하나의 종교악을 자행하려는 계획을 하고 있다고 하는데, 교황청은 이것을 위하여 전문위원회를 조직했지만 거기서는 '반대'가 나왔다고 한다. 그 이유는 세계교회운동에 장애가 될 것이라는 결론 때문이라고 한다. 그러나 마리아 신격화는 언젠가는 사실화될 가능성이 있는 것 같다.

●교회의 종●

14세기 영국에서 페스트가 창궐할 무렵, 사람들은 교회의 종을 울리면 병마가 도망간다고 믿었다. 그로부터 거의 3세기가 지난 후에도 프란시스 헤링 박사는 「페스트 유행에 대비한 수칙과 지시 및 처방」이라는 책에서 '거리의 종을 자주 치면 공기가 정화될 것이다.' 라고 충고하고 있다. 이 당시 사람들은 종소리에 죄를 정화하는 효과가 있다고 굳게 믿었다.

로마 가톨릭에서는 종이 천국과 하나님의 목소리를 상징한다고 주장했다. 오전, 정오, 오후, 3회에 걸쳐 종을 치며 예수 강생과 성모 마리아에 대한 구절을 외는 가톨릭의 3종경(鐘經) 의식도 생겨났다.

최초의 괘종시계(clock)가 수도원 탑에 설치된 것은 13세기가 끝날 무렵이었으며 그 명칭은 종을 뜻하는 중세 라틴어 '클로카' 에서 비롯됐다. 최초의 괘종시계는 규칙적으로 풀리는 로프 끝에 매달린 돌이 정해진 지점에 도달하면 기도나 예배를 알리는 교회종을 울리게 했다.

러시아 정교에서는 종이 직접 신에게 말을 건다고 믿었다. 그래서 러시아인들은 좀더 큰 권위를 빌리기 위하여 거대한 종들을 제작했다. 이 때문에 17~18세기 모스크바에서는 종소리가 온 땅을 뒤흔들었다. 종은 교회 종루에서 예배 전과 예배 중은 물론이고 매일 낮과 새벽에도 울렸다.

동양의 종이 서양보다 큰 이유는, 동양의 종이 바깥을 치는 외타식인데 비해, 서양 종은 안을 흔들어 치는 내타식이기 때문이다. 그래서 동양에서는 얼마든지 큰 종을 만들 수 있었지만 서양에서는 큰 종을 만들기가 어려웠다. 서양의 모든 탑종들은 추가 닿는 부분이 튤립(백합) 모양으로 생겼다. 백합은 부활제의 꽃으로서 성모 마리아를 상징하기 때문이다. 그래서 르네상스 시대 고딕 건축물의 높은 탑에 크고 잘 울리는 종들을 만들 때 종 모양을 튤립형으로 하거나 종 안쪽에 백합 모양의 문양을 새겼다.

●부활절 달걀●

기독교 문화권의 '부활절 달걀' 은 본래 페르시아에서 연유된 것으로 부활의 상징적 의미로 가장 널리 사용되었다. 고대의 많은 문화권에서 달걀은 탄생과 부활을 의미했는데, 이집트인들은 달걀을 무덤에 묻었고, 그리스인들은 무덤 위에 놓았다. 로마인들은 '모든 삶이 알에서 나온다' 는 격언을 만들었다. '달걀=부활' 의 개념은 유대인들이 사용했고 후에 기독교도들이 예수 부활의 징표로 삼았다.

참고문헌

〔참고문헌〕

Abdul-Jabbar, K., Black Profiles in Courage, New York, 1996.

Ayto, J., Dictionary of World Origin, New York, 1991.

Axelrod, A., Chronicle of the Indian Wars, New York, 1993.

Axtell, J., The European and the Indian: Essays in the Ethnohistory of Colonial America, Oxford University Press, 1981.

Angus, S., The Mystery Religions and Christianity, Murray, 1925.

Armstrong, H.W., Mystery of the Ages, New York, 1985.

Backman, E.L., Religious Dances in the Christian Church and in Popular Medicine, Allen & Unwin, 1952.

Baigent, M., Leigh, R., The Dead Sea Scrolls Deception, New Yok, 1991.

Baigent, M., Leigh, R., and Lincoln, H., The Holy Blood and the Holy Grail, London, 1982.

Barbour, P.L., Pocahontas and Her World, Boston, 1970.

Barbour, P.L., The Three Worlds of Captain John Smith, Boston, 1964.

Barnstone, W., ed., The Other Bible, Harper San Francisco, 1983.

Barrett, D.B., ed., World Christian Encyclopedia - A Comparative Study of Churches and Religions in the Modern World, AD 1900-2000, Oxford University Press, 1982.

Barrow, J., The Origin of The Universe, New York, 1994.

Bauder, C., Picasso, S., Le cities perduers des Mayas Gillimard, Paris, 1987, マヤ文明, 落合 一泰 監修, 大阪, 1994.

Bennett, R.K., The Global War on Christians, Reader's Digest,

August, 1997, pp. 51-55.

Bently, P., Gen. ed., The Dictionary of World Myth, New York, 1995.

Bernard, C., Les Incas, Peruple du Soeil, Paris, 1988, インカ 帝國, 大貫 良夫 監修, 大阪, 1995.

Biema, D.V., The Gospel Truth, Time, 4-8-96, pp. 52-60.

Block, I., Sexual Life in England, Past and Present, Aldor, 1938.

Brown, J., The English Puritans, Cambridge University Press, 1910.

Budge, E.C. Wallis, Egyptian Religion, New York, 1996.

Burenhult, G., Gen. ed., The First Human, Human Origin and History to 10,000 BC, New York, 1994.

Burenhult, G., Gen. ed, People of the Stone Age, New York, 1993.

Cairns, E.E., Christianity Through the Centuries, a History of the Christian Church, ケアンズ 基督敎全史, 聖書圖書 刊行會發行, 東京, 1957.

Calvin, J., Institute of the Christian Religion, Clarkem 1935.(Presbyterian Board of Christian Education, 1936).

Calvin, J., Institutio Christianae Religionis, カルヴイン 基督敎綱要 第1篇, 第2篇, 中山 昌樹 譯, 東京, 1956.

Carruth, G., The Encyclopedia of World Facts and Dates, New York, 1993.

Castleden, R., The Concise Encyclopedia of World History, JG Press, 1996.

Cawthorne, N., Sex Lives of the Popes, Prion, London, 1996.

Chadwick, O., A History of Christianity, New York, 1995.

Chazan, R., In The Year 1096, The First Crusade and the Jews, Philadelphia & Jerusalem, 1996.

Chesnoff, R.Z., God's City, U.S. News & World Report, 12-18-95, pp. 62-70.

Clayton, P.A., Chronicle of the Pharaohs, New York, 1995.

전요섭 편집, 통계와 숫자로 보는 예화 자료집 I, II, 서울, 1989.

趙義高 監修, 敎皇時代의 낮과 밤, 서울, 1971.

Cobb, T.R.R., An Inquiry into the Law of Negro Slavery in the United States of America, Philadelphia, 1858.

Cornish, D.T., The Sable Arm: Negro Troops in the Union Army, 1861-1865, New York, 1956.

Coulton, G.C., Inquisition and Liberty, Heinemann, 1938.

Cowley, M., Black Cargoes: A History of the Atlantic Slave Trade, 1518-1865, New York, 1962.

Craven, W.F., The Southern Colonies in the Seventeenth Century: 1607-1689, Louisiana State University, 1949.

Cross, F.L., ed., The Oxford University Dictionary of the Christian Church, Oxford University Press, 1993.

Crystal, D., ed., The Cambridge Factfinder, Cambridge University Press, 1993.

Curtin, P.D., The Atlantic Slave Trade: A Census, University of Wisconsin Press, Madison, 1969.

Darnton, J., Neanderthal, New York, 1996.

Davidson, B., The African Slave Trade: Pre-colonial History, 1450-1850, Boston, 1961.

Davies, P., The Last Three Minutes, New York, 1994.

Davis, D.B., The Problem of Slavery in Western Culture, Ithaca, New York, 1966.

Davis. D.B., The Problem of Slavery in the Age of Revolution, 1770-1823, Ithaca, New York, 1975.

Davis, D.B., Slavery and Human Progress, New York, 1984.

Debo, A., A History of the Indians of the United States, University of Oklahoma Press, 1974.

Debow, J.D.B., The Interest in Slavery of the Southern Non-Slaveholder, Charleston, S.C., 1860.

Dennett, J.R., The South As It Is: 1865-1866, New York, 1967.

Dodd, F., An Introduction to the Study of Christianity, Allen & Unwin, 1938.

Doren, C. V., A History of Knowledge, New York, 1991

Duchesne, L., Christian Worship: its origin and evolution, S.P.C.K., 1903.(Young, 1903).

Elliott, E.N., ed., Cotton is King, and Pro-Slavery Arguments, New York, 1968: orig. pub. 1860.

Epstein, L.M., Sex Laws and Customs in Judaism, Bloch, 1948.

Erdrich, L., The Bingo Palace, New York, 1994.

Evans, W.M., "From the Land of Canaan to the Land of Guinea: The Strange Odyssey of the Sons of Ham," American Historical Review, LXXXV, February, 1980.

Everett, S., History of Slavery, New Jersey, 1996

Faminghetti, R., ed., The World Almanac And Book of Facts, New Jersey, 1994. & 1997.

Faust, D.G. ed., The Ideology of Slavery: Proslavery Thought in the Antebellum South, 18030-1860, Baton Rouge, LA., 1981.

Feuchi, O., Sex in the Church, St. Louis, 1961.

Foner, E. and Garraty, J.A., ed., The Reader's Companion to American History, Boston, 1991.

Fox, R.L., Pagans and Christians, New York, 1989.

藤永 茂, アメリカ インデイアン 悲史, 東京, 1993.

Garraty, J.A., 1001 Things Everyone Should Know About American History, New York, 1989.

Genovese, E.D., The Political Economy of Slavery, New York, 1967.

Gies, F. & J., Cathedral, Forge, and Waterwheel, New York, 1994.

Gould, S.J., Gen. ed., The Book of Life, an Illustrated History of the Evolution of Life on Earth, New York, London, 1993.

Grant, B., Concise Encyclopedia of the American Indian, Revised Ed., New York, 1989.

Grant, M., Constantine The Great, The man and his times, New York, 1993.

Grove, N., National Geographic Atlas of World History, Washington, D.C., 1997

Gunn, B., The Timetables of History, The New Third Edition, New York, 1991.

Hall, J.W., Gen. ed., History of the World: 1. Earliest Times to the Renaissance; 2. The Renaissance to World War I; 3. World War I to the Present Day, Greenwich, C.T., 1988.

Halliday, W.R., The Pagan Background of Early Christianity, Hodder & Stoughton, 1925.

Harkness, G., John Calvin: A Study in Conflicts and Conquests, Holts, 1931.

Harley, S., The Timetables of African-American History, New York, 1995.

Harper, K., Give Me My Father's Body, Ottawa, 1986.

Higginbotham, Jr., A.L., In the Matter of Color: Race and the American Legal Process, the Colonial Period, New York, 1978.

Hirch, Jr., E.D., Kett, J.F., and Trefil, J., The Dictionary of Culture Literacy, Boston & New York, 1993.

Hirschfelder, A., and de Montano, M.K., The Native American Almanac, Macmillan, 1993.

比屋根 安定, 世界宗教史, 東京, 1956.

比屋根 安定, 埃及宗教文化史, 東京, 1931.

홍일권 편저, 세계 기독교 정보, 서울, 1994.

Hopkins, W., The History of Religions, New York, 1918

Houghton, S.M., Sketch from Church History, Banner of Truth, 1960, 정중은 역, 기독교 나침반사, 994.

Hughes, J., Gen. ed., The Larousse Desk Reference, New York, 1995.

Housley, N.J., The Later Crusades: 1274-1580, Cambridge University Press, 199

Isichei, E., A History of Christianity in Africa, Michigan, 1995.

Johanson, D. & Johanson, L., and Edgar, B., Ancestors in Search of Human Origins, New Yok, 1994.

Johnson, O., 1997 Information Please Almanac, Boston & New York, 1997.

Jordan, M., Encyclopedia of Gods (over 2,500 Deities of the World), New York, 1993.

Josephy, Jr., A.M., 500 Nations, New York, 1994.

柏井 園, 基督教史, 東京, 1957.

Kawamoo, S., ed., Kodansha's New World English-Japanese Dictionary, Tokyo, 1973.

Kelly, J.N.D., Oxford Dictionary of the Popes, Oxford, 1986.

金良善, 韓國基督教 解放十年史, 大韓예수教長老會 宗教教育部, 1956.

김수학, 世界教會史, 普文社, 서울, 1993.

King, Jr., M.L., I Have A Dream, New York, 1963.

Klein, H.S., The Middle Passage: Comparative Studies in the Atlantic Slave Trade, Princeton, N.J., 1978.

Kolchin, P., American Slavery: 1619-1877, New York, 1993.

Kochin, P., "In Defense of Servitude: American Pro-slavery and Russian Proserfdom Arguments, 1760-1860," American Historical

Review, LXXXV, October, 1980.

Kugel, J.L., The Bible As It Was, Harvard University Press, 1997.

Kuper, L., The Prevention of Genocide, Yale University Press, 1985.

Latourette, K.S., A History of Christianity, Vol. 2., New York, 1975, 基督教史, 윤두혁 역, 생명의 말씀사, 1980.

Lea, H.C., Sacerdotal Celibacy in the Christian Church, Philadelphia, 1867.

Leaky, R. and Lewin, R., Origins - Reconsidered, New York, 1992.

Leakey, R., The Origin of Humankind, New York, 1994.

李章植, 基督教思想史, 大韓基督教書會, 1963.

Lee, M., ed., Larousse Dictionary of British History, New York, 1994.

Lemonick, M.D., Are the Bible Stories True? Times, 12-18-95, pp. 62-70.

Lequenne, M., Christophe Colomb Amiral de la mer Oceane, Paris, 1991: 大貫 良夫 監修, コロンブス, 大阪, 1992.

Lester, J., To Be A Slave, New York, 1968.

Lewis, B., Race and Slavery in the Middle East, Oxford University Press, 1990.

Lovejoy, P.E., "The Volume of the Atlantic Slave Trade: A Synthesis," Journal of African History, XXIII, No. 2, 1982.

Luce, H.R., Editor-in-chief, The World's Great Religions, New York, 1957.

Luther, M., "On the Jews and their Lies," in Sherman, F., ed., Luther's Work, Philadelphia, 1971, Volume 47.

Mann, H.K., Lives of the Popes, London, 1925.

Marr, G.S., Sex in Religion, London, 1936.

McArthur, T., ed., The Oxford Companion to the English Language,

Oxford University Press, 1992.

Mcbrien, R.P., Gen. ed., Encyclopedia of Catholicism, New York, 1989.

McCabe, J., A History of the Popes, London, 1949.

McDougall, W., Let The Sea Make a Noise, New York, 1993.

McFeely, W.S., Frederick Douglass, New York, 1991.

McGeary, J., Echoes of the Holocaust, Time, 2-24-97, pp. 37-44.

McPherson, J.M., The Negro's Civil War: How American Negroes Felt and Acted During the War for the Union, New York, 1965.

Meeks, W.A., The Origins of Christian Morality, Yale University Press, 1993.

Metzger, B.M. and Coogan, M.D., ed., The Oxford Companion to The Bible, Oxford University Press, 1993.

Meyer, J., Erclauer et Negriers, Paris, 1986, 奴隷 奴隷商人, 猿谷 要 監修, 大阪, 1992.

Miller, J., Slavery: A Worldwide Bibliography, White Plains, New York, 1985.

Miller, R.M. and Smith, J.D., ed., Dictionary of African American Slavery, New York, 1988.

Morgan, L.H., League of the Iroquois, JG Press, 1955

Matthiessen, P., African Silences, New York, 1991.

Morgan, E.S., American Slavery, American Freedom: The Ordeal of Colonial Virginia, 1975.

Mormon, The Book of Mormon, The Church of Jesus Christ of Latter Day Saints, Utah, 1981.

Mossiker, F., Pocahontas: The Life and Legend, New York, 1976.

Mullin, M., ed., American Negro Slavery, New York, 1976.

Nabokov, P., ed., Native American Testimony, New York, 1991.

Netanyahu, B., The Origins of the Inquisition, New York, 1995.

Nies, J., Native American History, New York, 1996.

Norwich, J.J., Byzantium, The Decline and Fall, New York, 1996.

Noss, J.B., Man's Religions, New York, 1956.

박영호, 淸敎徒의 信仰, 기독교 문서 선교회, 1994.

Pakenham, T., The Scramble for Africa, New York, 1991.

Parish, P.J., Slavery: History and Historians, New York, 1989.

박도식, 천주교와 개신교, 서울, 1996.

Pastor, L., History of the Popes, London, 1949.

Prucha, F.P., The Sword of the Republic: The United States Army on the Frontier, 1783-1846, New York, 1977.

Quarles, B., The Negro and the Civil War, Boston, 1953.

Rabinowitz, H.N., Race Relations in the Irban South: 1865-1890, Oxford University Press, 1978.

Rawley, J.A., The Transatlantic Slave Trade: A History, New York, 1981.

Redford, D.B., Egypt, Canan, and Israel in Ancient Times, New Jersy, 1992.

Riley-Smith, J., ed., The Oxford Illustrated History of the Crusades, Oxford University Press, 1995.

Roberts, J.M., History of the World, Oxford University Press, 1993,

Rogers, J.A., Sex and Race, New York, 1940.

Rose, W.L., Editor, A Documentary History of Slavery in North America, New York, 1976.

Rosemary and Pardoe, D., The Female Pope, Wellingborough, 1988.

Royids, E., translated by Durrell, L., Pope Joan, London, 1954.

류형기, 성서사전 (Bible Dictionary), 서울, 1960.

Sastrow, B., Social Germany in Luther's Time, Constable, 1902.

Setton, M.W., Gen. ed., A History of the Crusades, 2nd ed., Vol. 1, University of Wisconsin Press, 1969; 2nd ed., Vol., II, 1969; Vol. III, 1975; Vol. IV, 1977; V, 1985; VI, 1989.

Schumaker, D. ed., Seven Language Dictionary, New York, 1978.

Shanks, H., ed., Understanding the Dead Sea Scrolls, New York, 1992.

Sheler, J.L., Tharp, M., Seider, J.J., In Search of Jesus, U.S. News & World Report, 4-8-96, pp. 46-53.

Sherry, F., Pacific Passions, New York, 1994.

Stannard, D.E., American Holocaust, Oxford University Press, 1992.

Staub, E., The Roots of Evil: The Origins of Genocide and Other Group Violence, Cambridge University Press, 1989.

Sturtevant, W.C., Gen. ed., Handbook of North American Indians, 20 Vols., Washington, D.C., GPO, 1977.

Tannnahill, R., Sex in History, London, 1980.

Tate, G., L'Orient des Croisades, Paris, 1991, 十字軍, 池上 俊一 監修, 大阪, 1996.

Taylor, G.R., Sex in History, New York, 1954.

The Lost Books of the Bible and The Forgotten Books of Eden, World Bible Publications, Inc., 1927.

The World Almanac and Book of Facts, 1994.

Thieling, B., Jesus the Man, London, 1992.

Thomas, H., The Slave Trade, New York, 1997.

Time-Life Books, Ed., Egypt: Land of the Pharaohs, Virginia, 1992.

Time-Life Books, The Wild West, New York, 1993.

富田 虎男, アメリカ インディアンの 歴史(改訂), 東京, 1986.

Toynbee, A.J., A Study of History, (Abridgement of Volumes I-VI

& VII-X by Somervell, D.C.), Oxford University Press, 1957.

Trager, J., The People's Chronology, New York, 1992.

Utley, R.M., Frontier Regulars: The United States Army and the Indians, 1866-1891, New York, 1973.

Utley, R.M., The Lance and The Shield, New York, 1993.

Vaughan, A.T., American Genesis: Captain John Smith and the Founding of Virginia, Boston, 1975.

Wade, R.C., Slavery in the Cities, Oxford University Press, 1964.

Walker, W., A History of the Christian Church, 3rd ed., New York, 기독교회사, 류형기 역편, 서울, 1979.

Westermarck, E.A., A History of Human Marriage, Macmillan, 1921.

White, E.G., The Great Controversy, 各時代의 大爭鬪, 上, 천세원 편, Seoul, 1982.

Wiecek, W.M., "The Statutory Law of Slavery and Race in the Thirteen Mainland Colonies of British America," William and Mary Quarterly, XXXIV, 1977.

Williams, N.P., The Ideas of the Fall and of Original Sin, Longmans, Green, 1927.

Wilson, A.N., Jesus, London, 1992.

Wilson, E., The Diversity of Life, Harvard University Press, 1992.

Winn, P., Americas, The Changing Faces of Latin America and Caribbean, New York, 1992.

Woodward, K., Rethinking The Resurrection, Newsweek, 4-8-96, pp. 60-70.

"종교개혁을 맞아 한 가지 소원하는 게 있습니다. 그건 '일치'입니다. 종교개혁자들이 보여준 것은 교회의 일치예요. 이런 말이 있지요. '본질에 대해서는 일치를, 비본질에 대해서는 자유를, 이 둘에 대해서는 사랑을 가지고 임하면 우리 모두가 든든한 곳에 서 있을 수 있다.'"

"솔직히 말해서 교회 안에 진정한 회개가 없잖아요. 회개할 힘도 없잖아요. 그리고 예배에서 시작해 모든 것들이 감정적 도취와 느낌의 강도를 은혜와 맞바꾸는 추세가 아닌가요? 오늘날 교회가 이런 추세에 편승해 있어요. 이런 기호에 춤을 추는 교회일수록 메시지도 성도들에게 인기가 있고, 교회도 인기가 있지요. 이것은 교회의 위기입니다."

"떨어진 도덕적인 권위를 교회가 회복하기 위해서는 뼈를 깎는 몸부림과 회개운동및 자체 개혁 운동이 일어나야 해요. 떨어진 신뢰를 회복하지 못하면 아무리 교회당을 크게 지어 놓아봤자 소용이 없어요."

"교회를 갱신하고 싶습니까? 작은 자를 주목하는 하나님의 눈을 가져야 합니다. 무엇을 위해 사느냐가 아니라 누구를 위해 사느냐 임을 명심하십시오. 세상에 살되세상에 속하지 아니한 사람답게 살려고 하는 노력, 이것이 영적인 삶입니다."

"남는 것은 사람입니다. 사람을 세우고 사람을 그리스도의 제자로 살아가도록 만드는 일입니다. 다른 것은 다 없어집니다. 결국, 사람 만들어서 성공하는 것이 성공한목회자입니다."

"제자훈련하려는 지도자는 일단 교인들에게 신뢰를 받아야 해요. 존 맥스웰이 '지도자는 자신의 비전을 팔기 전에 자기를 팔아야 한다'고 했는데요. 지도자가 팔릴때 비전도 팔린다는 거죠. 자기를 팔기 전에 비전을 팔면 실패한다는 겁니다. 사람들은 비전을 보기 전에 지도자를 봅니다. 지도자를 신뢰할 때 그 지도자에게 자기를 맡기는 거죠"

기독교 죄악사 |상

조찬선 지음

발행처 | 도서출판 평단
발행인 | 최석두

초판 1쇄 인쇄 | 2017년 11월 20일
초판 1쇄 발행 | 2017년 11월 24일

출판등록 | 1988년 7월 6일 / 등록번호 | 제2015-000132호
주소 | (10594) 경기도 고양시 덕양구 통일로140(동산동 376)
　　　　삼송테크노밸리 A동 351호
전화번호 | (02)325-8144(代)
팩스번호 | (02)325-8143
이메일 | pyongdan@daum.net
블로그 | http://blog.naver.com/pyongdan

ISBN | 978-89-7343-500-5　(04300)
　　　　978-89-7343-502-9　(전2권)

값·14,800원